経済学叢書 Introductory

基礎から学ぶ
ミクロ経済学

塩澤修平・北條陽子

新世社

はしがき

　本書は，現実の経済を理解する手段としてのミクロ経済学を，初歩から学部の中級レベルまで学ぶためのテキストです。

　現実の日本経済は，この20年厳しい状況にあります。本書の読者の多くは，生まれたときから不況であり，デフレという言葉もよく耳にしていたと思います。このような状況にあっては，経済が動く基本的なメカニズムを理解し，その知識にもとづいて経済問題を評価する知性が求められます。

　本書では，こうしたときに必要となるミクロ経済学の基本的な内容を，できるだけわかりやすく説明しています。最大の特長は左頁に本文を，右頁に対応する図表やグラフを配置し，効率的に学べるように工夫した点です。右頁には関連する概念や用語を項目単位で解説したBOX，STEP-UP，POINTなどの囲み記事や，実体経済のさまざまなデータも加えています。

　また第2章以降は，見開き解説部分の後に「ゼミナール」を設けて，本文で扱ったテーマを精選し，やや進んだ数学を用いた分析手法を使うとどのような理解ができるかを解説しました。見開き解説部分だけでも基礎知識の修得には十分ですが，理解を体系的に定着させるためにはぜひ「ゼミナール」に取り組んでいただければと思います。

　さらに各章末には，その章の解説内容に応じた練習問題を設けており，確認問題と発展問題の2段階となっています。理解度のチェックのために自分の手で解いてみて下さい。巻末に解答が載っています。本文の解説を読み，問題を解くことは，今後より専門的な分野を学ぶための準備となり，また経済理論に関する試験問題を解く力を養成すると思います。

　本書は10章からなっています。第1章は，経済現象とは何かという観点から，経済の基本問題と経済システムについて述べています。

　第2章は，経済の基本問題を解決する社会的なしくみとしての市場について述べています。市場では人々は自分の意思で自由に取引を行います。市場での

取引の背後には，そうした制約のもとでの人々の合理的な行動があります。また，本書全体を通じて用いる数学についても解説しています。

　第 3 章では，消費者の行動について述べます。市場において消費者は，予算の制約のもとで自分の満足度を最大にしようと取引を行うものととらえ，そのためにはどのような行動をとったらよいかを考えます。

　第 4 章では，生産者の行動について述べます。市場において財の生産者は，技術的な制約のもとで利潤を最大化するよう行動するものととらえ，そのためにはどのような行動をとったらよいかを考えます。

　第 5 章では，市場において実際に取引が行われた結果，どのように各主体の意思決定が調整され，価格や取引量が決定されるのかを明らかにします。また，さまざまな要因によって需要や供給が変化すると，価格や取引量がどのような影響を受けるのかについて説明します。

　第 6 章では，効率的な資源配分とはどのような状態を指すのかを説明した上で，市場を通じた資源配分を経済厚生の面から評価します。

　第 7 章では，独占市場や寡占市場において価格や生産量がどのように決まるかを説明します。また，寡占市場の分析に不可欠となるゲーム理論の基礎知識を紹介します。

　第 8 章では，市場メカニズムが効率的な資源配分を実現できないケースである市場の失敗，とくに外部性と公共財について説明します。

　第 9 章では，将来に関するさまざまな不確実性や情報の非対称性のもとで，どのような意思決定が行われるのかを説明します。

　第 10 章では，国と国とがなぜ貿易をしたり，互いに投資をしたりするかを考えます。また，為替レートがどのように決定されるかについても説明します。

　以上の中で，第 1 章～第 4 章および第 10 章は主として塩澤が，第 5 章～第 9 章は主として北條が担当しました。

　最後に，本書の企画から完成までの間，新世社の御園生晴彦氏には大変お世話になりました。感謝の意を表させていただきます。

　　　2010 年 4 月　　　　　　　　　　　　　　　　　　　　　　塩　澤　修　平
　　　　　　　　　　　　　　　　　　　　　　　　　　　　　　　北　條　陽　子

目　次

第1章　経済学の考え方　1
1.1　経済の基本問題 …………………………………… 2
1.2　経済システム …………………………………… 4
1.3　経済分析の視点 …………………………………… 8
1.4　ミクロ経済学とマクロ経済学 …………………… 12
1.5　ミクロ経済学の流れ ……………………………… 14
■練習問題（20）

第2章　市場のしくみ　21
2.1　市　場　の　役　割 …………………………………… 22
2.2　需要曲線と供給曲線 ……………………………… 26
2.3　均　衡　の　決　定 …………………………………… 28
2.4　需要と供給の変化 ………………………………… 30
2.5　市場での行動原理 ………………………………… 32
●ゼミナール（34）
■練習問題（40）

第3章　消費者の行動　41
3.1　選　好　と　効　用 …………………………………… 42
3.2　最適消費の決定 …………………………………… 50
3.3　与件の変化と需要関数の導出 …………………… 54
3.4　代替効果と所得効果 ……………………………… 60
●ゼミナール（66）
■練習問題（68）

第4章 生産者の行動　71

4.1 生産者行動の目的と生産技術 …………………… 72
4.2 費用最小化 …………………………………………… 78
4.3 供給関数の導出 …………………………………… 88
●ゼミナール (92)
■練習問題 (95)

第5章 市場の均衡　97

5.1 市場需要と市場供給 ……………………………… 98
5.2 与件の変化 ………………………………………… 100
5.3 均衡への調整過程 ………………………………… 104
5.4 一般均衡分析 ……………………………………… 108
●ゼミナール (112)
■練習問題 (115)

第6章 経済厚生　117

6.1 資源配分の効率性 ………………………………… 118
6.2 純粋交換経済 ……………………………………… 120
6.3 競争均衡と効率性 ………………………………… 126
6.4 余剰分析 …………………………………………… 130
●ゼミナール (136)
■練習問題 (138)

第7章 不完全競争とゲーム理論　139

7.1 独占市場 …………………………………………… 140
7.2 寡占市場 …………………………………………… 148
7.3 ゲーム理論 ………………………………………… 154
●ゼミナール (161)
■練習問題 (164)

第8章 市場の失敗　167

8.1 外部性 …………………………………… 168
8.2 外部性への対策 …………………………… 170
8.3 公共財 …………………………………… 174
●ゼミナール（179）
■練習問題（181）

第9章 不確実性と情報　183

9.1 不確実性下の意思決定 …………………… 184
9.2 情報の非対称性 …………………………… 188
●ゼミナール（198）
■練習問題（204）

第10章 国際貿易と資本移動　207

10.1 国際貿易における比較優位の原理 ……… 208
10.2 ヘクシャー=オリーンの定理 …………… 212
10.3 貿易政策のミクロ経済学 ………………… 220
10.4 国際資本移動のモデル …………………… 228
10.5 為替レートの決定 ………………………… 232
●ゼミナール（236）
■練習問題（239）

文献案内 …………………………………………… 241
練習問題の解答 …………………………………… 243
索　引 ……………………………………………… 255
著者紹介 …………………………………………… 262

第1章

経済学の考え方

　私たちは生きるためあるいは人生を楽しむためいろいろなものを消費しています。なかには空気のように，みなが好きなだけ利用できるものもあります。しかしほとんどのものはそうはいきません。みなが自由に使うには足りないのです。そうしたものを，経済学では「希少である」といいます。希少なものは作ったり，分け方を考えたりしなければなりません。そうした問題を経済の基本問題といいます。

1.1 経済の基本問題

▶ 財とサービスの希少性

　経済学では，人間のさまざまな欲求を満足させる手段を財（goods）と呼んでいます。狭い意味で財という言葉は物質的手段を指しますが，広い意味としては，物質的手段だけでなく無形の経済活動であるサービス（日本語で用役ともいいます）が含まれます。

　私たちを取り巻く経済現象の本質は，財の希少性（scarcity）という概念によって表すことができます。財が希少であるとは，人々がそれを欲しいと思う量と利用可能な量とを比べたときに，前者の方が大きいような場合を指します。この希少性の概念は，対象となっている財が人間の生存に対してどれだけ有用か，という基準とは直接関係ありません（BOX参照）。

　希少な財を経済財（economic goods），希少でない財を自由財（free goods）といいます（図1-1）。自由財はだれでも好きなだけ消費できるので，それをめぐる問題はとくに生じません。一方，希少な財である経済財は，何らかの方法で新たにそれを作り出したり，あるいは作り出した財を分けたりしなければなりません。そこに経済財をめぐる問題が生じます。現代社会の財のほとんどは希少であるといえます。

　経済財のうち，消費に向けられる財を消費財（consumption goods）と呼びます。一方，土地や機械設備あるいは原材料など，他の財の生産に用いられる財を生産要素（factor of production）あるいは生産資源と呼びます。生産要素の中で，労働や土地などのように他の財から生産されたものではない要素を本源的生産要素（primary factor of production），それ以外の生産要素（生産のための機械や建物）を資本財（capital goods）といいます（図1-1）。

　経済財を，どれだけ，どのよう作るのかということと，作った財をどのように分けるかということは，経済の基本問題といわれます（図1-2）。

> ❖BOX 希少な財とは
>
> たとえば空気は人間の生存にとって必要不可欠であり，それがなければ人間は何分も生きられません。そして地球上の空気の存在量は有限です。しかし，その空気の量は人々が欲しいと思う以上に存在します。したがって空気は，通常の場合は希少ではありません。しかしながら，大気が希薄な高い山に登る際などには空気は希少な財となります。

■図 1-1　経済財とは

利用可能な量　＜　欲する量　⇒　希少である　⇒　**経 済 財**
利用可能な量　＞　欲する量　⇒　希少でない　⇒　**自 由 財**

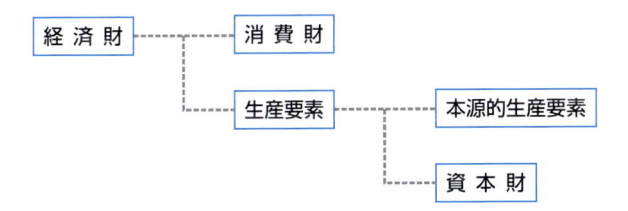

```
経 済 財 ─┬─ 消 費 財
          └─ 生産要素 ─┬─ 本源的生産要素
                       └─ 資 本 財
```

■図 1-2　経済の基本問題──資源配分問題

　　　　　経済財について……

　　　何を，どれだけ，どのように作るか ……**配分の問題**

　　　　作ったものをどう分けるか ……**分配の問題**

経済の基本問題は，希少な資源をどのように配分し，どのような技術を用いて作るかという配分（allocation）の問題と，作られた財をどのように分けるかという分配（distribution）の問題からなっています。これらを総称して広い意味での資源配分の問題といいます。経済学は，こうした資源配分問題の解決を追究する学問であるといえます。

1.2 経済システム

▶ 経済システムとは

経済システムとは，政治システムなどとともに社会の構成員の間で行われている行為を包括する社会システムの一部で，財・サービスの生産や消費を行う主体の集合とそのしくみを示す抽象的な概念です。

経済の基本問題あるいは資源配分の問題がいかに解決されるかは，社会の制度あるいはしくみに依存しており，歴史的にみるとさまざまな方法でそれが解決されてきました。現在では，経済の基本問題を解決する社会的な方法は以下の2つの類型に大別されます（図1-3）。

第1は**市場経済**（market economy）であり，各個人や企業などの組織・法人の自由意思による活動にもとづいています。市場において人々は自ら売りたいと思う財を売り，買いたいと思う財を買います。多くの市場では，売手相互あるいは買手相互で財の価格や質に関して**競争**が行われています。そこでの取引の多くは貨幣を媒介として行われていて，通常は同じ質の財ならば価格の低い方が購入され，同じ価格ならば質の高い方が購入されます。**資本主義国**といわれている国々では，財のやりとりは基本的に市場経済の形態をとっています。

第2は**計画経済**（planned economy）であり，政府など計画当局が，生産量や生産方法あるいは生産物の分配についての指示を行っています。そこでは各個人の自発的な意思が尊重されることは多くありません。**社会主義国**あるいは**共産主義国**といわれている国々では，財のやりとりは計画経済を基本としています。

現実の経済体制の多くは，これら両者の混合となっています。資本主義国は市場経済を基盤としていますが，市場機構以外のさまざまな形で，弱者の保護などを行っています。また社会的に望ましくないような財，たとえば麻薬や武器などの市場は資本主義国においても規制によって制限あるいは禁止されています。

■図 1-3 基本問題の解決方法

(a) 市場経済：自由な意思にもとづく売買

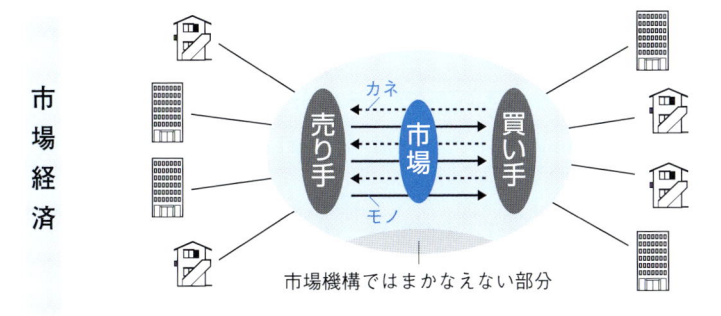

市場経済

カネ
売り手 ← 市場 → 買い手
モノ

市場機構ではまかなえない部分

(b) 計画経済：中央当局により生産方法や生産物の分配が指令される

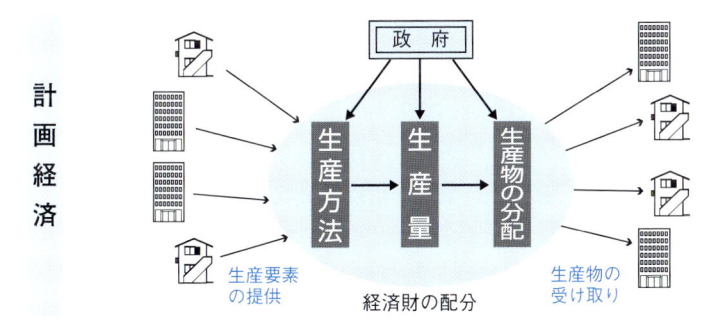

計画経済

政府

生産方法 → 生産量 → 生産物の分配

生産要素の提供　　経済財の配分　　生産物の受け取り

(c) 混合経済：市場経済＋計画経済（部分的）

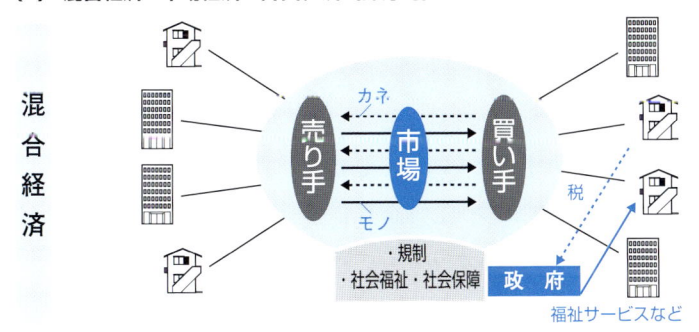

混合経済

カネ
売り手 ← 市場 → 買い手
モノ

・規制
・社会福祉・社会保障

政府　税

福祉サービスなど

このように,わが国を含めて,市場経済を基本としながらもかなりの規模の政府活動を含んだ経済体制は,混合資本主義体制(混合経済)と呼ばれています(図1-3)。

経済主体の構成

経済学では通常,経済システムを構成する意思決定の単位である経済主体(economic unit)として,家計(household)・企業(firm)・政府(government)という三者を想定します。

混合資本主義体制は,家計部門,企業部門および政府部門(あるいは公共部門)からなり,家計部門と企業部門を合わせて民間部門と呼びます。経済主体の間での財・サービスの流れやその支払いに用いられる貨幣の流れを経済循環(circular flow of economic system)と呼びます(図1-4)。

おおまかに言うと,家計部門は財を需要し,用役(労働サービス)を供給する存在です。企業部門は基本的には財を供給する存在ですが,生産のために他の企業が生産した財や家計が提供する用役を需要します。政府部門は,一国の経済活動を調整する存在です。

また政府は,家計と企業から租税を徴収し,上下水道や公共施設など社会的インフラストラクチャーを整備し,国防や治安の維持,教育,年金・健康保険などの公共サービスを提供します。これらは利用者からの対価の徴収が困難なものなど,民間部門では十分に供給されにくい性質をもっています。さらに政府は,課税や補助金などを通じて所得の再配分も行っています。租税は民間部門から強制的に徴収されるもので,自発的な意思にもとづく市場での取引とは異なります。

民間部門の主体間の経済循環のほとんどは市場を通じて生じており,その市場は以下の4つに大別されます。第1は消費財市場で,買い手は主として家計,売り手は主として企業です。消費財は耐久消費財と非耐久消費財に分けられることもあります。第2は生産用役市場で,買い手は主として企業,売り手は主として家計です。生産用役とは生産に用いられるサービス(用役)で,労働力や土地・資本などの働きを指します。第3は資本財市場で,買い手も売り手も主として企業です。第4は消費用役市場で,

■図1-4 経済循環

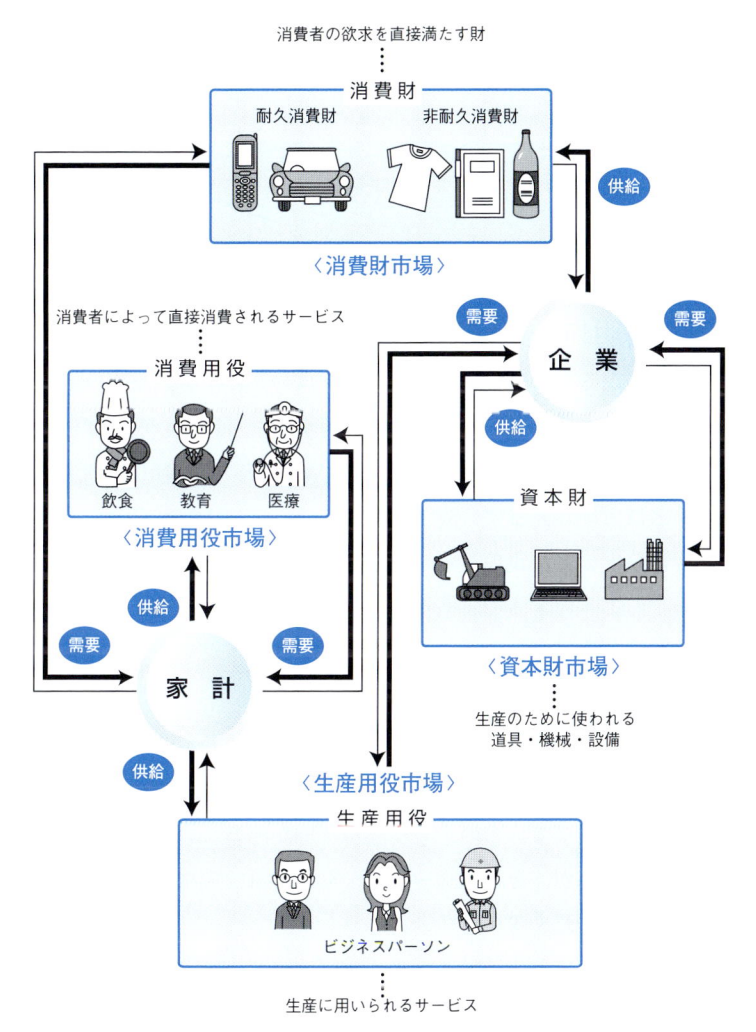

家計と企業が財・要素市場で取引を行います。多くの場合，消費財市場では家計が需要者，企業が供給者で，生産用役市場では家計が供給者，企業が需要者です。図中の太い矢印は財・サービスの流れ，細い矢印は貨幣の流れを表します。

買い手も売り手も主として家計です。消費用役とは，消費者によって直接に消費されるサービスのことを指します（図 1-4）。

市場での取引のほとんどは貨幣を支払い手段として行われているので，財・サービスの流れと逆方向に，貨幣の流れが対応します。

1.3　経済分析の視点

▶ 事実解明的分析と規範的分析

経済学による分析は，その立脚する視点にしたがい，現実はどうなっているかを考察する実証的あるいは事実解明的なものと，現実はどうあるべきかを考察したり現実を何らかの規準にもとづいて評価したりする規範的なものとに大別されます（表 1-1）。

前者は現実の経済現象を説明し，実際に観察される経済変数間の関係を明らかにしようとすることを目的とします。ここから導かれる命題は，価値判断とは独立に，事実と照らし合わせて分析や考察あるいは検証がなされます。

これに対して後者は，現実経済に対して経済の基本問題という視点から評価を与えたり，さまざまな経済問題の解決のための方策を示したりすることを目的とします。どのような経済状態が望ましいかについては価値判断が関係しますが，その状態をどのような方策で実現するかは価値判断とは独立と考えられます。

現実の経済現象は複雑で多岐にわたっているので，規範的分析でも事実解明的分析でも，経済学を用いて分析を行うためには，現実を単純化してとらえる必要があります。つまり，現実のさまざまな現象の中で，何が本質的なものであるかを考えます。たとえば何らかの事象が起こったときに，ある特殊な事情が原因で偶然に起こったものか，あるいは同じようなことが過去に何度も起きているような，普遍的な現象であるのかを区別して考えます。

■表 1-1　事実解明（実証）的分析と規範的分析

事実解明的分析	規範的分析
●現実はどうなっているか 現実の経済現象の解明，実際に観察される経済変数間の関係を明らかにする（価値判断とは独立）。	●現実はどうあるべきか 望ましい経済状態を実現するにはどうするかを検討・考察する（価値判断が影響する）。

⤴ STEP-UP　行動経済学

　これまでの経済学では多くの場合，「経済人（homo economics）」を想定してきました。経済人とは，経済原則にしたがって合理的に行動する個人を意味します。これに対して近年登場した行動経済学は，完全な合理性をもつ経済人という前提をとらず，実在の人間は不完全な合理性をもちながら一定の行動傾向をもつ，という視点から，現実の経済行動における意思決定のしくみを研究対象としています。

　行動経済学は，第2次世界大戦後に心理学の中で大きな位置を占めていった，人間の能動的認識作用を重視する認知心理学（cognitive psychology）とつながりが深く，認知心理学において行われてきた人間の合理的行動に対する検討から，行動経済学という領域が研究されるようになったといえます。

　2002年，人間の確率事象に対する認知のバイアス（偏り）を研究してきた行動経済学の立役者であるカーネマン（Daniel Kahneman）が，ノーベル経済学賞を受賞しました。このとき同時に受賞したスミス（Vernon L. Smith）は，行動経済学の研究の一つである実験経済学の方法論を確立した業績を評価されています。実験経済学では経済理論や経済制度・政策の検証を念頭に，人工的な実験環境において被験者がどのように行動するかを調べています。

▶ 経済学の考え方の特徴

合理性　経済学は人間のさまざまな選択行動を分析する学問であるといえます。経済学では多くの場合，そうした選択行動に際して，人々は合理的行動をとると想定しています。

合理的（rational）とは，ある目的を達成するために，与えられた制約のもとでもっとも適した手段を選択するということを意味しています。したがって，人々の行動だけを見ていたのでは，それが合理的であるかどうかは判断できません。目的が異なれば，それを達成するためにもっとも適した手段も異なるからです。そして，目的は人それぞれ異なり，どのような目的を選ぶかは価値観あるいは主観の問題です。しかし，目的が決まり，それをどのように達成することがもっとも適しているかは客観的な分析の対象となります。

経済学では，目的そのものの議論というよりは，目的を達成するための最適な手段の選択を対象としています。

機会費用　合理的な選択行動をとるときに考慮すべきは，何か1つのものを選ぶということは，それ以外は選ばない，という認識をすることです。

進学や就職など，人生のさまざまな場面で，ある1つのことを選択するのは，他のすべての選択肢を選ばないということを意味します。また，たとえば一定の資金をある1つのプロジェクトに投資することは，その資金を他のプロジェクトには投資しないということです。

したがって，投資したプロジェクトの効果を適切に評価するためには，そのプロジェクトの収益だけを見ていたのでは十分ではありません。もしも他のプロジェクトに投資していたならばどうなるかを考慮しなければならないからです。それが機会費用（opportunity cost）という概念です。他で得られたであろう収益は，実際に投資したプロジェクトの機会費用であるといいます。あるいは家でごろ寝をすることの機会費用は，その時間働いていたら得られるはずの収入となります。

たとえば，時間と労力をかけてあることを勉強しようとします。それ自体は有益であったとしても，その時間は他のことをする機会を犠牲にして

❖BOX 「ノーカーデー」がうまくいかない理由

合理性やインセンティブを考慮しない，人間の本性に反する制度や企画は，うまく機能するものではありません。たとえば自治体などが自家用車利用の自粛を呼びかける「ノーカーデー」というものがあります。その意図はよくわかりますが，多くの場合そうした試みはうまくいっていません。

普段は車を利用している人のほとんどが，呼びかけに応じて自粛したとしましょう。そうすると道路はがらがらで，自粛せずに車を利用した人はきわめて快適に運転できるでしょう。他方，利用を自粛した人々は，空いている道路を見ながら混んだ電車を利用することになります。すなわちこうした試みは，それを守らなかった人は大きな便益が得られますが，律儀に守った人には不利益や苦痛がもたらされるのです。おそらくみんなが守るのであれば文句はいわない，という人も多いでしょう。何も混んだ電車を利用すること自体がそれほど我慢ならないわけではないはずです。そうではなくて，守らないで得をする人がいるので，まじめに守っているのがばからしくなるのです。

こうした人間の本性に反するような試みは，その意図がどんなに立派であってもうまく機能するものではありません。たとえ最初はそれなりの効果が見られたとしても，少なくとも長続きはしないのです。

❖BOX 機会費用の例

大学に行くことの費用は授業料や教科書代などですが，その機会費用は何でしょうか。たとえば，大学へ行かずに就職したとすれば給料を得ることができますから，それが機会費用と考えられます。それ以外にもさまざまな可能性があります。そうした可能性はすべて機会費用と考えられます。したがって，大学へ入っても無為な時間を過ごしているのであれば大きな機会費用を失っていることになります。

機会費用の概念で考えると，私たちの周りにあるさまざまな無駄が見えてきます。たとえば何人かが集まって会議をするとします。どんな会議でも，それだけを見れば普通はしないよりもした方がいいでしょう。ただし会議のすべての出席者は，その時間に他の仕事をする機会を失っているのです。会議の時間が長ければ長いほど，そして出席者が多ければ多いほど，会議の機会費用は大きくなります。会議だけでなく，多くの人々の時間を拘束するイベントでも，機会費用を十分に考慮して臨むべきであり，企画する側になってもそれを十分に認識すべきでしょう。

ただ注意すべきは，機会費用は人によって大きく異なる点です。外で1時間1万円稼げる人と，500円しか稼げない人は，単純に考えて機会費用に20倍の差が出てきます。勉強や仕事だけでなく，遊ぶときにも，何をするかについては多少なりとも機会費用を考えてみると，より充実した時間を過ごすことができるはずです。

いるのです。やらないよりはやった方がよいかもしれませんが，時間も労力も限られているのです。そこで，機会費用の概念を用いた選択が重要な意味をもってきます。その時間と労力で他に何ができるかを考えることです。機会費用を考えないと，何か有益なことをしている場合，それだけで安心してしまう危険性があります。実はその時間にできるもっと重要なことを逃しているかもしれないのです。

　誘因（インセンティブ）　人々は機会費用を考え合理的に行動すると想定されます。より高い利潤を上げたい，好みの消費をしたいなどの目的をもっています。多くの経済行動は，そうした目的達成のための**経済的誘因（インセンティブ；incentive）**にもとづいてなされます。したがって社会のしくみや制度がうまく機能するかどうかは，適切なインセンティブを与えられるかどうかに依存しています。

　市場経済においては，自らの労働や創意は多くの場合に自らの利益につながります。他人よりも良いものを作ればそれだけ高く売ることができ，多くの利潤を得ることができます。コンピュータ産業などにみられる日進月歩の技術進歩の背後には，利潤動機による経済的誘因が存在します。

　人々の努力や創意が直接その人々の利益に結びつくことが少ないような社会的しくみは，経済的な誘因が生じにくく，有効に機能することは難しくなります。20世紀末に旧ソ連や東欧諸国で，経済が破綻した原因の一つに，当時の計画経済では人々に適切な経済的インセンティブを与えられなかったことが考えられます。

1.4　ミクロ経済学とマクロ経済学

　経済学の理論は，ミクロ経済学とマクロ経済学に大別することができます。本書でこれから学ぶ**ミクロ経済学**は，消費者や企業など，経済を構成する**個々の意思決定主体の合理的行動の分析**にもとづいて，経済社会を考察しようとするものです。個々の市場の働きや，市場相互の関係なども考察します（表1-2）。

❖BOX　市場機構に対するよくある批判と反論

【批判①：拝金主義】
市場および競争を重視することにより，拝金主義の風潮が蔓延し，大切なものが失われた。利潤を追求する民間企業は，経費を削減するため供給する財の質を落とし，劣悪な財が消費者にわたる。
〈反論〉
(1) そもそも市場が成立するためには，ルールが必要であり，ルール違反を容認するものではない。その中での自由であり，経済学はそうした社会的枠組みの必要性を強調する。富の量が一定であれば，誰かが得をすれば誰かが損をする。しかし多くの経済活動において，あらたに富が生み出されており，公正な取引は当事者双方の利得を高め得るものである。
(2) 参入退出の自由が確保されており，ある程度継続的な取引が続くような状況においては，質のよい財，価格の低い財が売れる。その意味で，民間企業が供給する財の質は確保される。むしろ競争のない公的機関が提供する財の方が，質を高めたり費用を削減したりする誘因が働きにくい。

【批判②：格差の広がり】
市場を重視すると，社会には格差が広がり，貧富の差など二極化が進んでいる。
〈反論〉
(1) 富は自然に与えられるものではなく，誰かが努力して作り出すものである。価値観やライフスタイルが多様化し，生活水準の高い現在の日本で，新たに富を作り出すためには，少なくとも，富を作り出す意欲を削ぐような制度は避けるべきである。
(2) 結果としての平等を重視するあまり，富を再分配していくと，富そのものが減って，低所得者層のためのセイフティーネットの構築も困難になる。皆が平等に貧しいような状態は決して望ましいとはいえない。

【批判③：品格】
市場原理を追求することが日本人の品格を損なった。
〈反論〉
(1) 競争状態における市場原理は，日本では伝統的に商人の世界で行われてきた。江戸時代の大坂堂島市場は「世界各地における組織化された商品・証券・金融先物取引の先駆をなす」誇りをもっている。
(2) 江戸時代からすでに商人の世界では「信用」という概念がきわめて重視されており，約束を守るということが行動の基本であった。さらに「陰徳」を積むという考えで社会貢献活動を相当な水準で行っており，今でも続くフィランソロピーやメセナの先駆的な形態をなしていた。

これに対して**マクロ経済学**は，一国の失業率や経済成長率など経済全体の動きを説明しようとするものです。マクロ経済学に現れる経済主体は個人や法人などの集合であり，国内の部門として**家計**，**企業**，**政府**の三者に必要に応じて銀行部門を考慮し（図 1-5），これに海外部門が加わります。

家計部門は消費者の集合であり，財・サービスの最終消費主体となると同時に，労働の供給主体でもあります。

企業部門は生産者の集合であり，財・サービスの供給主体となると同時に，労働用役を需要します。

政府部門は財政当局と金融当局からなり，**財政当局**は政府支出などによって，民間の経済活動だけでは充足することのできない公共的な需要を充足する役割をもっています。そうした支出のための資金は，主として税金の形で家計部門と企業部門から調達されます。**金融当局**は中央銀行を中心として，貨幣供給量の管理などを通じて経済の金融活動に影響を与えます。

ただし，ミクロ経済学とマクロ経済学は分析の視点や手法が異なっているのであって，対象が異なっているのではありません。同じ経済社会を対象としているのです。

1.5　ミクロ経済学の流れ

▶ 古典派経済学

経済学は，ケネー（François Quesnay）『経済表』（1759 年）などの先駆的業績を踏まえて，アダム・スミス（Adam Smith）『国富論』（1776 年）によって成立したと考えられています。スミスをはじめとするイギリスの**古典派経済学**は，地主，資本家，労働者が，それぞれ土地，資本，労働を所有する階級社会を対象としています。スミスは，国の富は貨幣や貴金属ではなく，労働によって生産される生産物の量であるとし，自由貿易を提唱しました。財の価格はその生産のために投入された土地，資本，労働の価格，すなわち地代，利潤，賃金から構成されると考えています。また，

■表1-2　ミクロ経済学とマクロ経済学

ミクロ経済学の分析対象
- 消費者や企業など，経済を構成する個々の意思決定主体
- 取引される個々の財の数量
- 個々の財の価格

マクロ経済学の分析対象
- 社会全体の消費関数，投資関数など
- GDP（国内総生産）など集計的経済変数
- 物価水準（個々の財の価格のある種の加重平均）
- マクロ経済学のミクロ的基礎：集計的経済変数の背後にある，個々の意思決定主体の合理的行動を分析

■図1-5　マクロ経済学の各経済主体（国内部門）

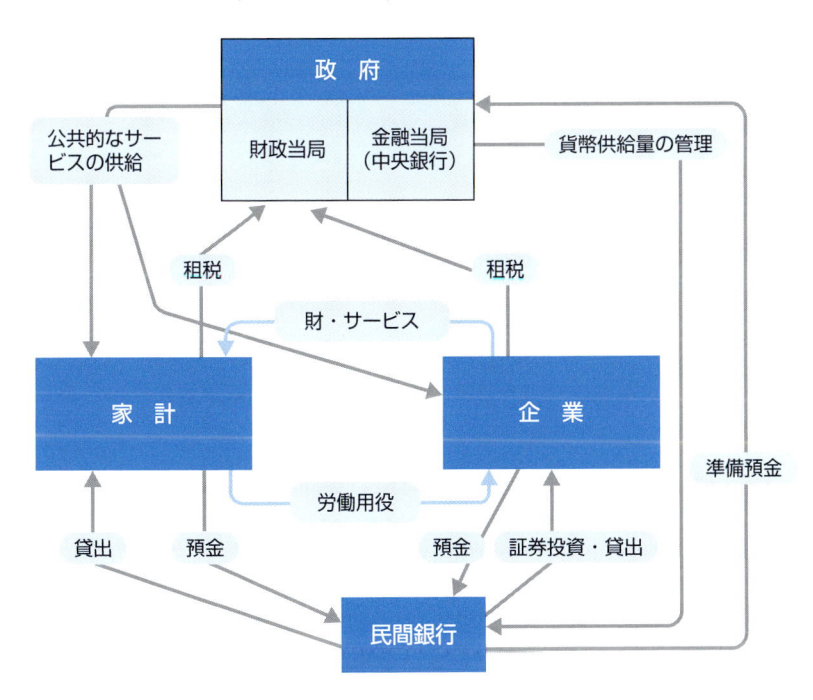

分業の利益も指摘しています。

同じく古典派とされているリカード（David Ricardo）は『経済学および課税の原理』（1817年）で，生産物が分配される法則の考察や，課税制度などについて政策提言を行っています。第10章で述べる国際貿易の基礎理論である「比較優位の原理」も提唱しています。

ミル（John S. Mill）は『経済学原理』（1848年）でスミス，リカードの理論を発展させ，より体系的に構成しています。貿易理論ではリカードが考慮しなかった需要側の要因も扱っています。

▶ 限界革命と新古典派経済学

1870年代に，ジェボンズ（William S. Jevons），メンガー（Carl Menger），ワルラス（Léon Walras），マーシャル（Alfred Marshall）といった人々がそれぞれ独立に限界理論と呼ばれる理論を構築しました。それが限界革命と呼ばれています。限界革命は，イギリスの古典派に代表される労働価値の理論体系から，限界効用理論と限界生産性理論にもとづく理論体系への転換を意味しており，経済主体の合理的行動にもとづいて経済活動を分析し，それを明示的に表現した理論体系が構築されています。限界分析を用いた経済学は新古典派と総称されています。

ローザンヌ大学のワルラスは『純粋経済学要論』（1874年）において，あらゆる財の市場の相互依存関係を考慮し，すべての市場で取引が過不足なく行われる一般均衡の状態を初めて連立方程式によって体系化しました。ワルラスの理論体系は現在のミクロ経済学の基礎をなしているといってよいでしょう。今日までさまざまな人々によって理論の彫琢がはかられています。

ワルラスの後継者であるパレート（Vilfredo Pareto）は一般均衡理論の完成を目指し，また現在「パレート効率的」と呼ばれている効率性の規準である概念を提唱しています。彼らを中心とする人々はローザンヌ学派と呼ばれています。

ケンブリッジ大学のマーシャルによる『経済学原理』（1890年）やその後継者であるピグー（Arthur C. Pigou）の『厚生経済学』（1920年）では，

■図 1-6　経済学を築いた主な人物①

アダム・スミス（1723–1790）

リカード（1772–1823）

ジェボンズ（1835–1882）

メンガー（1840–1921）

ワルラス（1834–1910）

パレート（1848–1923）

市場の失敗や不公正な分配などに対する公共政策の理論が展開されています。彼らを中心とする人々は ケンブリッジ学派 と呼ばれています。

▶ ケインズ革命とマクロ経済学

世界大恐慌の最中に、ケインズ（John M. Keynes）が『雇用・利子および貨幣の一般理論』（1936年）を出版して、いわゆるケインズ革命を引き起こし、現在マクロ経済学と呼ばれる分野が確立されます。これはGDP（国内総生産）などの集計的な概念を用いて経済の運行法則を分析する分野であり、社会全体の所得は需要の大きさによって決まるという「有効需要」の原理にもとづいています。ケインズはそれまでの新古典派の理論を、失業のない完全雇用状態の社会のみに適用される特殊理論として位置づけ、自分の理論は完全雇用状態を特殊ケースとして含む、失業の存在をも説明し得るより一般的な理論、「一般理論」と名づけました。

▶ ミクロ経済学の発展とゲーム理論

一般均衡理論は、ヒックス（John R. Hicks）『価値と資本』（1939年）、サミュエルソン（Paul A. Samuelson）『経済分析の基礎』（1947年）、デブリュー（Gerard Debreu）『価値の理論』（1959年）、アロー（Kenneth J. Arrow）＝ハーン（Frank H. Hahn）『一般均衡分析』（1971年）などにより、高度な数学を用いた理論的な精緻化が進められています。

またフォン・ノイマン（John von Neumann）＝モルゲンシュテルン（Osker Morgenstern）『ゲーム理論と経済行動』（1944年）によって、複数の意思決定主体の相互関係を明示的に考察する、ゲーム理論 の基礎が築かれています（BOX参照）。1950年代にナッシュ（John F. Nash, Jr.）は非協力ゲームの均衡点すなわちナッシュ均衡を定義し、その存在を証明しました。1980年代にはナッシュ均衡を用いた非協力ゲームの理論にもとづいて、それまで寡占の分析に用いられたさまざまな理論が統合され、新しいゲーム理論が構築されました。それによりナッシュ均衡にもとづく非協力ゲーム理論の汎用性が認識され、今日までさまざまな具体的問題に応用されています。

■図 1-7 経済学を築いた主な人物②

マーシャル(1842–1924)

ケインズ(1883–1946)

ヒックス(1904–1989)

サミュエルソン(1915–2009)

(出所) 図1-6, 図1-7の肖像の図版は, M. Blaug (1905) *Great Economists Since Keynes*. Wheatsherf. および M. Blaug (1985) *Great Economists Since Keynes*. Wheatsherf. より引用

❖BOX　ゲーム理論

　経済学における「ゲーム」とは，各行動主体の行動を限定する1組のルールのことです。ゲーム理論が対象とするような経済状況は，複数かつ少数の経済主体が存在し，各主体の利得（利益）が自らの行動だけでなく，他の主体の行動にも依存しているような場合です（詳しくは第7章で解説します）。

練習問題

1. 経済の基本問題はなぜ生じるのかを説明しなさい。
2. 経済の基本問題を解決する社会的しくみにはどのようなものがありますか。また，それらのしくみの特徴を述べなさい。
3. 一日ごろ寝をすることの機会費用はどのようなものが考えられますか。

第2章

市場のしくみ

　経済の基本問題を解決する社会的なしくみの代表は市場です。市場では，人々は自分の意思で自由に取引を行います。取引が過不足なく行われている状態を均衡といいます。希少なものについては必ず何らかの制約があり，市場での取引の背後には，そうした制約のもとでの人々の合理的な行動があります。ここで合理的とは目的を達成するための最適な手段を取っているという意味です。

2.1 市場の役割

▶市場とは

　市場とは，人々が自発的な意思にもとづいてモノや貨幣の交換を行う場です。交換には物々交換もあれば，貨幣とモノとの交換である貨幣取引もあります。交換が行われる場所は必ずしも市場とは限りません。物々交換の場合には，自分が欲しいと思うモノをもっていて，かつ自分が提供してもよいと思っているモノを欲しているような相手を見つけることができれば，取引は成立します。そうした状況のとき，「欲求の二重一致」が成立しているといいます。

　しかし，「欲求の二重一致」が成立するような相手を見つけることは容易なことではありません。貨幣取引の場合には，自分が売りたいモノを自分が望む価格で買ってくれる相手や，自分が買いたいモノを自分が望む価格で売ってくれる相手を見つければ，取引は成立します。そうした相手を見つけることは，物々交換の相手を見つけることよりは容易でしょうが，それでも簡単なことではありません。

　そうした相手が偶然に見つかることを待つよりも，あるいはただ探し回るよりも，あらかじめ，あるモノを欲している人や提供したいと思う人が「場所」を決めて集まることにしておけば，相手を見つけられる確率は大幅に高くなるでしょう。このようにして自然発生的に「市（いち）」ができてきたと考えられます。最初は日時を決めて集まっていたものが，次第に発展して，恒常的に開設される市場（いちば）となり（図2-1），さらに物理的な「場所」を限定しない市場（しじょう）となりました。現在の市場は，物理的な「場所」だけでなく，電話やネットによる取引の場も含んでいます。

　市場に来たからといって，必ずしも自分の望む取引ができるわけではありません。財の価格や質が自分の望む条件と一致するとは限らないからです。しかし，市場以外で自分の望む相手を見つけるよりもはるかに容易に相手を見つけることができるでしょう。

■図 2-1　青果市場の仕事の流れ（東京都中央卸売市場）

AM 2:00

荷おろし（前日午後3時～真夜中）
産地からいろいろな野菜や果物が入荷する。到着した品物は卸売業者が受け取り、野菜や果物が品目別・等級別に区分けされ、段ボール箱に入ったまま卸売場に並べられる。

AM 5:00

せりに備えて品物の下見（朝5時）
仲卸業者，売買参加者は，野菜や果物の入った段ボール箱に書かれた産地や等級などを丹念に調べて，あらかじめ買いたい品物を選び，いくらぐらいで買おうかを決めて，これから始まるせりに備える。

AM 6:00

せりの始まり（朝6時）
せりの開始される朝6時ごろから8時ごろにかけて市場はせりで活気づく。野菜や果物のせりには「固定ぜり（写真上）」と「移動ぜり（写真下）」の2種類がある。「固定ぜり」は「見本ぜり」ともいわれ，せり人が品物の大きさや数量を小さな黒板に書いて順番に売っていく。「移動ぜり」は全部の品物を見せながら次々と移動してせりをする。そこでは一人のせり人を多くの仲卸業者が囲んでせりを行い，仲卸業者，売買参加者は大きさや品質を見極めつつ，品物を次から次へとせり落としていく。

AM 7:00

積み込み（朝7時）
フォークリフトやターレットによって，野菜や果物がスピーディに買出人の車へと積み込まれ，青果店などの買出人は，仲卸業者たちから買った品物を，街の自分の店に運ぶ。このようにして，消費者に新鮮な野菜や果物が届けられる。

（出所）　東京都中央卸売市場ウェブページ　http://www.shijou.metro.tokyo.jp/about/04/02.html

市場経済においては通常，経済財には価格がついています。そのことにより，その財の利用は対価を支払った人に限定されることを示しています。つまり価格は希少な財・サービスの利用を特定の人に限定するための手段の一つといえます。そして，人々は財・サービスの価格を媒介として自由な意思にもとづいて取引を行っています。

▶市場の類型

　市場には，そこに参加する経済主体の数や技術的な条件などによってさまざまな形態があります。

　同じ質の財に対する多数の売り手と買い手が存在し，誰でも自由にその市場に参入したり，その市場から退出したりでき，またそれぞれの経済主体はシェアが小さいため価格に対する影響力が無視しえるほどしかないような状態の市場を，完全競争市場（perfect competitive market）と呼びます（表2-1）。第5章までは市場の原理を明確化するために，このような市場を想定して議論を進めます。言うまでもなく現実の経済では，こうした完全競争市場の存在はまれで，多くの市場では競争は何らかの意味で不完全で，また各経済主体は価格に対して少なくともある程度は影響を及ぼすことが可能ですが，そうした市場については第7章で考察します。

　どのような面で完全競争の条件が満たされていないかによって，市場の構造を分類することができます（表2-2）。まず企業数ですが，それが1である場合を完全独占あるいは単純独占，複数であるが少数の場合を寡占，寡占の中で企業数が2の場合をとくに複占と呼び，買い手の数が1である場合を需要独占と呼びます。また，ほぼ同じ質の財でありながら，デザインやアフターサービスなどの面で他企業の製品と異なる財が供給されていることを製品差別化といいます。多数の売り手と買い手が存在しながら，それぞれの企業が差別化された製品を供給しているような市場の構造を独占的競争と呼びます。

　なお，実際には1つの財の市場は他の財の市場と相互に関係がありますが，まずは1つの完全競争市場だけを取り上げて考察します。多くの財の市場の相互依存関係を考察することは第5章で行います。

❖BOX 価格以外に利用者を特定する手段

価格以外に，利用者を特定する手段としては配給が考えられます。配給は計画経済では基本的な手段ですが，市場経済にあっても戦争や災害といった非常事態においてしばしばなされます。この他に抽選や先着順もあります。大学教育は多くの場合，価格（学費）と入学試験などの手段を併用して利用者を特定化しています。

❖BOX 省エネの推進

たとえば1973年（昭和48年）に第4次中東戦争を契機として石油価格が大幅に上昇し，第1次石油危機と呼ばれましたが，その後の日本経済は省エネルギー化が進み，さまざまな新しい技術が開発されています。このことからわかるように，価格は，それが上昇したものの節約を促し，代替的なものの開発を促進する機能をもっているといえるのです。

■表 2-1 完全競争市場の条件

1. 供給者と需要者の数がきわめて多い。
2. 個々の経済主体は規模が小さく，したがって市場全体への影響力も小さいため，価格を与えられたものとして行動する。
3. 個々の経済主体は財の価格や質について完全な情報をもっている。
4. 売買される財はまったく同じ質をもっている。
5. 市場への参入と市場からの退出が自由である。

■表 2-2 市場の類型

市　　場	供給者数	参入の難易度	製品差別化の程度	価格支配力	例
完全独占（単純独占）	1	不可能	なし	政府による規制	電気・ガス
			あり		ファスナー
寡　　占	少数	困難	ある程度あり	ある程度あり	自動車・家電
			ほとんどなし	ある程度あり	鉄鋼・石油
独占的競争	多数	容易	ある程度あり	ある程度あり	外食産業
完全競争	多数	容易	なし	なし	農業・水産業

2.2 需要曲線と供給曲線

▶ 合理的行動による需給の決定

　市場において人々は，同じ価格ならばより良いものを，同じ品質ならより安いものを買おうとするでしょう。売り手から見れば，他人よりも少しでも良いもの，あるいは少しでも安いものを作れば，より多く売ることができ，利益を得られます。そのため売り手が互いに競争することによって，より良い財，より安価な財が買い手に供給されることになります。

　これが市場における競争原理です。競争原理が存在しないと，財の質的な改良や低価格化は進まず，新たな財・サービスの創出も起こりにくいでしょう。

　財の価格のある水準に対して人々が買いたいと思う財の数量を需要量（quantity demanded）と呼び，売りたいと思う財の数量を供給量（quantity supplied）と呼びます。

　一般に，市場の需要量は消費者の合理的行動から導かれ，供給量は生産者の合理的行動から導かれると考えられます。第1章で述べたように，合理的行動とは目的を達成するために，可能な選択肢の中からもっとも適したものを選ぶということです。

　いま，財の買い手の取る行動を考えてみます。第3章で詳しく述べますが，通常，低い価格のときには買いたいと思う経済主体は多いので需要量は多いでしょう。そうした価格と需要量の関係は需要関数と呼ばれます。

　図2-2では縦軸に価格が測られ，横軸に財の数量が測られ，需要関数が描かれています。このように需要関数を図示したものは需要曲線（demand curve）と呼びます。もし価格が上がれば需要量が下がり，価格が下がれば需要量が増えるとすれば，需要曲線は右下がりとなります。

　同様にして財の売り手の側を見てみましょう。第4章で詳しく述べますが，通常，高い価格のときには売りたいと思う売り手は多いので供給量は多いでしょう。そうした価格と供給量の関係は供給関数と呼ばれます。

■図 2-2 需要曲線

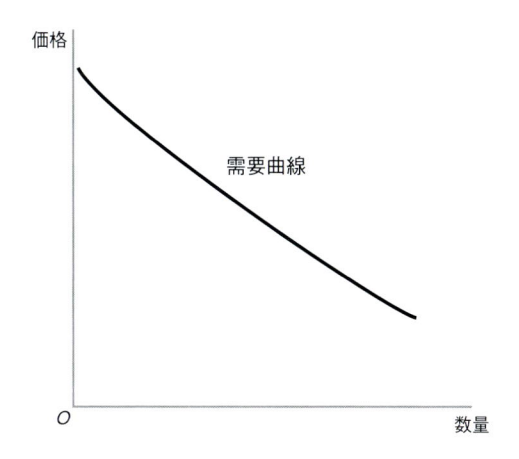

価格／需要曲線／数量

> 📊 POINT 関　数
>
> 　一般に**関数**とは，2 つの集合 X と Y があったときに X の各要素に Y の要素を対応させる規則を指します。集合 X を関数の**定義域**，集合 Y を**値域**といいます。たとえば需要関数の場合，価格の集合の要素に対し需要量の集合の要素が対応することになります。実数の集合から実数の集合への関数は
>
> $$y = f(x)$$
>
> と表されます。x は**独立変数**，y は**従属変数**と呼ばれます。このような独立変数が 1 個の関数を **1 変数関数**といいます。
>
> 　定義域が n 次元のベクトルの集合，すなわち n 個の実数の組合せの集合，値域が実数の集合の場合には
>
> $$y = f(x_1, \cdots, x_n)$$
>
> と表されます。この場合には独立変数が n 個あります。このような関数を**多変数関数**といいます。

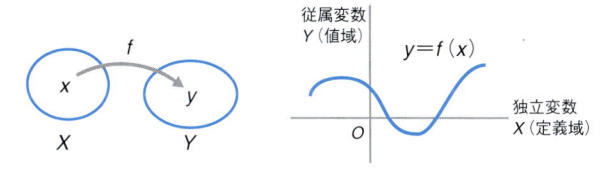

図2-3のように、先の需要関数と同様のグラフ軸において供給関数を図示したものが供給曲線（supply curve）です。もし価格が上がれば供給量が上がり、価格が下がれば供給量が下がるとすれば、供給曲線は右上がりとなります。これらの2つの曲線を見ると、どの価格のときにどれだけの需要量・供給量があるかを知ることができます。

2.3　均衡の決定

▶ 過不足のない取引の実現

市場において、どのように価格や取引量が決定されるか考えてみましょう。

図2-4において、ある価格水準、たとえばp_1を見てみます。p_1での需要量は供給量より少なく、超過供給（excess supply）の状態です。このときには、売りたくても売ることができない供給者がいるため、売り手の間で競争が起こります。価格を下げても売ろうとする動きです。

逆にp_2のときには需要量は供給量よりも多く、超過需要（excess demand）の状態です。このときには、買いたくても買えない需要者がいるため、買い手の間で競争が起こります。価格を上げても買おうとする動きです。

ところがp^*のときには需要量と供給量が一致しており、取引は過不足なく行われ得ることがわかります。こうした状態を均衡（equilibrium）といいます。p^*は需要曲線と供給曲線の交点に対応しており、均衡価格（equilibrium price）、そのときの数量は均衡量（equilibrium quantity）と呼ばれます。市場経済では均衡価格のもとで取引が行われることによって、経済の基本問題が解決されています。

■図 2-3 供給曲線

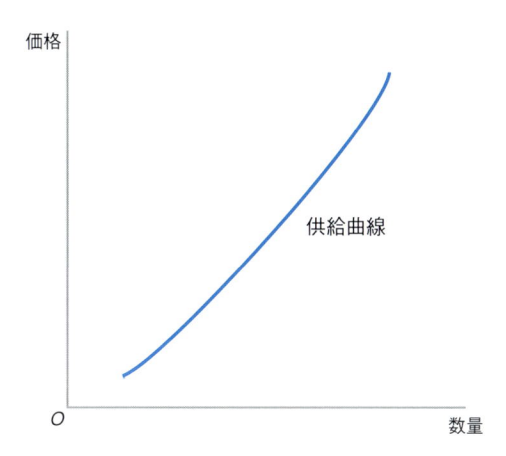

価格

供給曲線

O 数量

■図 2-4 市場均衡

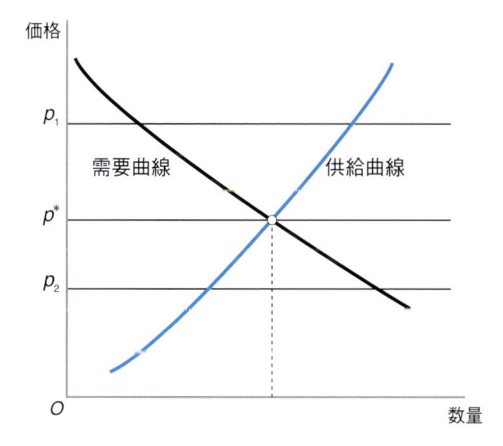

価格

p_1

需要曲線　供給曲線

p^*

p_2

O 数量

2.3 均衡の決定

2.4　需要と供給の変化

▶ 与件の変化によるグラフのシフト

　需要量と供給量は，どのように決定されるのでしょうか。ある財の需要や供給はそれ自身の価格にもっとも影響を受けると考えられますが，それだけではありません。

　詳しくは第3章と第4章で述べますが，消費者の所得，他の財や生産要素の価格，あるいは生産技術などにも依存すると考えられます。図2-4 で示した需要曲線や供給曲線は，そうした要因を当面は変わらないと想定して需要量あるいは供給量とその財の価格との関係のみを図示したものです。

　それでは，需要曲線や供給曲線を描くときに変わらないと想定した要因が変わったときには，どうなるでしょうか。たとえば消費者の所得水準が全体として上がった場合を考えてみましょう。多くの場合，所得が上がると，価格が同じなら財に対する需要量は増加すると考えられます。すると所得が上がったときの需要曲線は，上がる前の所得のもとで描かれた需要曲線に対して右側に位置することになります（図2-5(a)）。

　経済学ではこのように曲線自体が移動することを「グラフがシフトする」と表現します。すなわち，上の例では所得の増加にともない需要曲線は「右方向へシフトする」といいます。

　新しい均衡は，供給曲線と「シフトした」需要曲線との交点で示されます。元の均衡点と新しい均衡点を比べると，新しい方が右上にありますが，このことは価格と取引量がともに増加していることを示しています。

　次に生産技術が進歩した場合を考えてみます（たとえば米作での機械化導入など）。このときには同じ価格に対して供給量が増えると考えられます。したがって供給曲線が，「右方向にシフトする」といえます。新しい均衡は需要曲線とシフトした供給曲線との交点で示されます。元の均衡点と新しい均衡点を比べると，新しい方が右下にありますが，このことは価格が低下し取引量が増加していることを示しています（図2-5(b)）。

■図 2-5 さまざまなシフトの例

(a) 需要曲線のシフト

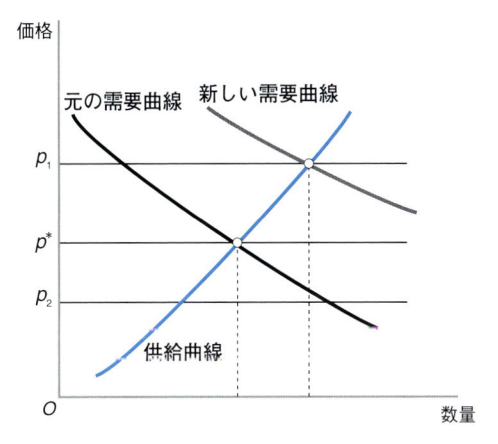

価格

元の需要曲線　新しい需要曲線

p_1

p^*

p_2

供給曲線

O　　　数量

(b) 供給曲線のシフト

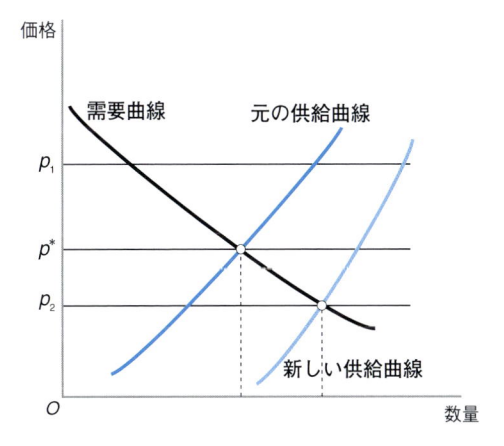

価格

需要曲線　元の供給曲線

p_1

p^*

p_2

新しい供給曲線

O　　　数量

2.4 需要と供給の変化

2.5　市場での行動原理

▶「限界」概念を用いた最適化行動

　前述したように，市場において人々は自由な意思によって行動していますが，それはどのような原理にもとづいているのでしょうか。

　詳しくは第3章および第4章で考察しますが，ここではより一般的に，何らかの制約条件のもとで目的を達成する最適な選択を行うためには，どのような方法があるか考えてみましょう。何事にも長所と短所があるように，ほとんどの選択行動には広い意味での費用（コスト）と便益（ベネフィット）とがついてまわります。いくつかの選択肢があるときに，それぞれの選択肢の便益から費用を引いた「純便益」のもっとも大きなものを選ぶというのが経済学的な発想の基本の一つです。

　では，そうした純便益がもっとも大きい選択肢を見つけるにはどうしたらよいでしょうか。そうした判断のための方法が，「限界」という概念を用いることです。ここでいう限界とは，日常生活でのことばの使い方とはやや異なり，あるものについて追加的な単位を考えることを意味します。

　たとえば何か品物を作って売ることにより利潤をあげる場合を考えます。1個を追加的に売ればその分だけ収入は増えます。しかし1個を追加的に作るためには相応の費用もかかります。もしその追加的な収入の方が追加的な費用よりも大きければ，その1個を追加的に作って売ることにより利潤は増加します。追加的な収入の方が大きい限り，生産量を増やすことによって利潤を増加することができるでしょう。しかし，追加的な収入の方が追加的な費用よりも小さければ，生産量を増やすことによって逆に利潤は減少してしまいます。そのときは生産量を減らした方がよいのです。

　結果として，追加的な収入と追加的な費用が一致するところで生産することが利潤の最大化をもたらします。このように追加的に考えることを経済学では「限界」といっています。表2-3の例では，限界収入と限界費用が一致するような生産量で，利潤が最大化されていることがわかります。

⬆ STEP-UP 重要な「限界」概念

　企業がどれだけ労働者を雇用するかも,「限界」概念を用いて説明することができます。すなわち労働者の雇用を1人追加することによって得られる収入と,その1人の雇用のための支出を比べます。企業は,前者の方が大きければ雇用し,後者の方が大きければ雇用しません。こうして,雇用から得られる限界的な収入と,雇用のために必要な限界的な支出が等しくなったところで,労働者の雇用人数が決まります。

　労働者を追加的に雇用することによって得られる収入は,その労働者が追加的に作り出す生産物の量,すなわちその労働者の「限界」生産力に依存します。多くの場合,雇用量が増加すれば限界生産力は低下しますが,たとえ同じ状況で働いたとしても,個人によって限界生産力は異なります。それは人によって能力や仕事に対する熱意などが異なるからです。一般に,限界生産力の高い労働者ほど雇用されやすく,高額な賃金を得る可能性も高いのです。個人の限界生産力を高めるためにもしっかり勉強する必要があると思います。

　第3章以降で説明しますが,経済学では,限界効用,限界費用,限界代替率,限界変形率など多くの「限界」概念が登場し,きわめて重要な役割を果たしています。この「限界」概念が理解できれば,経済学の理解は大いに進むはずです。

■表 2-3　利潤最大化の数値例

価格が 30 のとき

生産量	1	2	3	4	5
収入	30	60	90	120	150
限界収入(価格)		30	30	30	30
費用	10	30	60	100	150
限界費用	10	20	30	40	50
利潤(収入−費用)	20	30	30	20	0

価格を 30 としたとき,追加的な収入(限界収入)と費用(限界費用)が一致する生産量 3 で,利潤が最大化されます。生産量 2 でも利潤は同じですが,それはこの例では財が分割可能ではなく,整数しか考えていないからです。財が分割可能な場合,たとえば 2.5 個を生産することが可能で,それによって費用も変わってくる場合には,生産量 3 のときにのみ利潤が最大化されますが,そうした事例については,本章ゼミナールあるいは第 3 章で微分を用いて考察します。

これは，一つひとつ試行錯誤を重ねて，もっともよいものを見つけようという発想です。消費者が財を購入しようとするときも，同じように考えることができます。財の消費量が増えれば，通常は満足の度合いも増えるでしょう。第3章で詳しく解説しますが，この満足の度合いのことを，経済学では「効用」と呼びます。1杯目のビールが2杯目のビールより美味しく感じるように，多くの場合，財の消費量が増えれば追加的な効用は下がっていきます。ところが財の価格は変わりません。追加的な効用は下がっていきますが，追加的な費用である価格は変わらないのです。

　人々がものを買うのは，そのものから得られる追加的な効用の金銭的評価が，支払う価格よりも高いと感じるからだといえます。そう感じる限り，その財を買った方がよいのです。追加的な効用の金銭的評価が価格よりも低いような場合は，その財は買わない方がよいのです。その両者がちょうど等しくなるようなところが，その財に対するもっとも適した需要量となるのです。

　需要曲線，供給曲線の背後には，消費者や生産者のこのような選択行動があると考えられます。

ゼミナール

▶微分の概念

　経済現象を理論的に分析する上できわめて有力な数学的概念である微分について，簡単に述べます。

1変数の関数　　はじめに1変数の関数を考えます。本章で取り上げた需要曲線や供給曲線は1変数の関数で表すことができます。

$$y=f(x)$$

関数 f が点 x において微分可能であるとは

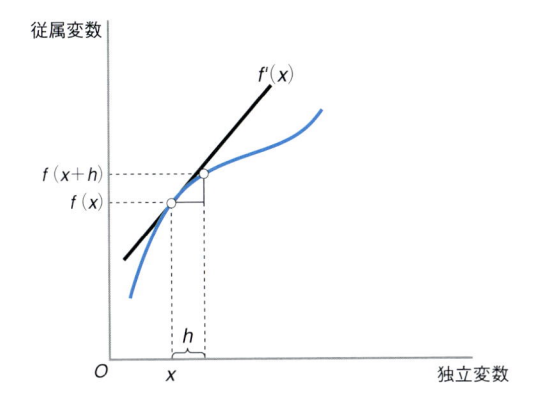

$$\lim_{h \to 0} \frac{f(x+h) - f(x)}{h} \tag{1.1}$$

が存在するときです。ここで h は独立変数の変化の量を指し，**変分**と呼びます。上図からもわかるように，(1.1) 式の分数は，独立変数の変化と，それによって生じる従属変数の変化の比を表しています。

この極限値を関数 $y = f(x)$ の**微分**と呼び，

$$f'(x), \quad \frac{df}{dx}, \quad \frac{dy}{dx}$$

などによって表します。微分の値は，関数 f のグラフの接線の傾きを表しています。

多変数の関数：偏微分　　次に，独立変数が多数ある，以下のような関数を考えます。

$$y = f(x_1, \cdots, x_n)$$

ある変数 x_i 以外の変数を一定と考えて

$$\lim_{h \to 0} \frac{f(x_1, x_2, \cdots, x_i + h, \cdots, x_n) - f(x_1, x_2, \cdots, x_i, \cdots, x_n)}{h} \tag{1.2}$$

が存在するとき，関数 f は x_i について**偏微分可能**であるといいます。この極限値を関数 $y = f(x_1, \cdots, x_n)$ の変数 x_i に関する**偏微分**あるいは**偏導関数**と呼び

$$f_i, \quad \frac{\partial f}{\partial x_i}, \quad \frac{\partial y}{\partial x_i}$$

などによって表します。

多変数の関数：全微分　　次に，すべての変数が変化する場合を考えます。変数 $x_1, x_2, \cdots, x_n$ の変分を $h_1, h_2, \cdots, h_n$ とします。ある n 個の数 $a_1, a_2, \cdots, a_n$ について以下のような値を考えます。

$$\frac{|f(x_1+h_1, x_2+h_2, \cdots, x_n+h_n) - f(x_1, x_2, \cdots, x_n) - a_1 h_1 - a_2 h_2 - \cdots - a_n h_n|}{\sqrt{h_1^2 + \cdots + h_n^2}} \quad (1.3)$$

$h_1, h_2, \cdots, h_n$ が同時に 0 に近づくとき，この値が極限において 0 となるなら，関数 f は**全微分可能**であるといいます。(1.3) 式の分母は変数 $x = (x_1, \cdots, x_n)$ が変化した「距離」を表しています。2 次元の場合の「三平方（ピタゴラス）の定理」を思い出してください。その一般化になっています。

関数 f が全微分可能であるならば，関数 f は変数 $x_1, x_2, \cdots, x_n$ のいずれに関しても偏微分可能となります。なぜならば，他の変数を一定，すなわち他の変数の変分を 0 と考えればよいからです。x_i 以外の変数を一定とすると (1.3) 式より

$$\lim_{h_i \to 0} \frac{f(x_1, x_2, \cdots, x_i + h_i, \cdots, x_n) - f(x_1, x_2, \cdots, x_i, \cdots, x_n)}{h_i} - a_i = 0 \quad (1.4)$$

ですので，(1.2) 式より $a_i = f_i = \dfrac{\partial f}{\partial x_i}$ となります。

変分 $h_1, h_2, \cdots, h_n$ が小さいときには，(1.3) 式の分子はほぼ 0 となるので，近似的に

$$f(x_1+h_1, x_2+h_2, \cdots, x_n+h_n) - f(x_1, x_2, \cdots, x_n) = a_1 h_1 + a_2 h_2 + \cdots + a_n h_n \quad (1.5)$$

が成り立ちます。

$$f(x_1+h_1, x_2+h_2, \cdots, x_n+h_n) - f(x_1, x_2, \cdots, x_n) = dy, \quad h_i = dx_i$$

とおくと (1.5) 式は以下のように表されます。これを関数 $y = f(x_1, \cdots, x_n)$ の**全微分**といいます。

$$dy = f_1 dx_1 + f_2 dx_2 + \cdots + f_n d_n \tag{1.6}$$

▶ 主な微分の公式

基本的な微分の公式を挙げておきます。

(1) べき関数の微分

$y = f(x) = x^n$

$\dfrac{dy}{dx} = f' = nx^{n-1}$

(2) 和・差の微分

$y = f(x) \pm g(x)$

$\dfrac{dy}{dx} = f'(x) \pm g'(x)$

(3) 積の微分

$y = f(x) g(x)$

$\dfrac{dy}{dx} = f(x) g'(x) + g(x) f'(x)$

(4) 商の微分

$y = \dfrac{f(x)}{g(x)}, \ g(x) \neq 0$

$\dfrac{dy}{dx} = \dfrac{g(x) f'(x) - f(x) g'(x)}{[g(x)]^2}$

(5) 合成関数の微分

$y = f(z), \ z = g(x)$

$\dfrac{dy}{dx} = \dfrac{dy}{dz} \dfrac{dz}{dx} = \dfrac{df(z)}{dz} \dfrac{dg(x)}{dx}$

(6) 自然対数の微分

$y = \ln f(x)$

$\dfrac{dy}{dx} = \dfrac{1}{f(x)} \dfrac{df(x)}{dx}$

(7) 指数関数の微分（e は自然対数の底）

$y = e^{f(x)}$

$\dfrac{dy}{dx} = e^{f(x)} \dfrac{df(x)}{dx}$

▶ 限界概念を使った最適値の見つけ方

限界概念を使って，最適な選択肢を見つける方法を数学的に考えてみましょう。限界概念は数学的には微分に対応します。1 変数の関数

$y = f(x)$

を目的関数，すなわち目的と手段の関係を表すものとします。手段 x を選ぶと目的の達成水準 y が決まります。もっとも大きい y を実現するには，どのような x を選べばよいでしょうか。

x を1単位増加させたとき，y が増加すれば，x を増加させることによって y を増加させることができます。逆に x を1単位増加させたとき，y が減少すれば，x を減少させることによって y を増加させることができます。

すなわち，関数を微分して導関数を求め，$\dfrac{df(x)}{dx} = f'(x) > 0$ ならば x を増加させることにより y を増加させることができ，$\dfrac{df(x)}{dx} = f'(x) < 0$ ならば x を減少させることにより y を増加させることができます。そして，$\dfrac{df(x)}{dx} = f'(x) = 0$ のときに y の値は極大化されると考えられます。すなわち極大化の必要条件は，微分した値が 0 になるということがわかります。これを1階の条件といいます。

極大という語は，その点の近くで $f(x)$ はもっとも大きな値をとるということを意味します。離れたところでは目的関数 $f(x)$ はもっと大きな値を

とるかもしれません。したがって、極大は必ずしも最大を意味しません。

ただし、微分した値が0になることは極大化の必要条件であって、十分条件ではありません。極小化の場合もあるからです。極大値か極小値かを判断するためには、目的関数の傾きである導関数がどのように変化していくかを考慮しなければなりません。導関数の傾きが次第に緩やかになっていく場合、1階の条件 $f'(x)=0$ を満たす x において関数 $f(x)$ は極大値をとります。そして、導関数の傾きが次第に急になっていく場合、1階の条件 $f'(x)=0$ を満たす x において関数 $f(x)$ は極小値をとります。

導関数の傾きが次第に緩やかになっていくことは、導関数を微分したもの、すなわち元の関数を2回微分したものが負であることを意味します。逆に導関数の傾きが次第に急になっていくことは、元の関数を2回微分したものが正であることを意味します。したがって、1階の条件 $f'(x)=0$ を満たす x において、$f''(x)<0$ のとき関数 $f(x)$ は極大値をとり、$f''(x)>0$ のとき関数 $f(x)$ は極小値をとります。これらの条件を **2階の条件** といいます。

下図において、$f(x_1)$, $f(x_3)$ は極大値、$f(x_2)$, $f(x_4)$ は極小値であり、$f(x_3)$ は最大値、$f(x_2)$ は最小値です。

では、本文で述べたような純便益最大化の問題を考えてみましょう。生産量を x、x から得られる収入を $R(x)$、x を生産するための費用を $C(x)$ と書きます。利潤は収入から費用を引いた値と定義されますから、$R(x)-C(x)$ と表されます。それを微分して0とおいてみましょう。

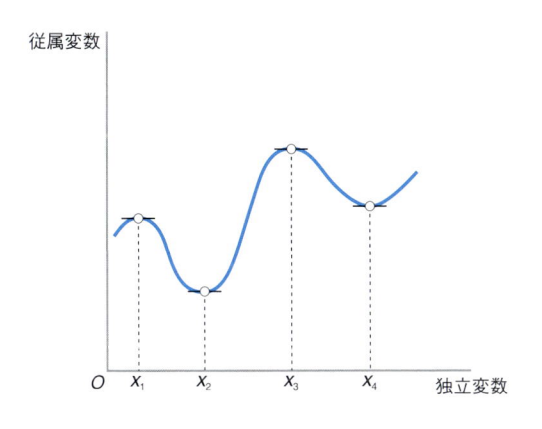

$$\frac{dR(x)}{dx} - \frac{dC(x)}{dx} = R'(x) - C'(x) = 0$$
あるいは $R'(x) = C'(x)$ となります。この式の左辺は限界収入で，右辺は限界費用であり，本文で述べているように，それが一致するような生産量で利潤が極大化されます。2階の条件は $R''(x) - C''(x) < 0$ あるいは $R''(x) < C''(x)$ です。たとえば限界収入が逓減し，限界費用が逓増しているような場合には2階の条件が満たされています。

練習問題

確認問題

1. 物々交換が成立するための条件を説明しなさい。
2. 需要関数，供給関数とはどのような概念ですか。
3. 市場における均衡とはどのような概念ですか。
4. 需要曲線が左方向にシフトするのはどのような場合が考えられますか。またその結果，価格と取引量はどのように変化しますか。

発展問題

1. 合成関数 $\ln y(t)$ を t で微分しなさい。t を時間とすると，この微分が関数 $y(t)$ の成長率と考えられることを確認しなさい。
2. 関数 $y(p)$ に独立変数を掛けた関数 $py(p)$ を p で微分しなさい。p を価格，y を需要量とすると，この微分の符号は，価格の変化の売り上げ収入に対する影響を示すものであることを確認しなさい。
3. y を独立変数，p を正の定数とする関数 $py - C(y)$ が極値をとる条件を求めなさい。y を財の数量，p を価格，C を y を生産するための費用とすると，この条件はどのような経済学的な意味をもっているか述べなさい。

第3章

消費者の行動

　市場において，消費者はあたかも予算の制約のもとで自分の満足度を最大にしようと取引を行うものととらえ，そのために，どのような行動をとったらよいかを考えます。予算の制約がありますから，消費行動は所得や財の価格に依存します。したがって，所得や価格が変われば最適な消費行動も変わるはずです。そうしたことを考慮した結果が，市場における需要として現れます。

3.1 選好と効用

▶ 消費者行動の目的——効用の最大化

市場で取引を行う経済主体のうちの，消費者の行動を考えてみましょう。消費者の多くは家計（household）です。家計とは，市場において財を購入して消費し，また自分の保有する労働などの生産用役を供給して対価を得る経済主体を指します（図3-1）。

ここでは，市場における家計の行動を経済学の観点から考え，消費者として消費財に対する需要，すなわち消費者が消費財をどれだけ購入するかということ，ならびに生産用役の供給者として自分の保有する労働などの生産用役の供給をどのように決定するかを考察します。

消費者の目的は，財やサービスの消費から得られる満足の度合いを最大化することととらえられます。経済学では，このような消費から得られる満足の度合いを効用と呼びます。効用とは英語の"utility"（役に立つこと，実益などの意）に対応する語ですが，経済学においては財やサービスの消費に対する消費者の主観的な満足を意味します。そして，家計はあたかも効用最大化をしているととらえ，その行動を分析します。

▶ 予算制約と予算集合

第1章で述べたように，経済学の対象となる希少な財については，すべての人が自由に好きなだけ手に入れることはできません。効用最大化行動に対し何らかの制約が生じます。市場においては多くの場合，そのような制約は予算制約（budget constraint）の形で与えられます。すなわち，消費者の所得と各財の価格が与えられたときに，消費者が購入し得る財の組合せは，財に対する支出額が所得を超えないようなもののみとなります。

そうした購入可能な財の組合せの集まりを予算集合（budget set）と呼びます。消費者は予算集合の中から自分の効用を最大化するような財の組合せを選択します。このようにして決められた財の組合せがこの消費者の

■図 3-1　2008 年の家計収支の状況

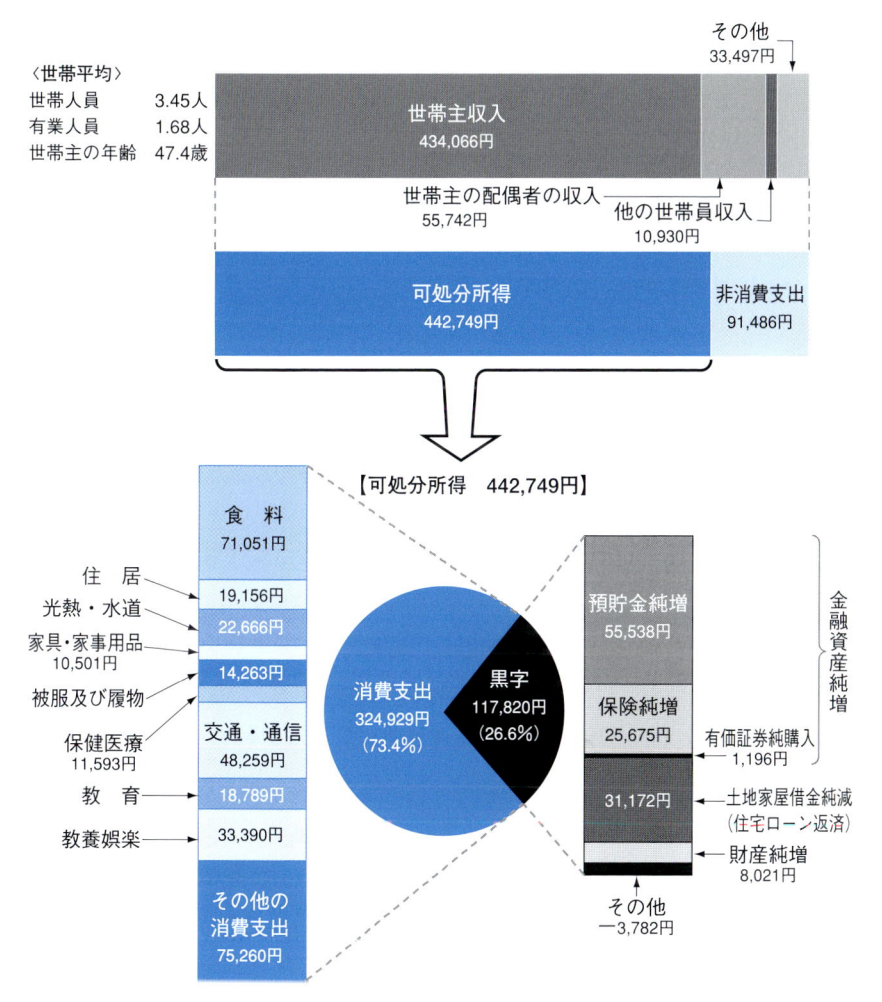

〈世帯平均〉
世帯人員　3.45 人
有業人員　1.68 人
世帯主の年齢　47.4 歳

世帯主収入　434,066 円
その他　33,497 円
世帯主の配偶者の収入　55,742 円
他の世帯員収入　10,930 円

可処分所得　442,749 円
非消費支出　91,486 円

【可処分所得　442,749 円】

食　料　71,051 円
住　居　19,156 円
光熱・水道　22,666 円
家具・家事用品　10,501 円　14,263 円
被服及び履物
保健医療　11,593 円
交通・通信　48,259 円
教　育　18,789 円
教養娯楽　33,390 円
その他の消費支出　75,260 円

消費支出　324,929 円（73.4％）
黒字　117,820 円（26.6％）

預貯金純増　55,538 円
保険純増　25,675 円
有価証券純購入　1,196 円
土地家屋借金純減（住宅ローン返済）　31,172 円
財産純増　8,021 円
その他　−3,782 円

金融資産純増

3.1　選好と効用

（出所）　総務省統計局ウェブページ　http://www.stat.go.jp/data/kakei/family/4-1.htm
（注）　図は，2 人以上の世帯のうち勤労者世帯を対象として，2008 年の平均 1 世帯あたり 1 カ月間の収入（年間収入÷12）と支出を示している。

需要であり，それは財の価格と消費者の所得に依存します。

▶ 効用関数

各消費者の効用は，消費される財・サービスの質と数量に依存します。ただし効用はあくまでも各消費者の主観的な概念であって，便宜的に数値で表されることもありますが，その数値それ自体の大きさに意味があるのではなく，その大小関係のみが比較されることに注意が必要です。

消費財の組合せと，それから得られる効用を便宜的に数値で表した関係を効用関数（utility function）と呼びます。

たとえばK君は寿司が好きでよく寿司店に行くとします。そこでK君に質問したところ，お店に月に1回行ったときの効用は「30」，2回行ったときの効用は「50」，3回行ったときの効用を「60」と評価しました。K君にとっては，1回行くよりは3回行く方が効用は高いといえます（表3-1）。

それでは，1回目と2回目，3回目はどちらの効用が高いでしょうか。1回目の効用は30ですが，2回目の効用は20増えています。このようにある財・サービスの消費量を1単位増加させたときの効用の増加分を，その財・サービスの限界効用（marginal utility；MU）といいます。ある財の限界効用は他の財の消費の水準にも依存していますので，その財の限界効用を考えるときには，他の財の消費量は一定とします。たとえば他のレストランに行く回数が変われば，寿司店行きの限界効用も変わるのです。

この例では，1回目の寿司店行きの限界効用は30，2回目は20，3回目は10となります。寿司好きのK君であっても，行く回数を増やしていくと次第に満たされていき，もう1回寿司店に行くことから得られる満足感，すなわち限界効用は下がっていくと考えられます（図3-2）。このような傾向を限界効用逓減（diminishing marginal utility）といいます。これは他の財・サービスの消費においても経験的によく認められる現象かと思います。効用のこのような一般的な傾向を指して，限界効用逓減の法則といいます。ただし，3回行くことが，1回行くことの2倍効用が高いといっているのではありません。30とか60とかの効用の数値そのものには意味がありません。1回行くよりも3回行く方が，より効用が高いといってい

■表 3-1　K君の効用の変化（数値例）

数量（寿司店に行く回数）	1	2	3
効　　用	30	50	60
限界効用	30	20	10

■図 3-2　効用と限界効用

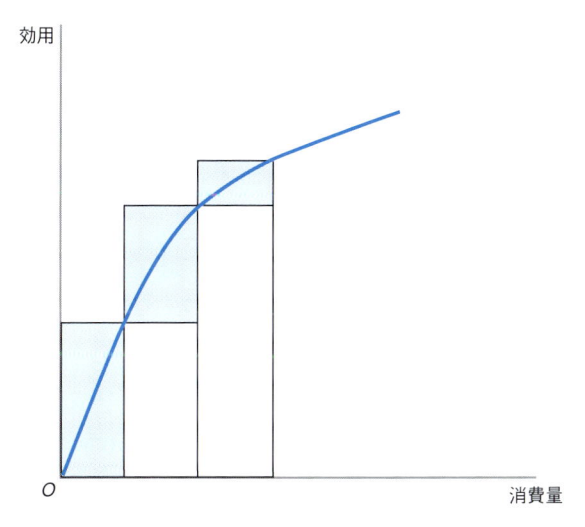

図中の薄い青色の部分は限界効用を示します。

るだけです。

　順番を示す数のことを「序数」といいますが，このように効用の順番のみに意味があることを，経済学では効用の序数性といいます。したがって序数的効用（ordinal utility）では，効用の値そのものや効用水準の差の大きさには意味がないのです。

▶ 無 差 別 曲 線

　予算制約のもとでの効用最大化行動を分析するために，まず効用という概念を図式化してみます。例として，Sさんの効用を考えてみましょう。

　いまSさんには，好きな音楽のジャンルがあって，そのコンサートに行くのが好きであったとします。また一方で，Sさんは新作の映画に見るのも好きであったとします。ここで，横軸にコンサートに行く回数，縦軸に映画を見に行く回数を測り，Sさんの評価にしたがって効用を図示してみます（図3-3）。まず，それぞれ同じくらい満足する両者の組合せを作って，図のように効用を表現してもらいました。Sさんが両者の効用が等しいとしたのは，以下の通りです。

> コンサート5回＋映画1回＝コンサート3回＋映画2回
> ＝コンサート2回＋映画4回＝コンサート1回＋映画6回

　これらを点にしてグラフに置いて，それぞれの点を結ぶと，右下がりの曲線が表れました。

　このように，AとBという2つの財・サービスの組合せを考えたとき，ある消費者にとっては「AをBより好む」か，「BをAより好む」か，あるいは「AとBは同じ効用（無差別）」かのいずれかとなります。このうち，図の曲線のようにまったく同じ効用をもたらすような財・サービスの組合せの集まりを示したものを無差別曲線（indifference curve）と呼びます。

　消費者がそれぞれの財について，少ない消費よりも多い消費を好むのであれば無差別曲線は右下がりに描かれます。なぜなら，もし無差別曲線が右上がりであるならば，同じ曲線上の異なる2つの点を比べると，右上の

3.1 選好と効用

■図 3-3　無差別曲線

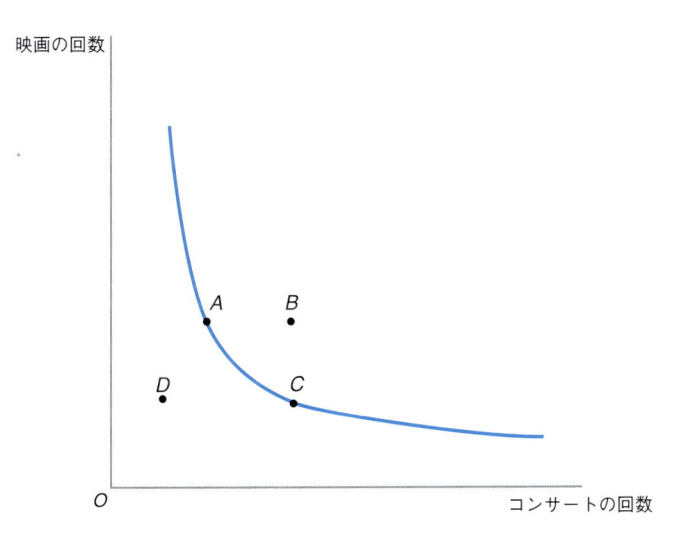

映画の回数

A　B

D　C

O　　　　　　　　　　　　　コンサートの回数

　同　水準の効用をもたらす財の組合せの集合を無差別曲線といいます。この図の無差別曲線では，同じ無差別曲線上にある A と C は同じ効用をもち，その効用は D の効用よりも高く，B の効用よりも低くなっています。これを，効用関数を用いて表すと次のようになります。

$$U(D) < U(A) = U(C) < U(B)$$

点の方がどちらの財の消費量も多く，より好まれることになるからです。しかし無差別曲線の定義から，2つの点は同じ効用をもつので矛盾が生ずるからです。

限界効用と限界代替率

次に1本の無差別曲線の上の2点，A から C への変化を考えてみましょう。ここではコンサートの数は増加し，映画の数は減少しています。

いまコンサートの増加分を Δx_C，コンサートの限界効用を MU_C，映画の減少分を Δx_F，映画の限界効用を MU_F とすると，コンサートからの効用は Δx_C に MU_C を掛けた分だけ増加し，映画からの効用は Δx_F に MU_F を掛けた分だけ減少します（表 3-2）。

しかしながら，A と C は同じ無差別曲線上にあるため全体の効用は変化しません。したがって，それぞれの財からの効用の変化は相殺されるので

$$-\Delta x_F \cdot MU_F = \Delta x_C \cdot MU_C \tag{3.1}$$

という式が成立します。この式を変形すると

$$-\frac{\Delta x_F}{\Delta x_C} = \frac{MU_C}{MU_F} \tag{3.2}$$

となります。左辺の $-\frac{\Delta x_F}{\Delta x_C}$ は，図 3-4 からわかるように無差別曲線の傾きの絶対値となっています。この絶対値 $-\frac{\Delta x_F}{\Delta x_C}$ は，映画の回数が1単位減少したとき，コンサートの回数が何単位増加すれば，効用が変わらないかを示しています。(3.2) 式は，その値が，映画とコンサートの限界効用の比になっていることを表しているのです。

この限界効用の比を映画とコンサートの**限界代替率**（marginal rate of substitution；MRS）と呼びます。効用の序数性から限界効用はあくまでも便宜的な値であり，その大きさには意味はありませんでした。しかしその比である限界代替率は，映画1単位に対しコンサート何単位が対応しているかを示す概念であり，その値は経済学的な意味をもつといえます。

■表 3-2　コンサートと映画の効用の変化（数値例）

$x_C=1$	$x_F=6$	$x_C=5$	$x_F=1$
$MU_C=60$	$MU_F=10$	$MU_C=10$	$MU_F=50$
$\Delta x_C=0.1$	$\Delta x_F=0.6$	$\Delta x_C=0.5$	$\Delta x_F=0.1$
$MRS=6$		$MRS=\dfrac{1}{5}$	

■図 3-4　限界効用と限界代替率

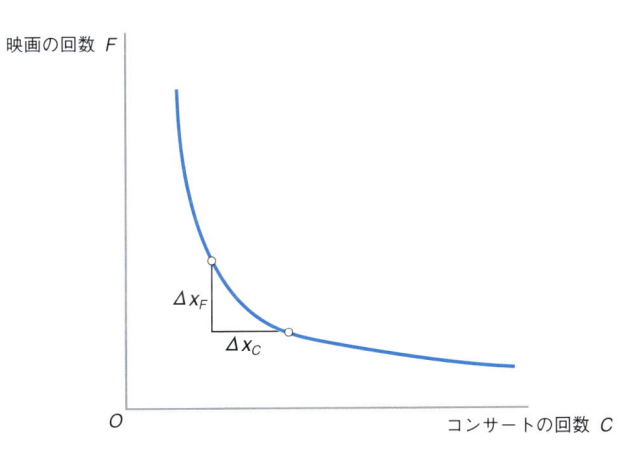

> **POINT　無差別曲線の性質**
>
> どの財も，少ない量よりも多い量の方が好まれる場合，すなわち限界効用が常に正である場合，無差別曲線は次のような性質をもちます。
>
> 1. 右下がり
> 2. 幅（厚み）をもたない
> 3. 無数に存在する
> 4. 右上の無差別曲線の方が効用が高い
> 5. 交わらない

▶ 無差別曲線の形状と限界代替率

さらに右下がりの無差別曲線の傾きに注目します。同一の無差別曲線上で，左上から右下への動きを考えてみましょう。コンサートの回数は増加し，映画の回数は減少していきます。限界効用逓減を仮定するならば，映画の限界効用は増加し，コンサートの限界効用は逆に減少するので(3.2)式の右辺の値は減少していきます。

したがって，右下がりの無差別曲線の傾きの絶対値は，左上から右下にいくにつれて小さくなります。このことは無差別曲線の形状が原点に対して凸であることを意味しています。こうした性質を選好の凸性といいます。

3.2　最適消費の決定

▶ 予 算 制 約

消費者が市場で購入し得る財の組合せは，予算の制約を満たさなければなりません。これを上のSさんの選好の例で見てみましょう。

映画の価格を p_F，コンサートの価格を p_C，Sさんの所得を m とすると，予算制約は次の式で示されます。

$$p_F x_F + p_C x_C \leq m \tag{3.3}$$

財に対する支出額の合計が所得に等しくなるような，すなわち(3.3)式が等号で成立するような財の組合せの集まりを図示したものを，予算線と呼びます。予算線は右下がりの直線で，その傾きの絶対値は財の価格の比率 $\dfrac{p_C}{p_F}$，原点からの距離は所得の大きさを表しています。

▶ 最 適 消 費

最適な消費量は，予算線上でもっとも上位の無差別曲線上の点，すなわちもっとも高い効用をもたらす財の組合せに決定されます。これは合理的な消費者の需要量を表すものです。

> **STEP-UP　選好による無差別曲線の形状の違い**
>
> 無差別曲線には，選好の特徴によって以下にまとめたような形状の違いがあります。
>
> | 形　状 | 選　好 |
> |---|---|
> | 右下がりで原点に対して凸 | 少ないより多い方を，極端より中庸を好む |
> | 直線 | 例：USB メモリの 2GB 版と 1GB 版 |
> | L 字型 | 例：左右の靴 |
> | 横軸に水平，または横軸に垂直 | 一方の財からまったく効用を得られない場合 |

■図 3-5　最適消費の決定

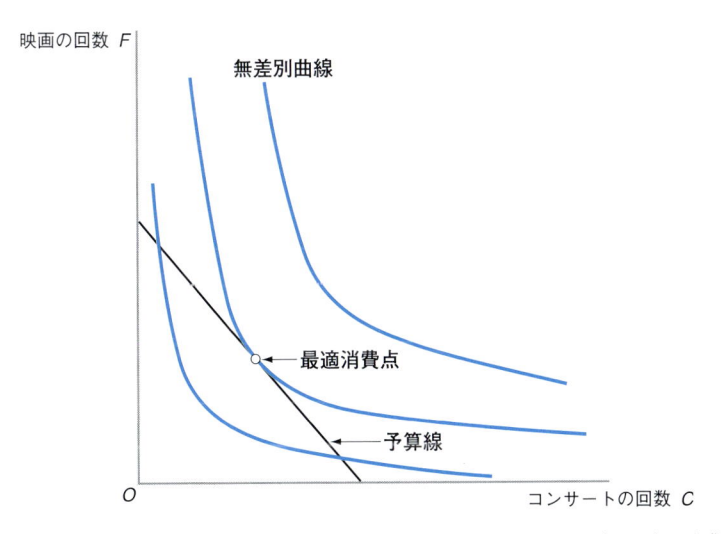

予算制約のもとでの効用最大化は，予算集合上でもっとも上位の無差別曲線上の点で達成されます。無差別曲線が原点に対して凸であるならば，一般に最適消費点は無差別曲線が予算線に接する点であり，そこでは予算線の傾きである価格比と無差別曲線の傾きである限界代替率は等しくなっています。

無差別曲線が右下がりで原点に対して凸であるならば，通常，最適な消費は無差別曲線が予算線に接している点で示されます（図 3-5）。その点では予算線の傾きの絶対値である価格比と，先に説明した無差別曲線の傾きの絶対値である限界代替率が等しくなっているのがわかると思います。

すなわち

$$\frac{p_C}{p_F} = \frac{MU_C}{MU_F} \tag{3.4}$$

あるいは

$$\frac{MU_F}{p_F} = \frac{MU_C}{p_C} \tag{3.5}$$

が成立しています。(3.5) 式の左辺は映画に対する支出 1 円あたりの限界効用，右辺はコンサートに対する支出 1 円あたりの限界効用であり，予算制約のもとでの効用最大化のためには，それらが等しくなければならないことを表しています。もし左辺の方が大きければ，映画の数を増やしてコンサートの数を減らし，右辺の方が大きければ逆に映画の数を減らしてコンサートの数を増やすことによって，予算制約を満たしつつ効用を増加させることができます。

▶ 労働の供給

最適消費量決定の議論は，消費者による労働の供給についても適用することができます。消費者は消費財からだけでなく，自由な時間である余暇（レジャー）からも効用を得ています。

いま一定の自由な時間をもっている消費者を考えてみましょう。この消費者は働いて賃金を得ることもできるとします。働けば賃金を得られ，消費財を購入できますが，その分だけ余暇は減ってしまいます。図 3-6 は横軸に消費者のもっている時間を測り，縦軸に購入した消費財を測っています。消費財と余暇から効用を得ているので，これまでと同様に無差別曲線を描くことができます。

もっているすべての時間を余暇とすると，賃金は得られず消費財を購入することはできません。横軸上の点 A は，そのような状況を示していま

■表 3-3　最適な消費量（数値例）

$$p_F = 1500 \quad p_C = 9000$$
$$MU_F = 10 \quad MU_C = 60$$

$$\frac{9000}{1500} = \frac{60}{10} \quad \text{あるいは} \quad \frac{10}{1500} = \frac{60}{9000}$$

■図 3-6　労働と余暇の選択

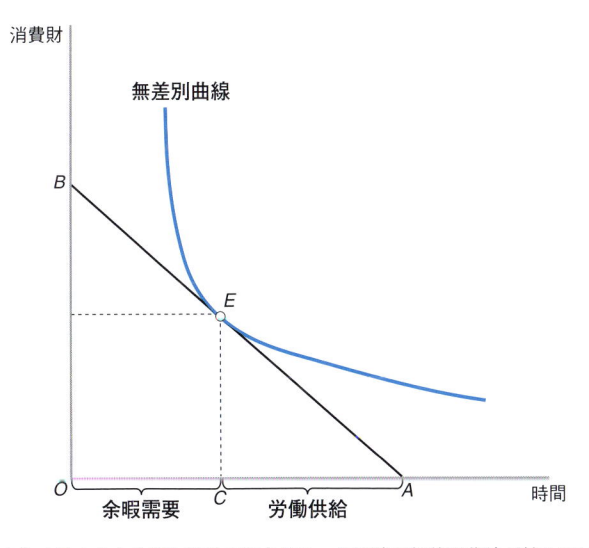

効用を最大化するような余暇と労働の組合せは，予算線に無差別曲線が接している点 E で示されます。この消費者にとっての最適な労働供給は CA であり，余暇の需要は OC となります。

す。一方，すべての時間を労働に費やすなら余暇は0となります。

　そのときの賃金で購入することのできる消費財の量は縦軸上の点 B で示されます。この消費者の予算線は線分 AB で表されますが，その傾きは，労働時間1単位で何単位の消費財が購入できるかを示すものとなっています。単位時間あたりの労働サービスの価格のことを賃金率（wage rate）と呼びますが，この予算線の傾きは消費財で測った賃金率を表しているといえます。

　この予算線に無差別曲線が接している点 E が，効用を最大化するような余暇と労働の組合せを示しています。この消費者にとっての最適な労働供給は CA であり，余暇の需要は OC となります。

3.3　与件の変化と需要関数の導出

▶ 所得消費曲線

　これまでの議論で，消費は価格や所得に依存することがわかりました。次にそれらが変化したときに消費はどのような影響を受けるのか，考えてみましょう。まず価格は不変で，所得のみが変化した場合を考察します。

　所得の変化に応じて，一般に消費も変化すると考えられます。予算線の傾きは価格比を表しているので，所得が増加すると予算線は右方へ平行移動することになります。それにともない最適な消費の組合せ，すなわち需要も変化します。そうした所得変化に対する最適消費の点を結んだ曲線を所得消費曲線（income consumption curve）あるいはエンゲル曲線と呼びます（図 3-7）。所得の増加にともない需要量が増加する財を上級財（superior goods）あるいは正常財（normal goods），逆に需要量が減少する財を下級財（inferior goods）あるいは劣等財といいます。

▶ 所得弾力性

　所得変化が需要に及ぼす影響の尺度として需要の所得弾力性（income

■図 3-7 所得消費曲線

(a) 2財とも上級財の場合

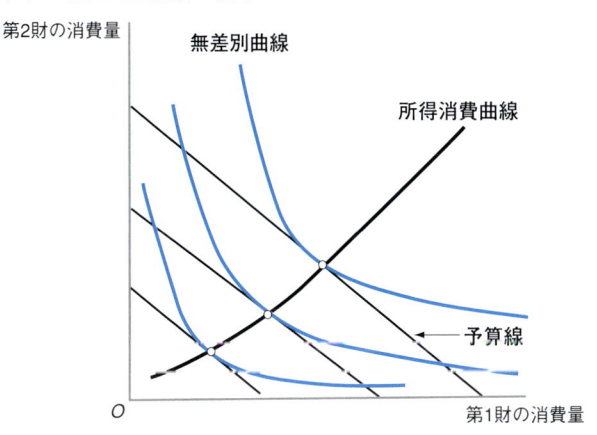

(b) 第1財が下級財の場合

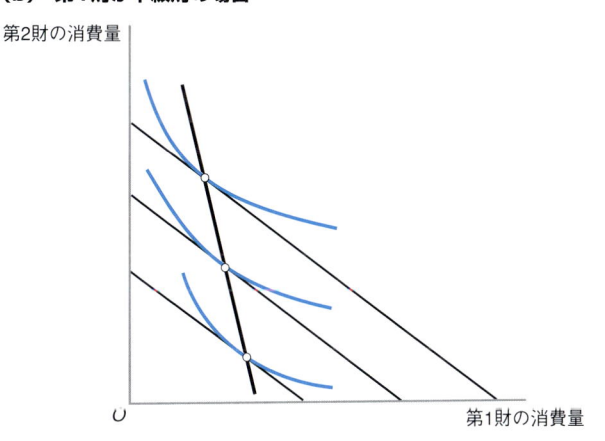

所得の変化は，予算線の平行移動で表されます。それぞれの所得の水準のもとでの最適消費点が，無差別曲線と予算線との接点で決定され，それらを結んだ線が所得消費曲線です。2財がともに上級財である場合には（たとえばコンサートと外食など），所得消費曲線は右上がりですが，第1財が下級財の場合には右下がりとなります（たとえば第1財が発泡酒（あるいは第3のビール）で，第2財がビールの場合など）。

elasticity of demand）という概念があります。

需要の所得弾力性とは，需要量の変化率を所得の変化率で割った値のことで，所得が 1％ 変化したとき，需要が何％変化するかを表します。

先の例で，映画に行く数と所得の変化をそれぞれ Δx_F，Δm とすると，次の式で定義されます（Δ は変化量を表す記号で「デルタ」と読みます）。

$$\frac{\frac{\Delta x_F}{x_F}}{\frac{\Delta m}{m}} = \frac{\Delta x_F}{\Delta m} \frac{m}{x_F} \tag{3.6}$$

なぜ弾力性を，所得と需要量の変化額ではなく変化率の比で定義するかといえば，たとえば所得が 1 万円変化したとしても，もとの所得が 100 万円の場合と，1000 万円の場合とでは，当然その影響は異なるからです。同様に，需要量が 1000 個増加したとしても，もとの需要量が 1 万個の場合と 100 万個の場合とではその影響は大きく異なります。

上級財の場合には所得の変化と需要量の変化が同じ方向なので，需要の所得弾力性は正の値になり，下級財の場合にはそれが負の値になります。

▶ 価格消費曲線と需要曲線

次に価格変化の効果を考えます。たとえばコンサート料金が下がったとします。すると同じ額の所得でより多くのコンサートに行けるので，予算線は縦軸との切片を中心に右方向へ回転します。それぞれの価格に対応する最適な消費の組合せは，これまでと同様に予算線と無差別曲線との接点で表されます。そうした点を結ぶと，1 つの曲線になります。これを価格消費曲線（price consumption curve）と呼びます（図 3-8(a)）。価格消費曲線の図の横軸はそのままにして，縦軸にコンサートの価格を測って描き直すと，コンサートに対する需要曲線が導かれます（図 3-8(b)）。

▶ 価格弾力性

ある財の価格変化がその財の需要量に及ぼす影響は，財の種類によって異なると考えられます。生活必需品であれば，多少価格が上がってもある程度は購入するでしょう。一方，奢侈品であれば購入量は大幅に減るかも

■図 3-8　価格消費曲線と需要曲線

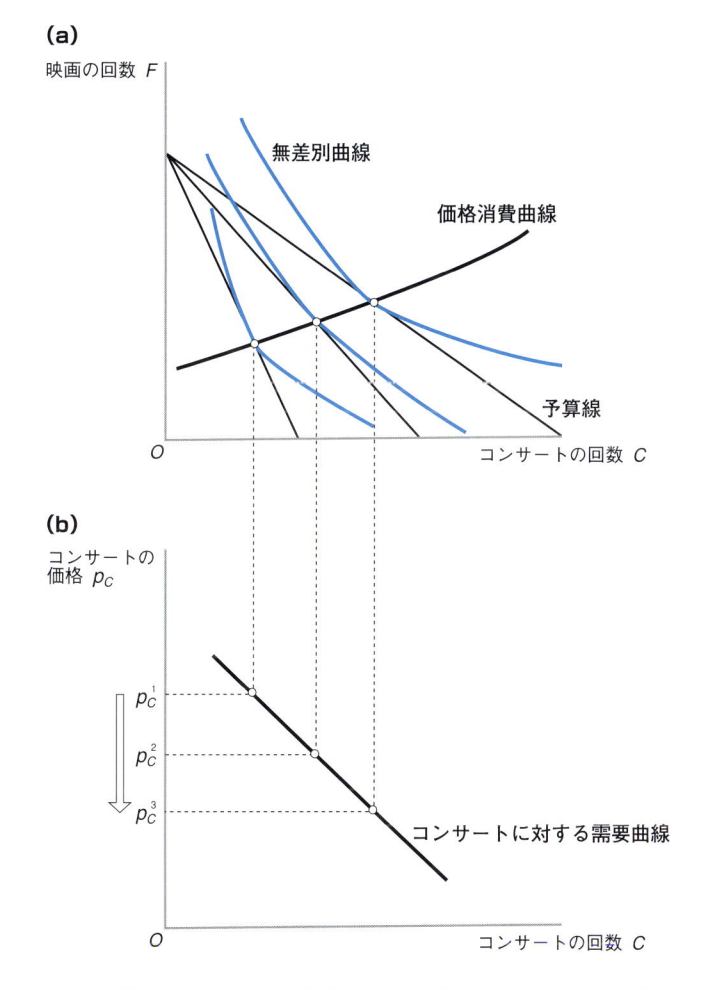

(a)

映画の回数 F

無差別曲線

価格消費曲線

予算線

コンサートの回数 C

(b)

コンサートの価格 p_C

p_C^1

p_C^2

p_C^3

コンサートに対する需要曲線

コンサートの回数 C

コンサートの価格の下落にともない予算線は縦軸との切片を中心に右方向へ回転します。それぞれの価格における最適消費は無差別曲線と予算線との接点で表され，それらを結んだ線が価格消費曲線となります。縦軸にコンサートの価格を測り，価格消費曲線上の点を移すと，コンサートに対する需要曲線が導かれます。

しれません。こうした価格変化の影響を表す尺度として**需要の価格弾力性**（price elasticity of demand）という概念があります。需要の価格弾力性とは，需要量の変化率を価格の変化率で割った値のことを指します。

先の例で，映画の需要量と価格の変化をそれぞれ Δx_F, Δp_F とすると，需要の価格弾力性は次の式で定義されます。

$$-\frac{\frac{\Delta x_F}{x_F}}{\frac{\Delta p_F}{p_F}} = -\frac{\Delta x_F}{\Delta p_F} \cdot \frac{p_F}{x_F} \tag{3.7}$$

通常，価格変化と需要量の変化は逆向き，すなわち価格が上がると需要量は下がるので，便宜的にマイナスをつけて正の値で表します。

例として，図 3-9 のような需要曲線をもった，ランチタイムに売られているサンドイッチと幕の内弁当を考えてみましょう。どちらも価格が 1000 円で需要量は 1000 単位であるとします。お昼時が過ぎたために，どちらも価格が 900 円に下がりました。このときに，サンドイッチの需要量は 1050 単位，幕の内弁当の需要量は，1200 単位に増加しました。

このときの需要の価格弾力性はそれぞれ次のようになります。

$$\text{サンドイッチの価格弾力性} = \frac{50}{100} \cdot \frac{1000}{1000} = 0.5$$

$$\text{幕の内弁当の価格弾力性} = \frac{200}{100} \cdot \frac{1000}{1000} = 2$$

この例では，幕の内弁当はサンドイッチよりも価格弾力性の値が高く，より弾力的であるといえます。その違いは需要曲線の形状に現れています。このとき，価格弾力性の値は需要曲線の傾きあるいはその逆数そのものではないことに注意が必要です。(3.7) 式にあるように，需要曲線の傾きの逆数 $\frac{\Delta x_F}{\Delta p_F}$ に，もとの価格と数量の比 $\frac{p_F}{x_F}$ を掛けた値として定義されています。したがって需要曲線が直線で与えられているような場合でも，弾力性は一定ではなく，需要曲線上の位置によって値は異なります（図 3-10）。

■図 3-9　需要曲線と価格弾力性

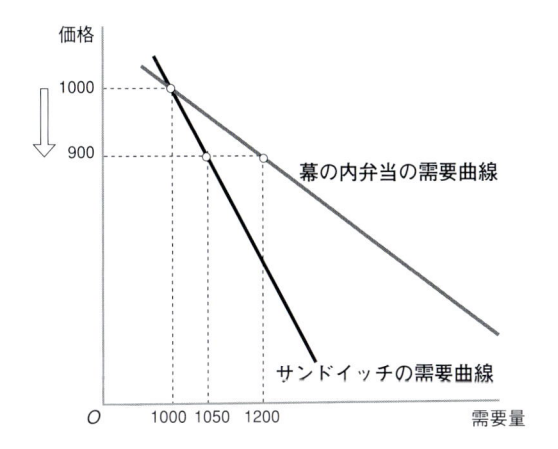

■図 3-10　需要曲線上の弾力性の違い

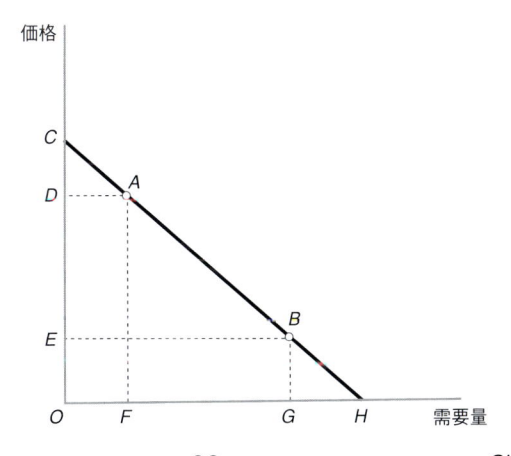

需要曲線の傾きは一定で，絶対値は $\dfrac{OC}{OH}$ となります。点 A での弾力性は $\dfrac{OH}{OC}\dfrac{OD}{OF}$ であり，点 B での弾力性は $\dfrac{OH}{OC}\dfrac{OE}{OG}$ となり，異なっていることがわかります。

3.4 代替効果と所得効果

▶ 価格変化の2つの効果

価格変化の需要量に対する効果を2つに分けて考えてみましょう。第1財の価格の下落は予算線の右方向への回転によって表されます。それは図3-11における予算線の a_1b_1 から予算線 a_1b_2 への変化として表されます。それに対応する最適消費点は予算線 a_1b_1 と無差別曲線 I_1 との接点 E_1 から予算線 a_1b_2 と無差別曲線 I_2 との接点 E_2 へ移動しています。ここで無差別曲線 I_1 に接し，予算線 a_1b_2 に平行であるような補助線 a_2b_3 を引き，I_1 との接点を E_3 とします。

そうすると実際の E_1 から E_2 への変化を，E_1 から E_3 への変化と，E_3 から E_2 への変化とに分けることができます。E_1 から E_3 への変化では，同じ無差別曲線上にあるので，効用水準は不変ですが，価格比が変化しており相対的に安くなった第1財の数量がより多くなっています。

これに対して E_3 から E_2 への変化では無差別曲線 I_1 上の点から無差別曲線 I_2 上の点への動きであるので，効用水準は増加していますが，無差別曲線の傾き，すなわち限界代替率は変わりません。この E_3 から E_2 への動きは，補助線 a_2b_3 から予算線 a_1b_2 への変化にともなうものですが，これは所得変化による予算線の平行移動と同様に考えることができます。

E_1 から E_3 への変化は，価格の相対的な変化のみによるもので代替効果（substitution effect）と呼ばれます。一方，E_3 から E_2 への変化は所得水準の変化と同様に考えられるので所得効果（income effect）と呼ばれます（表3-4）。

▶ 代替財と補完財

上の食事の例では，幕の内弁当の価格の変化は弁当だけでなく，一緒に買うペットボトルのお茶の需要量にも影響を与えると思われます。

一般に，ある財の価格の上昇が他の財の需要量を増加させるとき，それ

■図 3-11　代替効果と所得効果

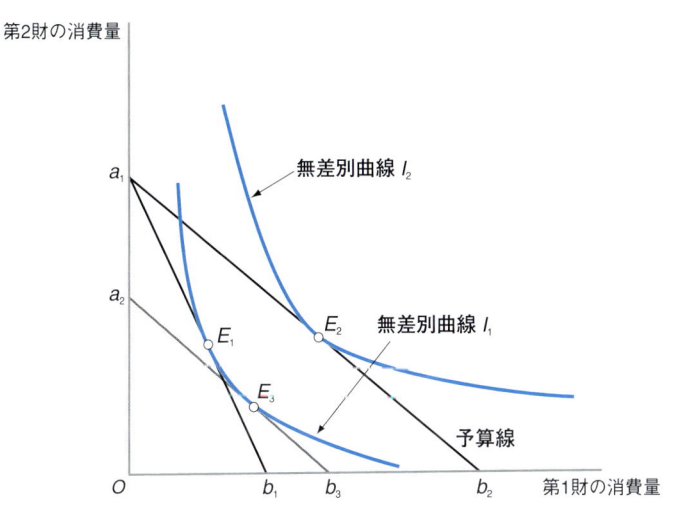

第2財の消費量

無差別曲線 I_2

無差別曲線 I_1

予算線

O　b_1　b_3　　　b_2　　第1財の消費量

第1財の価格が下落すると、予算線は a_1b_1 から a_1b_2 へと回転し、最適消費は E_1 から E_2 へと移動します。新しい予算線 a_1b_2 に平行で、もとの無差別曲線 I_1 に接するような補助線を引き、接点を E_3 とします。E_1 から E_3 への変化が代替効果であり、E_3 から E_2 への変化が所得効果となります。

3.4 代替効果と所得効果

■表 3-4　代替効果と所得効果

	価格下落の効果		
	数 量 変 化	効用(実質所得)	価 格 比
代 替 効 果	増加する	変化なし	相対的に廉価
所 得 効 果	増加する(上級財の場合)、減少する(下級財の場合)	増加する	変化なし

らの2つの財は代替財（substitutes または substitutional goods）と呼ばれ，逆に他の財の需要量を減少させるとき，2つの財は補完財（complements，または complementary goods）と呼ばれます。先の例では，サンドイッチと幕の内弁当は代替財の例であり，幕の内弁当とお茶は補完財の例といえます。

厳密には代替財・補完財と粗代替財・粗補完財とは区別されます。これは代替効果と所得効果の区別があるからです。他の財の価格が上がった（下がった）ときに需要量の増える（減る）財を粗代替財（粗補完財）といいます。この需要量の変化には代替効果と所得効果が含まれています。

これに対し，実質所得が一定のもとで代替効果だけに着目し，他の財の価格が上がった（下がった）ときに需要量の増える（減る）財を代替財（補完財）といいます。

一方，ある財の価格の変化が他の財の需要量に与える影響を表す尺度として，交差弾力性（cross-elasticity）という概念があります。幕の内弁当の価格（p_B）の変化がお茶の需要（x_T）に影響を与える場合には，次の式で定義されます。

$$\frac{\frac{\Delta x_T}{x_T}}{\frac{\Delta p_B}{p_B}} = \frac{\Delta x_T}{\Delta p_B} \frac{p_B}{x_T} \tag{3.8}$$

この式から，代替財の交差弾力性は正であり，補完財については負であることがわかります。

▶ 需要量への影響とギッフェン財

無差別曲線が右下がりで，原点に対して凸であるような，これまでの仮定のもとで第1財の価格の変化がその財の需要量に与える影響を考えます。図3-12で第1財の価格の下落は，予算線の傾きが緩やかになることを意味しているので，E_1 から E_3 への変化で第1財の数量は必ず増加します。すなわち代替効果は第1財の数量を増加させるように働きます。

所得効果は所得水準の上昇と同じ効果なので，その財が上級財であるか下級財であるかによって変化の方向は異なってきます。

■図 3-12　下級財ではあるが，右下がりの需要曲線をもつ場合

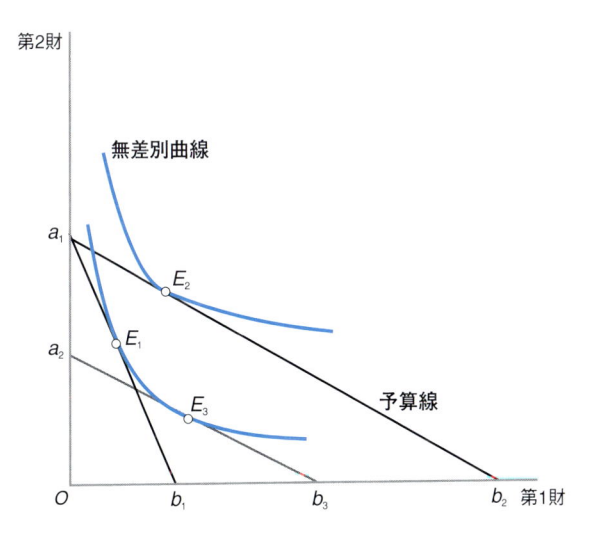

上級財であれば所得効果は第1財の数量を増加させるように働きます。したがって代替効果と合わせて，第1財の価格の下落は第1財の需要量を増加させます。このことは需要曲線が右下がりであることを意味します。

　下級財の場合には，所得効果は第1財の数量を減少させるように働きます。代替効果の絶対値が所得効果の絶対値よりも大きければ，全体の効果としては第1財の数量を増加させるように働き，需要曲線はやはり右下がりとなります。

　しかし，第1財が下級財でかつ所得効果の絶対値が代替効果の絶対値よりも大きいときには，全体の効果として第1財の数量を減少させるように働きます。このような財は**ギッフェン財**（Giffen goods）と呼ばれます（図 3-13）。すなわちギッフェン財とは，下級財でかつ所得効果が代替効果よりも大きいような財であり，右上がりの需要曲線をもつ性質があります。

　右上がりの需要曲線は通常の経験的事実とは異なりますが，19世紀半ばのアイルランドにおけるジャガイモの消費においてみられたといわれます。当時アイルランドでは地主に収穫を納めずに済むジャガイモが多く生産され主食をほとんどジャガイモに依存していました。ジャガイモへの支出の，所得に占める割合があまりに大きかったため，凶作でジャガイモの価格が上がったことによる所得効果が大きく，他の上級財への支出を切りつめジャガイモの消費を増やしたとされます。

▶ 労働供給への影響

　賃金が変化すると労働供給がどのように変わるか考えてみましょう。すでに考察したように，労働の供給は，もっている時間の総量から余暇の需要を引いたものです。賃金が上がることは余暇の価格が上がることですので，代替効果を考慮すると，余暇の需要は減少し，労働供給は増加します。賃金の上昇は，同じ労働時間によって買うことのできる一般の財の増加を意味しますので，所得効果があります。すなわち貨幣所得が増加したのと同じ効果があります。

　図 3-14 をみるとわかるように，余暇が上級財であるならば，余暇の消費は増加し，労働供給は減少します。代替効果の方が大きければ賃金の上

■図 3-13　ギッフェン財

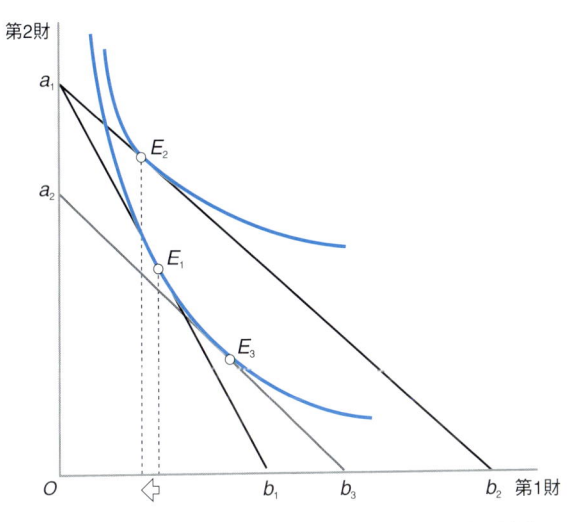

ギッフェン財では，第1財の価格下落によって，第1財の需要量が減少します。

■図 3-14　賃金の変化と労働供給

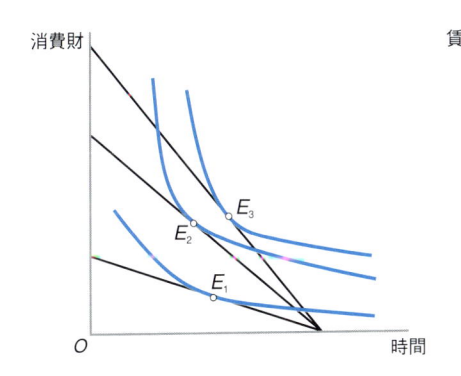

当初，賃金の上昇は労働供給を増加（E_1 から E_2）させますが，さらに上昇すると，逆に労働供給を減少（E_2 から E_3）させます。

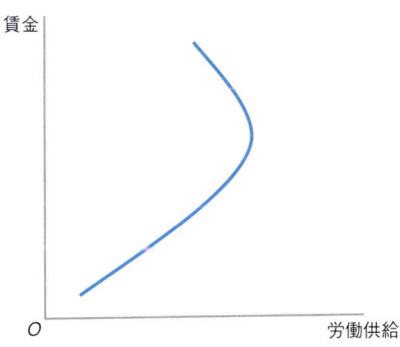

当初，労働供給は賃金の上昇とともに増加しますが，ある水準を超えると反転し，賃金の上昇とともに減少します。

3.4 代替効果と所得効果

昇にともない労働供給は増加しますが，所得効果の方が大きければ賃金の上昇にともない労働供給は減少します。

したがって，賃金が比較的低いときには，賃金があがるともっと働こうとしますが，賃金がある水準を超えると，働くよりも余暇を選択する人が増えることを意味します。

ゼミナール

▶ 無差別曲線の傾きと限界代替率

ある財の限界効用は，他の財の消費量を一定として，その財の消費量を1単位増加したときの効用の増加分と定義されました。効用関数が微分可能な場合，限界効用は効用関数の偏導関数に対応します。本文の効用関数

$$u(x_C, x_F)$$

で考えると，コンサートに行くことの限界効用は $\frac{\partial u}{\partial x_C}$，映画に行くことの限界効用は $\frac{\partial u}{\partial x_F}$ であり，限界代替率は $\frac{\frac{\partial u}{\partial x_F}}{\frac{\partial u}{\partial x_C}}$ となります。

同一無差別曲線上のすべての点は同じ効用をもたらしますので，効用関数で表現すると

$$u(x_C, x_F) = \overline{u}$$

となります。ここで $\overline{u}$ は，ある効用水準を表す定数です。

この無差別曲線上での x_C と x_F との関係を，x_C が x_F の関数であると考えて，$x_C(x_F)$ と表します。それを上の式に代入すると

$$u(x_C(x_F), x_F) = \overline{u}$$

となります。そして x_F で微分すると

$$\frac{\partial u}{\partial x_C}\frac{dx_C}{dx_F}+\frac{\partial u}{\partial x_F}=0$$

となり，変形すると

$$-\frac{dx_C}{dx_F}=\frac{\frac{\partial u}{\partial x_F}}{\frac{\partial u}{\partial x_C}}$$

が得られます。この式の左辺は無差別曲線の傾きの絶対値であり，それが右辺の限界代替率に等しいことを表しています。

▶ 需要の所得および価格弾力性

需要量 x_F を2財の価格および所得の関数として，$x_F(p_F, p_C, m)$ で表します。需要の所得弾力性は $\frac{\partial x_F}{\partial m}\frac{m}{x_F}$ で表されます。$\frac{\partial x_F}{\partial m}\frac{m}{x_F}>0$ であれば上級財，$\frac{\partial x_F}{\partial m}\frac{m}{x_F}<0$ であれば下級財です。需要の価格弾力性は $-\frac{\partial x_F}{\partial p_F}\frac{p_F}{x_F}$ で，マイナスをつけることで，絶対値で表しています。交差弾力性は $\frac{\partial x_F}{\partial p_C}\frac{p_C}{x_F}$ で表され，$\frac{\partial x_F}{\partial p_C}\frac{p_C}{x_F}>0$ であれば代替財，$\frac{\partial x_F}{\partial p_C}\frac{p_C}{x_F}<0$ であれば補完財です。

▶ 所得に占める支出の割合と所得弾力性

それぞれの財に対する支出が所得に占める割合は，所得の変化に対してどのように変わっていくのでしょうか。第 i 財に対する支出額は $p_i x_i$ であり，所得に占める割合は $\frac{p_i x_i}{m}$ と表されます。これが所得の変化とともにどう変化するかをみるために，所得で偏微分します。その値が正ならば支出の割合は所得の増加とともに増加し，負であれば減少し，0 であれば支出の割合は常に一定となります。

偏微分すると $\dfrac{\partial\left(\dfrac{p_i x_i}{m}\right)}{\partial m}=\dfrac{p_i\dfrac{\partial x_i}{\partial m}m-p_i x_i}{m^2}=\dfrac{p_i x_i\left(\dfrac{\partial x_i}{\partial m}\dfrac{m}{x_i}-1\right)}{m^2}$ となります。したがってこの値は，需要の所得弾力性が1より大きければ正，1であれば0，1より小さければ負となることがわかります。

▶ 売り上げ収入と価格弾力性

　農産物が豊作のときに，価格が下落してかえって農家の収入が減るという「豊作貧乏」という現象があります。また，有料道路や交通機関の料金を値上げすることによって，かえって収入が減ることもあります。このように，価格が変化したときに，価格×数量である売上高はどのように変化するでしょうか。その答えは需要の価格弾力性を考慮することによってえられます。収入は $p_i x_i$ で表されますので，それを価格 p_i で偏微分し，その値が正ならば収入は価格の上昇とともに増加し，負であれば減少し，0 であれば支出は変化しないことになります。

　偏微分すると $\dfrac{\partial p_i x_i}{\partial p_i} = x_i + p_i \dfrac{\partial x_i}{\partial p_i} = x_i \left(1 + \dfrac{\partial x_i}{\partial p_i}\dfrac{p_i}{x_i}\right)$ となります。したがってこの値は，需要の価格弾力性が1より小さければ正，1であれば0，1より大きければ負となることがわかります。野菜のような財は価格弾力性が小さいので，価格が下がると売り手の収入も下がると考えられます。交通機関も，代替的な手段が多い場合には価格弾力性が高いので，料金を上げると収入が下がることになります。

練習問題

確認問題

1. ある消費者の効用関数が $u = ab$ で与えられています。ここで a はリンゴの消費量，b はバナナの消費量です。
   (1) 無差別曲線を描きなさい。
   (2) リンゴとバナナの限界効用を求めなさい。
   (3) リンゴとバナナの限界代替率を求めなさい。

2. (1) 確認問題1で描いた無差別曲線の図に，リンゴの価格を50円，バナナの価格を100円，所得を1000円として，予算線を描きなさい。
   (2) リンゴとバナナの最適な消費量を求めなさい。

3. 確認問題2と同じ価格で，所得が2000円になったときのリンゴとバナナの最適な消費量を求めなさい。

4. 確認問題2と同じ所得およびリンゴの価格で，バナナの価格が50円になったときの，リンゴとバナナの最適な消費量を求めなさい。

発展問題

1. ある消費者の効用関数が以下のように与えられています。

   $$u(x, y) = x^a y^{1-a}$$

   ここで x, y はそれぞれ財 x および財 y の消費量を表し，a は $0 < a < 1$ となる定数です。財 x および財 y のそれぞれ価格を p_x, p_y，この消費者の所得を m として，需要関数を導きなさい。

2. 発展問題1で求めた需要関数について，価格弾力性および所得弾力性を求めなさい。

3. 右下がりの需要曲線で，需要の価格弾力性が一定であるような例はどのようなものが考えられますか。

4. ある消費者の，第1財および第2財に対する需要関数がそれぞれ以下のように与えられています。

   $$d_1(p_1, p_2, m) = amp_1^{-1}p_2^{-1}$$
   $$d_2(p_1, p_2, m) = (1-a)mp_1^{-1}p_2^{-1}$$

   ここで p_1, p_2 はそれぞれ第1財および第2財の価格，m はこの消費者の所得を表し，a は $0 < a < 1$ となる定数です。

   (1) 所得に占める第1財に対する支出額の割合は，所得が上昇したときにどう変わりますか。

   (2) 所得に占める第1財に対する支出額の割合は，第1財の価格が上昇したときにどう変わりますか。

   (3) 所得に占める第1財に対する支出額の割合は，第2財の価格が上昇したときにどう変わりますか。

5. ある財に対する支出額が，所得に占める割合を考えます。この財の所得弾力性が1より大きいときに，所得が増加するにしたがって支出の割合も増加することを示しなさい。

6. 発展問題5で考察した財を横軸に，他の財を縦軸に測り，その2財のみを消費するとして，所得消費曲線を描きなさい。

第4章

生産者の行動

　市場において財の生産者は，技術的な制約のもとで利潤最大化を目的とするととらえ，そのためにはどのような行動を取ったらよいかを考えます。利潤は売り上げ収入から，生産のための費用を引いた値ですから，生産物や生産のために投入した要素の価格に依存します。したがって，それらの価格が変われば最適な生産行動も変わるはずです。そうしたことを考慮した結果が，市場における供給として現れます。

4.1 生産者行動の目的と生産技術

▶ 生産関数

本章では，市場で取引を行う経済主体のうちの供給者，すなわち売り手の行動を考えます。売り手の多くは生産者です。生産者とは，市場において生産要素（労働，生産設備，原材料など）を購入して財を生産し，それを供給して対価を得る経済主体です（図 4-1）。多くの場合，生産者は企業となります。

企業の行動の目的は，シェアの拡大や売上高の増加などさまざま考えられますが，もっとも典型的なものとして，ここでは利潤の最大化であるとします。なお，ここで利潤（profit）とは，収入（販売によって得られる金額）から費用（生産に投入したものに対する支出額）を差し引いたものです。

希少な財は自由に好きなだけ生産することはできず，そこには技術的な制約が存在します。財の生産を行うためには生産要素の投入が必要となります。経済学では，生産要素の投入量と，生産要素を用いて技術的に可能な最大の生産量との関係を，生産関数（production function）と呼びます。

いま 2 種類の生産要素，労働と資本を用いて 1 種類の生産物を産出する企業を考えてみます。労働の投入量を L，資本の投入量を K，生産物の数量を y とすると，この企業の生産関数は

$$y = f(L, K) \tag{4.1}$$

という形で表されます。これは，L と K という 2 つの従属変数に対して，y という 1 つの独立変数が対応している関係を示しています（図 4-2）。

このとき資本 K の投入量を一定として，労働 L の投入量だけを 1 単位増加させたときの生産物 y の増加分を，労働の限界生産力（marginal product；MP）と呼び，ここでは MP_L と書きます。労働の限界生産力は一般に，労働の投入量だけでなく一定とおいた資本の投入水準にも依存しま

■図 4-1 財 の 生 産

生産要素
- 土　地
- 工場・生産設備
- 原材料
- 労働力

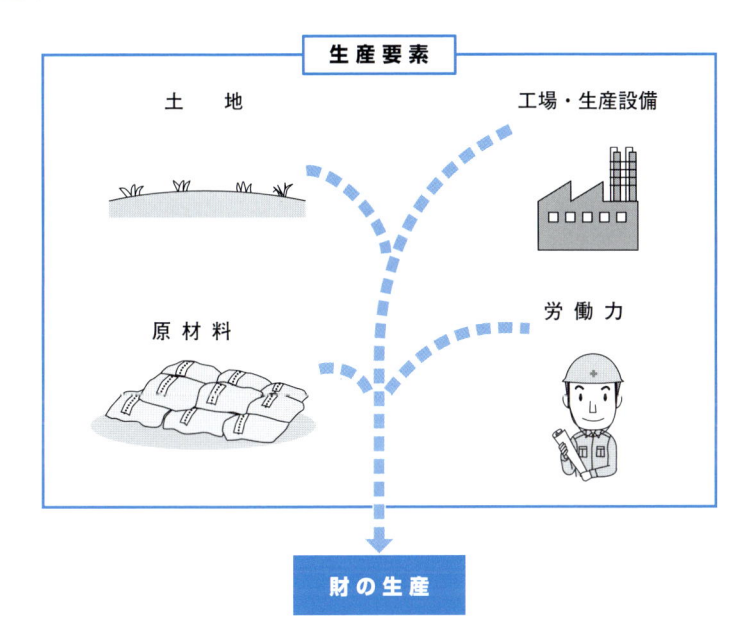

→ 財の生産

■図 4-2 生産関数のイメージ図

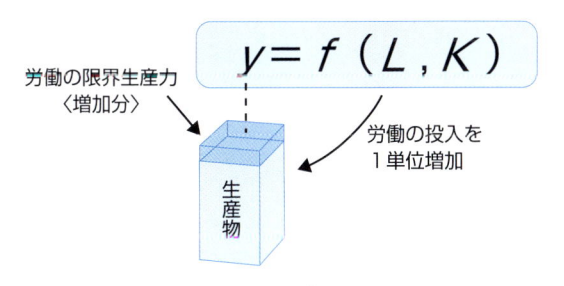

$$y = f(L, K)$$

労働の限界生産力〈増加分〉

労働の投入を1単位増加

生産物

労働 L と資本 K を用いて生産物 Y を算出します。

4.1 生産者行動の目的と生産技術

す。同様にして資本の限界生産力を定義することができ，MP_K と書きます。

生産要素の投入量が増加するにつれて，限界生産力が減っていくような状況を，限界生産力が逓減するといいます（図 4-3）。

労働と資本の投入量を，たとえばともに 2 倍にしたときに，すなわち生産要素の投入の規模を 2 倍にしたときに，生産量も 2 倍になる場合には規模に関して収穫一定，生産量が 2 倍未満の場合には規模に関して収穫逓減，生産量が 2 倍よりも増加する場合には規模に関して収穫逓増といいます。

▶ 等量曲線

前述のように，利潤は生産物を販売して得られる収入から，生産に必要な費用を引いた値として定義されます。利潤を最大化するためには，まず費用を最小化しなければなりません。

一定量の生産を行うときに，どのように生産要素を投入すれば，生産要素に対する支出額が最小になるかを考えるために，消費における無差別曲線に対応する概念である等量曲線または等産出量曲線（isoquant，または iso-product curve）を定義します。これは，与えられた生産技術のもとで，一定量の生産を実現するような生産要素の組合せの集合となります。

等量曲線の形状は生産技術によって異なります。たとえば労働者 1 人が，印刷機（資本）1 台を動かしてポスター 5000 枚の印刷をする場合を考えてみましょう。印刷のチェックのため労働者は終わるまで機械のそばを離れられないとします。このとき労働者が 1 人ならば，印刷機が何台あっても印刷できる紙は 5000 枚であり，また労働者が何人いても，印刷機が 1 台ならばやはり印刷できる紙は 5000 枚です。けれども労働者が 2 人と印刷機 2 台があれば，10000 枚の印刷ができます。したがって，この企業の等量曲線は図 4-4(a) のように示すことができます。これは 2 つの生産要素である労働と資本の間に代替関係がまったくなく，完全に補完的な場合です。すなわち，労働と資本の役割は完全に異なっています。

これに対し，たとえばロボット 1 台と労働者 5 人がまったく同じ量の仕事をするような場合は，ロボット（資本）と労働は完全に代替的となり，等量曲線は図 4-4(b) のように示すことができます。

■ 図 4-3　限界生産力の逓減

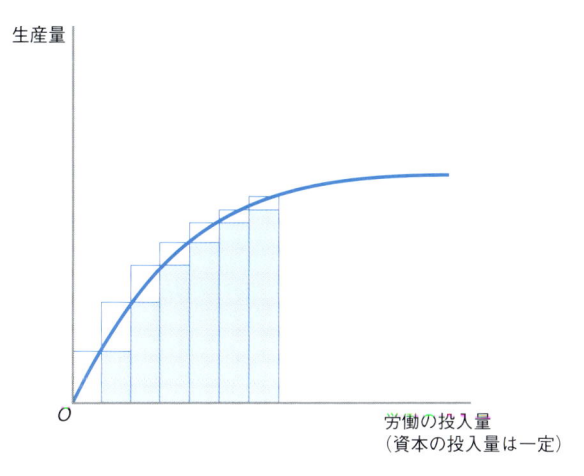

生産量

労働の投入量
（資本の投入量は一定）

生産要素の投入量が増加するにつれてその生産要素の限界生産力は低下します。

■ 図 4-4　等 量 曲 線

（a）　要素間に代替関係がない場合

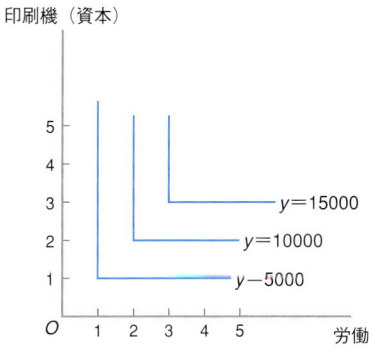

印刷機（資本）

$y=15000$
$y=10000$
$y=5000$

労働

（b）　完全に代替的な場合

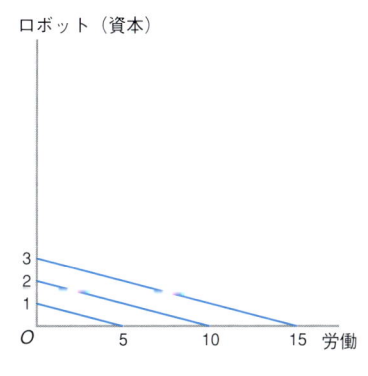

ロボット（資本）

労働

どちらか一方の要素が増加しただけでは印刷枚数は増加しません。したがって等量曲線はL字形になります（a）。労働と資本は同じ役割を果しているので，等量曲線は直線になります（b）。

▶ 技術的限界代替率

もし生産要素の間に代替関係があれば，同一の生産水準を保つときに，一方の要素の減少分は他の要素の増加分で相殺されます。したがって等量曲線は右下がりになります。

同一の等量曲線上の2点，A から B への変化を考えてみましょう（図4-5）。資本の減少分を ΔK とすると，資本の減少による生産物の減少分は ΔK に資本の限界生産力 MP_K を掛けた $\Delta K \cdot MP_K$ であり，それは労働の増加によって相殺されなければなりません。いま労働の増加分を ΔL とすると，そのことによる生産物の増加分は $\Delta L \cdot MP_L$ となるので，次の式が成立します。

$$-\Delta K \cdot MP_K = \Delta L \cdot MP_L \tag{4.2}$$

すなわち

$$-\frac{\Delta K}{\Delta L} = \frac{MP_L}{MP_K} \tag{4.3}$$

となります。

ここで左辺は等量曲線の傾きの絶対値であり，労働の投入を1単位増加したときに，資本が何単位減れば生産量は変わらないかを示しています。(4.3) 式はその値が限界生産力の比になっていることを表しており，それは2つの生産要素間の技術的限界代替率（marginal rate of technical substitution）と呼ばれます。各生産要素の限界生産力が逓減していれば，等量曲線は原点に対し凸に描かれます。

▶ 生産可能性曲線

原油の精製においては，重油，軽油，ナフサ，ガソリンのように同じ生産過程の流れで複数の生産物が作り出されます。このように生産技術によっては，同一の生産工程から複数の生産物が造り出されることがあります。そのような生産を結合生産（joint production）と呼びます。

一般に，一定量の生産要素を用いて技術的に可能な複数の財の組合せを示したものが生産可能性曲線（production possibility curve）です（図 4-6）。

■図 4-5　等量曲線と技術的限界代替率

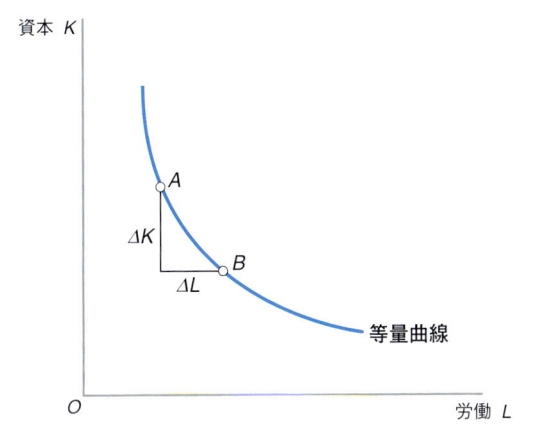

資本の減少分 ΔK と労働の増加分 ΔL の，生産に対する効果は相殺され，生産量は不変です。ΔK と ΔL の比率は，資本と労働がどのような比率で交換されると生産量が不変であるかを示し，技術的限界代替率と呼ばれます。技術的限界代替率は等量曲線の傾きの絶対値として表されます。

■図 4-6　生産可能性曲線

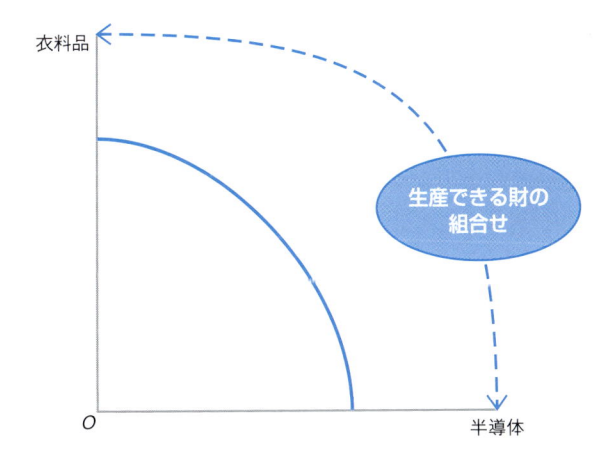

たとえば，半導体と衣料品を作り出す場合を考えてみましょう。半導体の生産量を増加させるためには，より多くの生産要素を半導体の生産に投入しなければなりません。生産要素の投入の総量が一定なら，それは衣料品の生産のための要素投入量の減少を意味し，衣料品の生産量も減少します。このように，一方の生産物の生産量を増加させるためには他の生産物の生産量を減少させなければならないので，生産可能性曲線は通常右下がりとなります。

生産可能性曲線の傾きの絶対値は，半導体の生産を1単位増加させるためには衣料品の生産を何単位減らさなければならないかを表しており，半導体と衣料品の限界変形率（marginal rate of transformation；MRS）と呼ばれます（図 4-7）。これは半導体の獲得のために犠牲にしなければならない衣料品の量を表しているため半導体の機会費用とも呼ばれます。

生産要素の投入量が増加したり，生産技術が進歩したりした場合には，生産可能性曲線は外側にシフトします（図 4-8）。

4.2 費用最小化

▶ 等費用線と最適投入

(4.1) 式で表されるような生産関数をもつ企業が，ある一定量 y_0 の生産を行う場合に，どのように生産要素の投入量を決定すれば生産要素に対する支出額が最小になるでしょうか。

y_0 の生産に必要な生産要素の組合せは対応する等量曲線によって表されます。その等量曲線上で，要素に対する支出額を最小にするような点を見つければよいことになります。

支出額が一定となるような生産要素の組合せの集合を，等費用線（equal cost curve）といいます。労働の価格を w，資本の価格を r とすると，等費用線の傾きは要素価格比 $-\frac{w}{r}$ となります。

この場合，右上方の等費用線ほど，より高い支出に対応しています。右

■図 4-7　生産可能性曲線と限界変形率

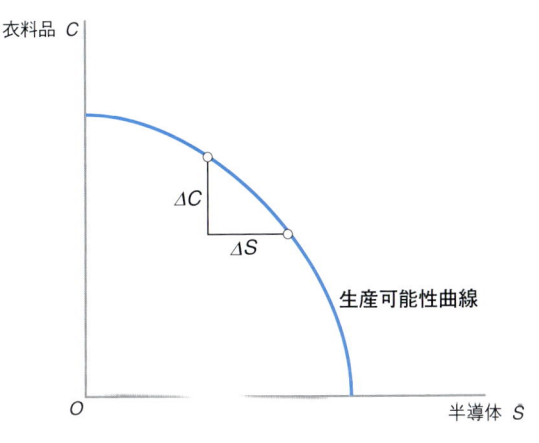

一定の生産要素と技術水準のもとで、生産可能な半導体と衣料品の組合せを表した図が生産可能性曲線です。生産可能性曲線の傾きは、半導体1単位を生産するために衣料品を何単位犠牲にしなければならないかを示しており、半導体と衣料品の限界変形率、あるいは衣料品で測った半導体の機会費用を表しています。

■図 4-8　生産可能性曲線のシフト

(a) 半導体産業のみ技術進歩がある場合　**(b) 双方の産業に技術進歩がある場合**

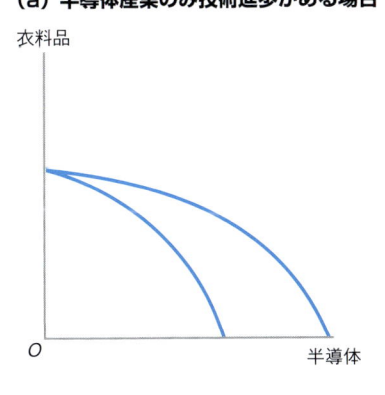

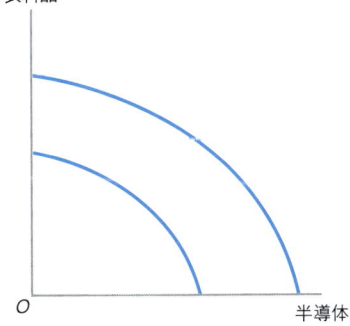

下がりで原点に対して凸であるような等量曲線の場合，支出額を最小にする点は，その等量曲線に等費用線が接する点であり，その点が最適な要素投入量を表しています。

▶ 最適投入の条件

最適な要素投入の点では，等量曲線の傾きである生産要素間の技術的限界代替率と，等費用線の傾きである要素価格比は等しくなっています。(4.3) 式より，最適な要素投入量の点では

$$\frac{MP_L}{MP_K} = \frac{w}{r} \tag{4.4}$$

あるいは

$$\frac{MP_K}{r} = \frac{MP_L}{w} \tag{4.5}$$

が成立します。(4.5) 式は，支出額を最小にするためには，各生産要素についてその要素に対する支出1円あたりの限界生産力がすべて等しくなっていなければならないことを示しています（図 4-9）。

▶ 要素需要の決定

利潤を最大にするためには，どのように生産量ならびに生産要素の投入量を決定しなければならないでしょうか。

生産物の価格を p とすると，労働1単位を追加的に投入することによって得られる収入は労働の限界生産力に生産物の価格を掛けた $p \cdot MP_L$ すなわち限界生産力の価値であり，そのための支出の増加は労働の価格 w です（図 4-10）。収入の増加の方が支出の増加よりも大きければ，労働投入を増加することにより，逆であれば減少させることにより，利潤を増加させることができます。資本についても同様な議論が成立するので最適な生産要素の投入量は，以下の条件によって決定されます。

$$p \cdot MP_L = w \tag{4.6}$$
$$p \cdot MP_K = r \tag{4.7}$$

■図 4-9　生産要素の最適投入

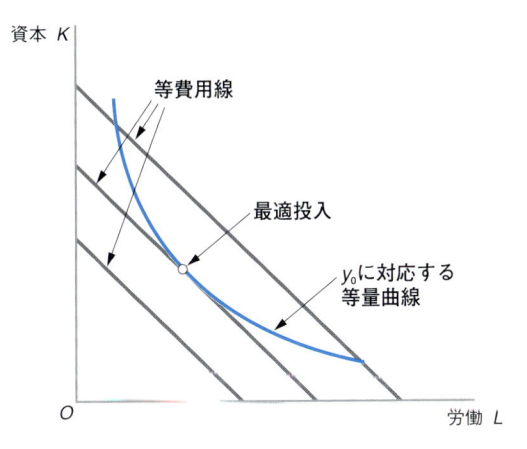

y_0という生産を行うためには、対応する等量曲線上の点を投入しなければなりません。その中で、支出を最小にする組合せは、もっとも下方の等費用線上の点であり、等費用線と等量曲線との接点で示されます。そこでは、等量曲線の傾きである技術的限界代替率が、等費用線の傾きである要素価格比に等しくなっています。

■図 4-10　要素需要の決定

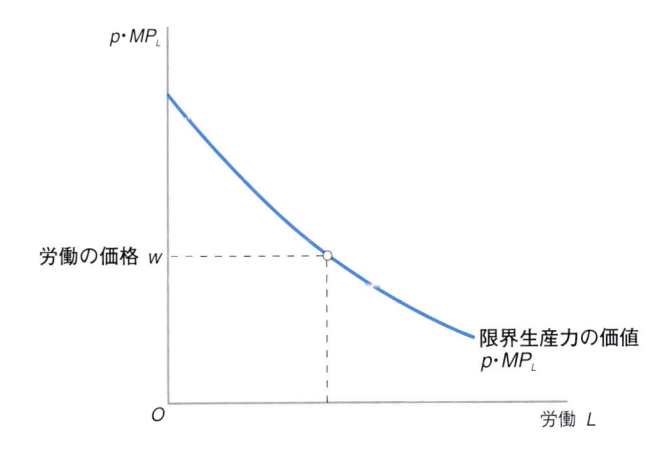

4.2 費用最小化

すなわち，それぞれの生産要素について，限界生産力の価値が，その要素の価格に等しくなる，という条件となります。各生産要素の限界生産力は，他の生産要素の投入水準にも依存しているので，最適な要素投入量は，(4.6) 式と (4.7) 式を同時に満たすような値に決定されなければなりません。これらの条件は，企業の生産要素に対する需要を特徴づけています。

▶ さまざまな費用の概念

生産物のさまざまな水準に対して，(4.5) 式で特徴づけられるような，もっとも効率的な生産方法をとったときの費用を対応させる関係を総費用関数（total cost function）といい，$TC(y)$ と書きます。これは，総費用（total cost；TC）が生産量 y に依存していることを示しています。

ただし固定設備のように，生産量とは直接関係ない費用項目もあります。それを固定費用（fixed cost；FC）といい，FC と書きます。また原材料などのように，生産量に依存する費用項目を可変費用（variable cost；VC）といい，$VC(y)$ と書きます。総費用は固定費用と可変費用の和であり

$$TC(y) = FC + VC(y) \tag{4.8}$$

と表されます。

また，生産物1単位あたりの総費用を平均費用（average cost；AC）といい，$AC(y)$ と書きます。平均費用は

$$AC(y) = \frac{TC(y)}{y} \tag{4.9}$$

と表せます。同様にして，生産物1単位あたりの可変費用と固定費用をそれぞれ平均可変費用（average variable cost；AVC），平均固定費用（average fixed cost；AFC）といいます。$AVC(y)$ と $AFC(y)$ については，

$$AVC(y) = \frac{VC(y)}{y} \tag{4.10}$$

$$AFC(y) = \frac{FC}{y} \tag{4.11}$$

$$AC(y) = AFC(y) + AVC(y) \tag{4.12}$$

■表 4-1　数値例——学園祭でのたこ焼き販売の例

●**固定費用** FC （器具のレンタル料・模擬店舗の設置費など）		6,000 円
平均固定費用 AFC	10 人分	600 円
	20 人分	300 円
	30 人分	200 円
	40 人分	150 円
	50 人分	120 円
●**可変費用** VC（材料費）	10 人分	3,000 円
	20 人分	5,500 円
	30 人分	7,500 円
	40 人分	9,000 円
	50 人分	10,000 円
平均可変費用 AVC	10 人分	300 円
	20 人分	275 円
	30 人分	250 円
	40 人分	225 円
	50 人分	200 円
平均費用 AC	10 人分	900 円
	20 人分	575 円
	30 人分	450 円
	40 人分	375 円
	50 人分	320 円
◆**総費用** TC	10 人分	9,000 円
	20 人分	11,500 円
	30 人分	13,500 円
	40 人分	15,000 円
	50 人分	16,000 円

4.2 費用最小化

と表されます。

　生産物1単位を新たに作るための費用を**限界費用**（marginal cost；MC）といい，$MC(y)$ と書きます。限界費用は

$$MC(y) = \frac{\Delta TC(y)}{\Delta y} \tag{4.13}$$

として表せます。ここで $\Delta TC(y)$ は総費用の増加分，Δy は生産量の増加分です。総費用関数が微分可能であるならば，限界費用関数は総費用関数の導関数，すなわち

$$MC(y) = \frac{dTC(y)}{dy} = TC'(y)$$

となります。

▶ 費用曲線の形状

　費用関数を図示したものは**費用曲線**（cost curve）と呼ばれ，その形状は生産技術に依存します。

　図 4-11 は典型的な総費用曲線の例を示しています。縦軸上の切片 C_1 は生産量が0のときの総費用で，固定費用を表しています。生産量の増加にともない総費用も増加するので総費用曲線は右上がりとなります。その傾きははじめは次第に緩やかになり，y_1 を過ぎると次第に急になります。

　総費用曲線 $TC(y)$ の傾きは，生産量 y が1単位増加したときの総費用 TC の増加分を表しているので，限界費用 MC に対応します。したがって図 4-12 のように限界費用曲線は y_1 までは右下がりであり，y_1 を過ぎると右上がりとなります。

　原点と総費用曲線上の点を結んだ直線の傾きは $\frac{TC(y)}{y}$ で，平均費用 $AC(y)$ を表しています。$AC(y)$ は y の増加とともに次第に小さくなり，y_3 で最低となり，その後増加します。y_3 では原点と TC 曲線上の点を結んだ直線の傾きと，TC 曲線自身の傾きとが一致しており，このことは $AC(y_3) = MC(y_3)$ を意味しています。

　点 C_1 と TC 曲線上の点を結んだ直線の傾きは $\frac{VC(y)}{y}$ であるので，平均可変費用 $AVC(y)$ を表しています。

■図 4-11　総費用曲線と固定費用

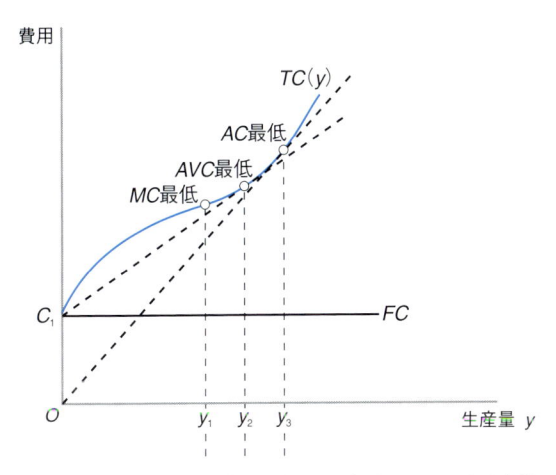

総費用曲線 TC は固定費用を示す C_1 点から出発し、傾きは、はじめは次第に緩やかになり、y_1 を過ぎると次第に急になっています。そのため限界費用 MC は y_1 で最低となります。原点と TC 曲線上の点を結んだ直線の傾きは平均費用 AC を、C_1 と TC 曲線上の点を結んだ直線の傾きは平均可変費用 AVC を表しています。y_2 で AVC は最低となり MC に一致し、y_3 で AC は最低となり MC と一致します。

■図 4-12　平均費用曲線，平均可変費用曲線，限界費用曲線

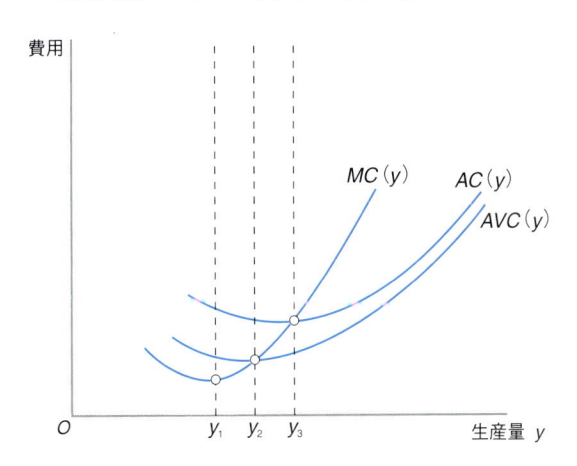

限界費用曲線 MC は y_1 で最低となり、平均可変費用曲線 AVC、平均費用曲線 AC のそれぞれ最低点を通ります。すなわち、$MC(y_2)=AVC(y_2)$、$MC(y_3)=AC(y_3)$ となります。

$MC(y)$ と $AC(y)$ ならびに $AVC(y)$ との関係は図 4-12 に描かれています。$AC(y)$ と $AVC(y)$ の差は平均固定費用 $AFC(y)$ であり，y が増加するにつれて減少します。

▶ 長期費用関数

生産者の理論において，すべての要素が可変的になるような期間を長期といいます。これに対してこれまでの議論のように，少なくとも 1 種類の固定要素が存在する期間を短期といいます。実際にどのくらいの時間を短期というかは生産技術に依存します。

たとえば設備の建設に 3 年かかるような産業では，長期とは少なくとも 3 年以上ですが，大規模な設備の建設を必要としない業種では 1 週間でも長期となり得ます。

例として，あるメーカーを考えてみましょう。そのメーカーでは，これから生産拠点である工場を開設しなければなりません。工場には小規模，中規模，大規模の 3 種類があり，長期的にはそのいずれかを選択できますが，短期的には固定されるとします。図 4-13 において，小規模工場を選択した場合の短期平均費用曲線が SAC_1，中規模工場の場合が SAC_2，大規模工場が SAC_3 で描かれています。

生産規模が y_1 以下であれば，小規模の工場を選択した場合の平均費用は中規模や大規模な工場のときの平均費用よりも小さくなっています。したがって y_1 までの生産にとって最適な工場は小規模のものといえます。一方，生産量が y_1 から y_2 の間のときは，最適な工場は中規模のものであり，y_2 以上の生産であれば大規模な工場が最適となります。

長期平均費用曲線 LAC はそれぞれの生産量に対して最適な工場を選んだときの平均費用を示すので，図 4-13 の太線で表されます。利用可能な工場の規模の種類が多くなれば LAC はより滑らかな曲線になります。

4.2 費用最小化

■ 図 4-13　短期平均費用曲線と長期平均費用曲線

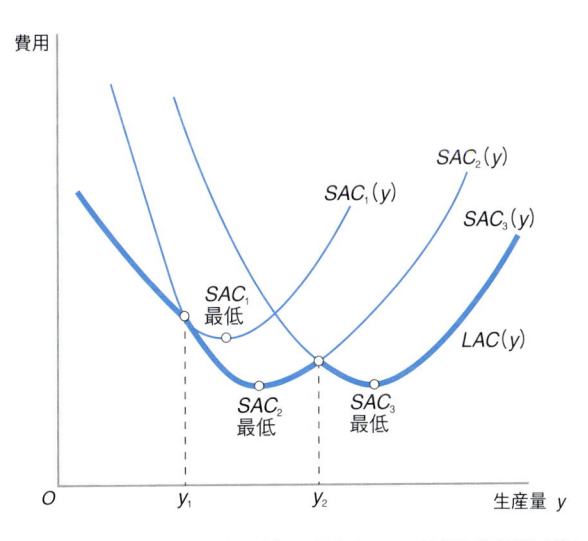

生産量が O から y_1 までの間は小規模の設備が最適なので，長期平均費用曲線 LAC は短期平均費用曲線 SAC_1 と一致し，y_1 と y_2 の間では LAC は SAC_2 と一致し，y_2 以上であれば LAC は SAC_3 と一致します。したがって，長期平均費用曲線 LAC は図の太線のように表されます。設備の規模の種類が多くなれば，長期平均費用曲線 LAC はより滑らかな曲線として描かれます。

4.3　供給関数の導出

▶ 利潤最大化の条件

費用関数の概念を用いて，利潤最大化行動を考察します。第2章で述べた完全競争市場の前提では，「個々の経済主体は規模が小さく，したがって市場全体への影響力も小さいため，価格を与えられたものとして行動する」ことになっていました。これにしたがって，企業にとっても生産物の価格 p は一定で与えられたものであり，自分で決められないとします。このとき，企業はどのように生産量を決定するでしょうか。

企業の利潤は，収入から費用を引いたものですので

$$py - TC(y) \tag{4.14}$$

と表すことができます。企業はこの利潤を最大化するような生産量 y を求めることになります。そこで，生産量 y を1単位増加させたとして，利潤はどう変化するか考えてみましょう。

価格 p は与えられているので，収入の増加は p に等しく，費用の増加は限界費用 $MC(y)$ となります。ここで，p の方が $MC(y)$ よりも大きければ利潤は増加し，したがって生産量を増やすことによって利潤も増えることになります。逆に p の方が $MC(y)$ よりも小さければ，生産量を増やすことによって利潤は減ります。したがって p が $MC(y)$ より大きい限り生産量を増やし，p が $MC(y)$ より小さいときには生産量を減らすことによって利潤を増加させることができます。そうしていくと利潤は

$$p = MC(y) \tag{4.15}$$

のときに最大となることがわかります。すなわち利潤最大化の条件は，価格＝限界費用であり，企業はそれが成立するように生産量を決定します（図4-14）。生産物の価格が変化すれば利潤最大化の条件（4.15）式を満たすような産出量の水準も変化します。そのように利潤最大化の条件を満

> ❖BOX　超過利潤と正常利潤についての補足
>
> 　企業にとって，現在の生産規模を維持するのにちょうど適当な水準の報酬を<u>正常利潤</u>といい，正常利潤を超える利潤を<u>超過利潤</u>といいます。しばしば正常利潤は総費用に含めて考えられます。
>
> 　したがってその場合には，利潤が 0 であっても，正常利潤は得られているので企業は生産活動を続けることになります。

■図 4-14　1 生産物の場合の利潤最大化

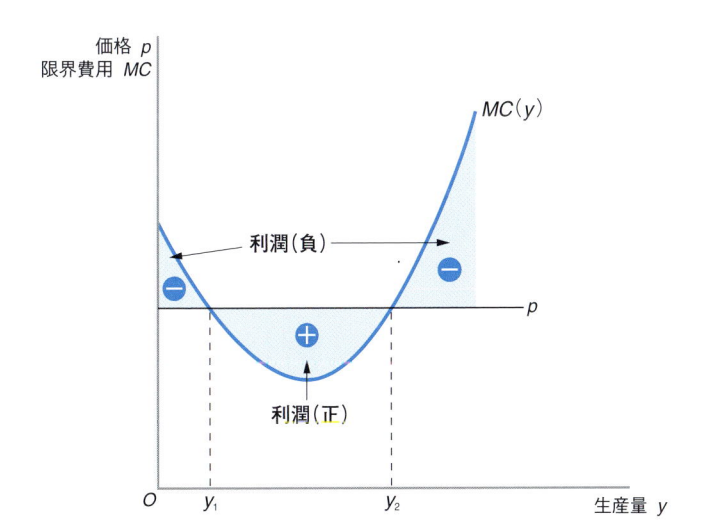

利潤は価格 p を示す水平線と限界費用曲線 MC の間の領域で表されます。p が MC よりも高い部分は正の利潤を，p が MC より低い部分は負の利潤を表しているので，p が MC と一致する生産水準 y_2 で利潤は最大化されます。y_1 でも p と MC は等しくなります。しかし，第 2 章ゼミナールで学んだように，y_1 では 1 階の条件は満たされていますが，極大化の 2 階の条件は満たされていません。y_1 では利潤は極小化されています。

たす産出量の水準は限界費用曲線によって表されます。

▶ 結合生産における利潤最大化

ここで，前節で取り上げた結合生産の場合における最適生産量の決定を考えてみましょう。生産可能性曲線によって一定量の生産要素の投入によって生産可能な2つの財の組合せの集合を表すことができましたので，その中から利潤を最大化する組合せを選ぶことになります。この場合，費用は一定なので利潤の最大化は収入の最大化を意味します。

半導体と衣料品の価格 p_S と p_C が与えられると，一定の収入をもたらす2財の組合せの集合である**等収入線**（equal revenue line）を予算線や等費用線と同じように描くことができます（図4-15）。等収入線は，右上方にいくほど高い収入に対応し，その傾きの絶対値は2財の価格比 $\frac{p_S}{p_C}$ です。生産可能性曲線上でもっとも高い等収入線上の点は，等収入線が生産可能性曲線に接する点であり，図4-15の点 E で示されます。点 E では生産可能性曲線の傾きの絶対値である限界変形率 MRS が等収入線の傾きの絶対値である2財の価格比 $\frac{p_S}{p_C}$ に等しくなります。

$$MRT = \frac{p_S}{p_C} \tag{4.16}$$

▶ 短期供給曲線

（4.15）式は利潤最大化の条件ですが，それは最大化された利潤が正であることを必ずしも意味しません。(4.14) 式を y で割って，平均費用 $AC(y)$ を用いると，生産物1単位あたりの利潤は

$$p - AC(y) \tag{4.17}$$

として示されます。この式からわかるように，もし価格が平均費用よりも大きければ，単位あたりの利潤は正であり，利潤は正となります。逆に，p が $AC(y)$ よりも小さければ，利潤は負となります。

図4-16で価格が p_1 以上であれば利潤は正となっています。そして，p_1 のときは y_1 の数量で利潤は最大化されますが，利潤は0です。さらに価

■図 4-15　結合生産の場合の利潤最大化

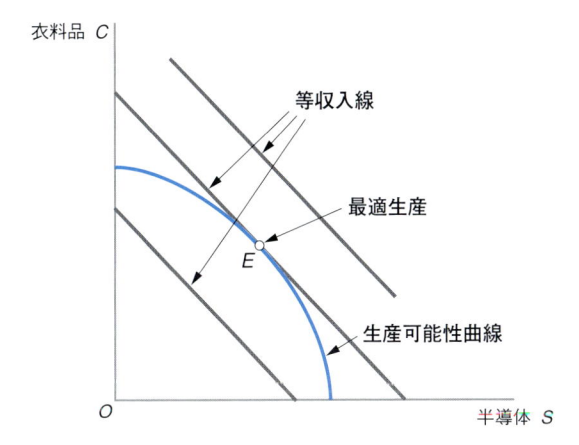

生産可能性曲線上でもっとも高い等収入線上の点が，利潤を最大化する半導体と衣料品の生産量の組合せを示しています。そこでは生産可能性曲線の傾きの絶対値である限界変形率が，等収入線の傾きの絶対値である2財の価格比に等しくなっています。

■図 4-16　短期供給曲線

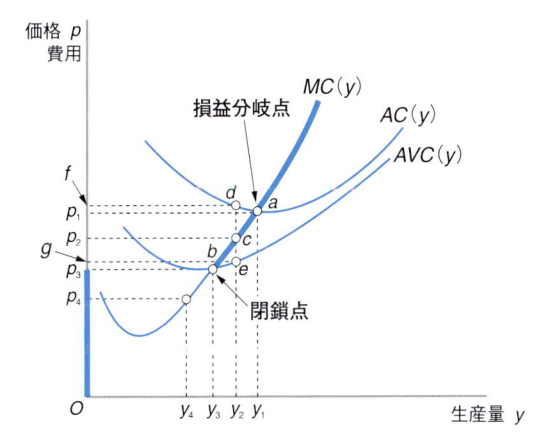

限界費用曲線 MC と平均費用曲線 AC の交点は損益分岐点と呼ばれ，価格がそれよりも高ければ利潤は正，低ければ負となります。限界費用曲線 MC と平均可変費用曲線 AVC との交点は閉鎖点と呼ばれ，価格がそれよりも低ければ生産を行った場合に固定費用以上の損失が生じます。したがって短期供給曲線は閉鎖点以上の限界費用曲線 MC と，閉鎖点以下の価格に対しては縦軸となります。

格が p_1 よりも低ければ，利潤は負となります。図中の平均費用曲線と限界費用曲線が交わる点 a は，利潤が生まれるか生まれないかの分かれ目であり，<u>損益分岐点</u>（break-even point）と呼ばれます。

利潤が負の場合には生産をまったく行わない方がよいのでしょうか。実は短期の場合には固定費用が存在するので，生産量 y が 0 であっても固定費用に相当する損失が発生しています。価格が p_2 のように p_1 と p_3 の間にある場合，(4.15) 式の条件から y_2 で利潤が最大化され，その値は

$$p_2 y_2 - AC(y_2) y_2 \tag{4.18}$$

となります。p_2 が $AC(y_2)$ よりも低いので，利潤は負となり，その損失額は $fdcp_2$ によって表されます。もし生産を行わなければ，損失額は固定費用に相当する値であり，それは平均固定費用 $AFC(y_2)$ すなわち AC と AVC の差である de と数量 y_2 を掛けたものなので $fdeg$ で表されます。企業はたとえ損失が発生しても y_2 を生産する方が，何も生産しないより有利なので，価格が p_2 のときの供給量は y_2 となります。

価格が p_3 のとき，y_3 を生産したときの損失は固定費用と同額になります。価格が p_4 のように p_3 よりも低い場合，y_4 を生産したときの損失額は固定費用を上回るので，生産量 0 が最適な供給量となり，ここで企業は生産を中止します。このような点 b を，<u>閉鎖点</u>と呼びます。

したがってこの企業の短期供給曲線は，閉鎖点に対応する p_3 以上の価格に対しては限界費用曲線で，p_3 以下の価格に対しては縦軸（生産量 0）で表すことができます。

ゼミナール

▶ 等量曲線と技術的限界代替率

生産関数 $y = f(L, K)$ が微分可能であるならば，労働の限界生産力 MP_L は労働投入に関する偏導関数 $\frac{\partial f}{\partial L}$，資本の限界生産力 MP_K は資本投

入に関する偏導関数 $\frac{\partial f}{\partial K}$ に対応します。第3章で無差別曲線の傾きを考察したのと同様に，同一の等量曲線上の L と K の組合せは

$$\bar{y}=f(L, K)$$

で表されます。この等量曲線上での L と K との関係を，K が L の関数であると考えて，$K(L)$ と表します。それを上の式に代入すると

$$\bar{y}=f(L, K(L))$$

となります。そして L で微分すると

$$0=\frac{\partial f}{\partial L}+\frac{\partial f}{\partial K}\frac{dK}{dL}$$

となり，変形すると

$$-\frac{dK}{dL}=\frac{\frac{\partial f}{\partial L}}{\frac{\partial f}{\partial K}}$$

が得られます。左辺は等量曲線の傾きの絶対値であり，それが右辺の技術的限界代替率に等しいことを表しています。

▶ 生産可能性曲線と限界変形率

　結合生産の場合も，関数を用いて考えてみましょう。1種類の生産要素を用いて2種類の財，半導体と衣料を生産する場合を考えます。半導体の生産量を S，衣料の生産量を C として，それらの生産に必要な生産要素の量を関数

$$g(S, C)$$

で表します。ある一定量の生産要素 $\bar{g}$ に対応する生産可能性曲線は

$$g(S, C)=\bar{g}$$

を満たす S と C の集合です。この関係を満たす S と C について，C を S の関数と考えて，$C(S)$ と表し，それを代入すると

$$g(S, C(S)) = \bar{g}$$

となります。これを S で微分することにより

$$\frac{\partial g}{\partial S} + \frac{\partial g}{\partial C} \frac{dC}{dS} = 0$$

が得られます。これを変形すると

$$-\frac{dC}{dS} = \frac{\frac{\partial g}{\partial S}}{\frac{\partial g}{\partial C}}$$

となります。左辺は生産可能性曲線の傾きの絶対値であり，限界変形率を表しています。右辺の $\frac{\partial g}{\partial S}$ および $\frac{\partial g}{\partial C}$ はそれぞれ，S および C を追加的に1単位生産するために必要な生産要素の量を表しており，生産要素の量で測ったそれぞれの財の限界費用を表しています。したがって，限界変形率は限界費用の比になっていることがわかります。

▶ 平均費用と限界費用

下に凸であるような形状の平均費用曲線を考えます。総費用関数を $TC(x)$ とすると，平均費用関数は $\frac{TC(x)}{x}$ となります。平均費用曲線の傾きは，それを x で微分することにより $\frac{TC'(x)x - TC(x)}{x^2}$ と表されます。平均費用の最低点は平均費用曲線の傾きが0の点ですから $\frac{TC'(x)x - TC(x)}{x^2} = 0$ となります。したがって，$TC'(x)x - TC(x) = 0$ であり，変形すると $TC'(x) = \frac{TC(x)}{x}$ となります。この式の左辺は限界費用であり，右辺は平均費用です。すなわち，平均費用の最低点で平均費用と限界費用が一致することがわかります。

また，平均費用が逓減しているときには $\frac{TC'(x)x - TC(x)}{x^2} < 0$ ですから変形すると $TC'(x) < \frac{TC(x)}{x}$ となって平均費用が限界費用を上回り，逆に平均費用が逓増しているときには $\frac{TC'(x)x - TC(x)}{x^2} > 0$ ですから変形する

と $TC'(x) > \dfrac{TC(x)}{x}$ となって限界費用が平均費用を上回っていることがわかります。

練 習 問 題

確 認 問 題

1. ある企業の生産関数が

    $$y = L \cdot K$$

    で与えられています。ここで y は生産量，L は労働の投入量，K は資本の投入量です。
    (1) 等量曲線を描きなさい。
    (2) 労働および資本の限界生産力を求めなさい。
    (3) 労働と資本の限界代替率を求めなさい。

2. ある企業の生産関数が

    $$y = \min[L, K]$$

    で与えられています。ここで $\min[L, K]$ は，L と K の値の小さい方を示す関数を意味しています。
    (1) 等量曲線を描きなさい。
    (2) 生産要素の価格がどのようであっても，最適な生産要素の組合せは変わらないことを図で示しなさい。

3. ある企業の総費用関数が

    $$TC(y) = y^2 + 10$$

    で与えられています。固定費用，限界費用関数，平均費用関数を求めなさい。

4. 生産物の価格が 10 のとき，確認問題 3 で考察した企業の最適供給量を求めなさい。

発 展 問 題

1. 確認問題 3 で求めた平均費用関数の最低点を求めなさい。また，そのとき平均費用と限界費用が等しいことを示しなさい。
2. 確認問題 3 で考察した企業の短期供給曲線および損益分岐点を求めなさい。
3. ある企業の生産関数が

$$y=(z-2)^{\frac{1}{2}}$$

で与えられています。ここで y は生産量，z は生産要素の投入量を表します。生産要素の価格は 1 であり，所与とします。このとき損益分岐点となる，生産物の価格と生産量を求めなさい。

4. ある企業の生産関数が $y=L^{\frac{1}{2}}$ で与えられています。ここで y は生産量，L は労働投入量です。労働の価格（賃金）を w とし，この企業にとって所与とします。この企業の総費用関数，平均費用関数，限界費用関数を求めなさい。

5. 生産関数が

$$y=f(L,\ K)=L^{\frac{1}{3}}K^{\frac{1}{3}}$$

で与えられています。生産物の価格を p，生産要素の価格をそれぞれ w，r で表し，所与とします。要素需要関数および総費用関数を求めなさい。

6. 財 S および財 C についての生産可能性曲線が

$$S^2+C^2=100$$

で与えられています。

(1) 生産可能性曲線を描きなさい。
(2) 限界変形率を求めなさい。
(3) S と C の価格が等しいときの，それぞれの最適供給量を求めなさい。

第 5 章

市 場 の 均 衡

　第3章と第4章では，消費者の効用最大化行動と生産者の利潤最大化行動から需要曲線と供給曲線を導出しました。本章では，市場において実際に取引が行われた結果，どのように各経済主体の意思決定が調整され，価格や取引量が決定されるのかを明らかにします。また，さまざまな要因によって需要や供給が変化すると，価格や取引量がどのような影響を受けるのかについても説明します。

5.1　市場需要と市場供給

▶市場均衡

　完全競争市場では，同一の財・サービスに対して非常に多数の消費者と生産者が存在し，価格を与えられたものとして需要量・供給量を決定します。市場全体の需要量と供給量が一致する状態のことを**市場均衡**（market equilibrium）といいます。市場均衡では過不足なく取引が行われ，また，現行の価格以上の支払いを行う意思のあるすべての消費者が財を購入することができ，現行の価格以下の限界費用で生産できるすべての生産者が財を販売することができます。よって均衡においてはどの主体にも行動を変える誘因は生じません。

　市場全体の需要量は，同じ価格のもとでの個々の消費者の需要量の合計です。したがって，市場需要曲線はすべての消費者の需要曲線を水平に足し合わせることによって求められます（図 5-1）。同様に，市場全体の供給量は同じ価格のもとでの個々の生産者の供給量の合計であり，市場供給曲線はすべての生産者の供給曲線を水平に足し合わせたものとなります。

　図 5-2 が示すように，市場均衡は市場需要曲線と市場供給曲線が交わる点で表現されます。需要量と供給量が等しくなるような価格が均衡価格，均衡価格のもとで取引される数量が均衡数量となります。

▶一般均衡と部分均衡

　経済全体では非常に多くの財やサービスが存在し，それぞれの市場はお互いに関連しています。たとえば，コーヒーの取引価格や数量は，紅茶やトウモロコシ，労働市場の影響も受けます。すべての財の市場を同時に分析することを**一般均衡分析**（general equilibrium analysis）といいます。

　これに対し，他の財の事情については一定として1つの財の市場のみを分析することを**部分均衡分析**（partial equilibrium analysis）と呼びます。

■図 5-1 市場需要曲線の導出

Aさんの需要曲線

パソコンが 15 万円以下なら1 台購入

Bさんの需要曲線

パソコンが 10 万円以下なら1 台購入

消費者が 2 人
⇒ 市場全体の需要曲線

5.1 市場需要と市場供給

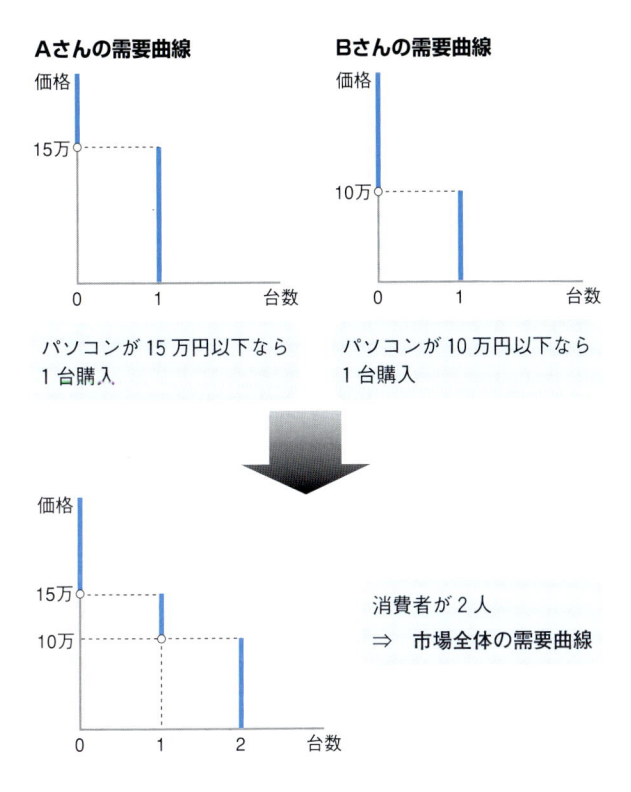

■図 5-2 市場均衡

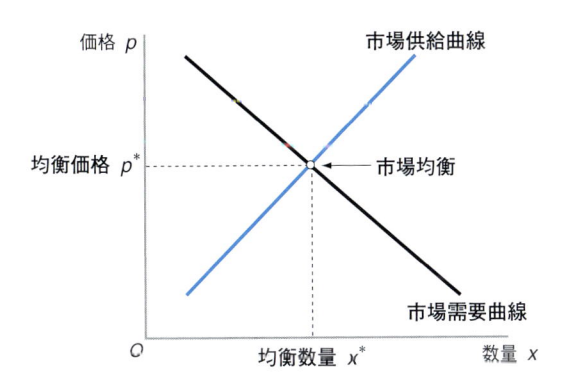

価格 p、市場供給曲線、均衡価格 p^*、市場均衡、市場需要曲線、均衡数量 x^*、数量 x

5.2 与件の変化

▶ 需要曲線・供給曲線のシフト

価格が変化すると需要曲線や供給曲線に沿って需要量，供給量が変わります。一方，その財の価格以外の要因が変化すると，需要計画や供給計画が変化し，その結果，均衡も変化します。それまで一定としていた条件が変わったときに，均衡がどのように変化するかを調べることを，**比較静学**（comparative statics）といいます。これに対し，時間の変化による影響を調べることを**比較動学**（comparative dynamics）といいます。

消費者の好みや所得，生産者の技術，気候，他の財の価格などの変化によって，同じ価格のもとでの需要量や供給量が増えたり減ったりすると，需要曲線や供給曲線の位置が移動（シフト）します。

たとえば，パンの代替財であるコメの価格が上昇し，同じ価格のもとでのパンの需要が増加すれば，パンの需要曲線は右にシフトします。供給側に変化がないとすると，パンの均衡価格は上昇し，均衡数量は増加します（図 5-3）。

また，パンの原材料となる小麦の価格が上昇すると，パンの生産コストが増加するため同じ価格のもとでのパンの供給が減少し，パンの供給曲線は左にシフトします。需要側の事情が変わらなければ，パンの均衡価格は上昇し，均衡数量は減少します（図 5-4）。

▶ 価格弾力性と比較静学

与件の変化によって均衡価格や均衡数量がどの程度変動するかは，需要曲線・供給曲線の傾きに影響を受けます。

たとえば，豊作によって農作物の収穫量が増加すると供給曲線が右にシフトし，均衡価格は低下，均衡数量は増加します（図 5-5）。

このとき，需要曲線の傾きが急なほど，均衡価格は大きく下落します。需要曲線の傾きが大きい場合には，価格が少し下がった位では需要量はそ

■図 5-3　需要曲線の右シフト

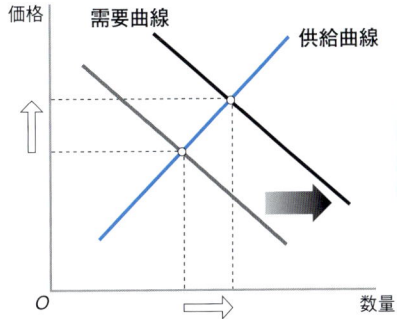

価格／需要曲線／供給曲線／O／数量

人口，所得，嗜好，天候，代替財・補完財の価格などの変化
⇒　需要曲線のシフト

■図 5-4　供給曲線の左シフト

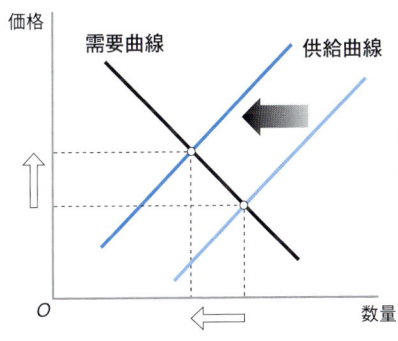

価格／需要曲線／供給曲線／O／数量

生産要素価格，技術，天候などの変化
⇒　供給曲線のシフト

■図 5-5　豊作による価格の変化

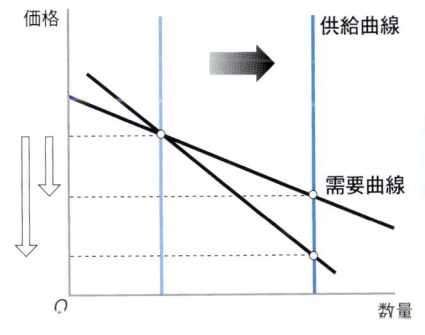

価格／供給曲線／需要曲線／O／数量

需要曲線の傾きが急である，すなわち需要の価格弾力性が小さい
⇒　供給が増えると価格は大幅に下落

5.2　与件の変化

れほど伸びないため，農作物の需給が一致するためには，価格が大幅に低下する必要があるのです。

また，消費者の好みが変化したといった理由で農作物への需要が増加した場合，需要曲線は右にシフトしますが，短期間では農作物の収穫量は変わらないため供給曲線は垂直であり，結果として均衡価格が大幅に上昇します。しかし長期においては，価格に応じた供給量の調整が可能なので供給曲線の傾きは緩やかとなり，需要が増加しても均衡価格はそれほど上がらず，均衡数量が大きく増加します（図 5-6）。

需要曲線・供給曲線の傾きには，需要の価格弾力性，供給の価格弾力性の大きさが反映されています。需要曲線や供給曲線のシフトがもたらす均衡の変化は，需要や供給の価格に対する反応の大きさに依存するのです。

キャベツや白菜などが豊作になると農家が赤字になる豊作貧乏という現象があります。キャベツや白菜の需要の価格弾力性が小さいために，供給が増えると価格が大幅に下落し収入が減少するのです。この場合，価格の暴落を防いで農家の収入を確保する方策として，しばしば野菜の廃棄処分が行われることとなります。

▶ 課 税 の 効 果

財の取引に税が課されると，均衡価格や均衡数量はどのような影響を受けるでしょうか。

取引量 1 単位あたり t 円の従量税が課されたとしましょう。課税後，消費者が支払う価格は生産者が受け取る価格よりも t 円だけ高くなります。生産者側に納税義務があるとすると，生産者にとっては限界費用が税額分増加することになるので，税込価格を縦軸にとると，供給曲線は t 円だけ上にシフトします（図 5-8(a)）。

消費者に納税義務がある場合はどうでしょう。需要量が変わらないためには，税抜価格が税額分下がる必要があります。よって，税抜価格を縦軸にとると，需要曲線は t 円分下にシフトします（図 5-8(b)）。

どちらのケースでも，課税の結果，消費者が支払う価格が p^* 円から p_D^{**} 円に上昇しており，課税によって税込価格が上がり，消費者価格に税

■図 5-6　短期の供給と長期の供給

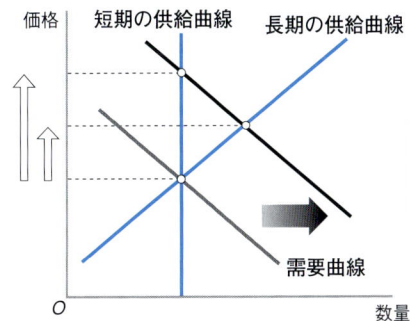

短期においては長期より供給の価格弾力性が小さい
⇒　需要の増加により価格が大幅に上昇

■図 5-7　納税義務の違い

納税義務が生産者にあるケース	消費者は税込価格で財を購入 ⇒ 生産者が政府に納税
納税義務が消費者にあるケース	消費者は税抜価格で財を購入 ⇒ 消費者が政府に納税

どちらの場合も消費者の支払う価格　＝　生産者の受け取る価格＋税

■図 5-8　課税の効果

(a)　納税義務が生産者にあるケース

(b)　納税義務が消費者にあるケース

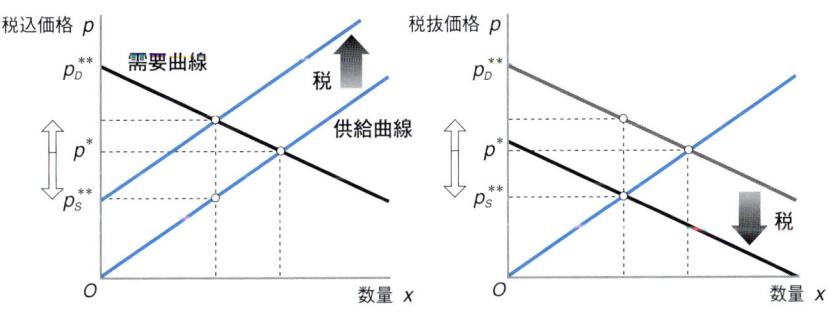

1 単位あたり t 円の課税
⇒　消費者の支払う価格　：p^* から p_D^{**} に上昇……**消費者による税負担**
　　生産者の受け取る価格：p^* から p_S^{**} に低下……**生産者による税負担**

5.2 与件の変化

の一部が転嫁されていることが確認できます。

また生産者が受け取る価格は p^* 円から p_S^{**} 円に低下していますが，これは，生産者側の税負担を意味しています。図 5-8 が示すように，通常は課税によって消費者と生産者の双方に負担が生じます。

また，納税義務が消費者と生産者のどちらにあっても，税負担の割合は影響を受けません。

▶ 税負担と価格弾力性

消費者と生産者で，どちらの税負担の割合が大きいかは，需要の価格弾力性と供給の価格弾力性の大小関係によって決まります。

極端なケースとして，需要の価格弾力性が 0 の場合には需要曲線は垂直となります。価格が上昇しても需要量は減らないため，課税額はすべて消費者が支払う価格に転嫁されます（図 5-9(a)）。

一方，需要の価格弾力性が無限大の場合には需要曲線は水平となります。価格が少しでも上がると消費者はこの財を買わなくなってしまうため，課税後も消費者の支払う価格は変わらず，代わりに生産者が受け取る価格が税額分低くなります（図 5-9(b)）。

一般的には，需要の価格弾力性が供給の価格弾力性よりも大きければ生産者，小さければ消費者の方が税負担の割合が大きくなります。価格弾力性が小さいほど，価格が変化しても代わりとなる選択肢が見つかりにくいために需要量や供給量を減らすことができず，結果的により重い税負担を負うことになるのです。

5.3 均衡への調整過程

▶ ワルラス的調整過程

需要と供給が一致しない場合には，どのようなプロセスを通じて均衡に到達するのでしょうか。価格の変化による調整を考えましょう。価格が均

■図 5-9　税負担と弾力性

(a) 需要の価格弾力性が 0 のケース

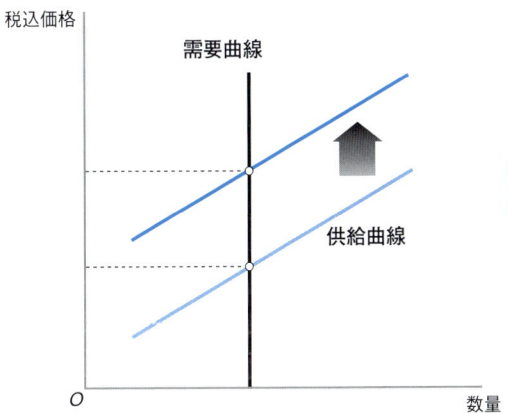

税込価格

需要曲線

供給曲線

O　　　　　　　　数量

消費者の支払う価格は税額分上昇
⇒　**税はすべて消費者が負担**

(b) 需要の価格弾力性が無限大のケース

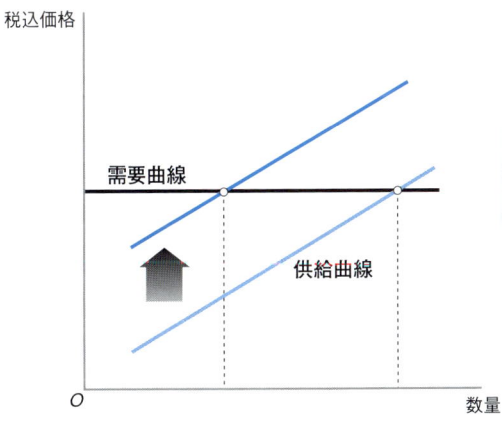

税込価格

需要曲線

供給曲線

O　　　　　　　　数量

消費者の支払う価格は不変である，すなわち生産者価格が税額分低下
⇒　**税はすべて生産者が負担**

5.3 均衡への調整過程

衡価格より低いときには，超過需要が発生します。この場合，消費者はより高い価格でも不足分を買おうとしますから，価格は上昇します。

逆に，価格が均衡価格より高いときには超過供給が発生しており，生産者はより低い価格でも余剰分を売ろうとするので，価格は低下します。均衡価格に到達すれば，需給が一致しているので，価格はそれ以上変わりません。

このように，需要量が供給量を上回っていれば価格が上がり，下回っていれば価格が下がるような調整過程のことを，ワルラス的調整過程といいます（図 5-10）。ワルラス的調整過程のもとで価格が均衡価格に近づいていくのであれば，その均衡はワルラス的に安定であるといいます。

▶ マーシャル的調整過程

数量の変化による調整はどのように行われるのでしょうか。数量が均衡数量より少ない場合，消費者がその財を需要するような最高の価格は，生産者が供給するための最低の価格よりも高いため，生産者は生産を拡大させます。

逆に数量が均衡数量より多ければ，消費者が財の購入を希望する最高価格は生産者が供給を行うための最低価格を下回るので，生産者にとっては生産を減らすことが有利となります。このような数量の変化による調整過程のことをマーシャル的調整過程といいます（図 5-11）。

マーシャル的調整過程において，数量が均衡水準に近づく力が働くのであれば，均衡はマーシャル的に安定であるといいます。

▶ 価格規制と数量規制

価格や取引量に対し政府が何らかの規制を課すと，上記のような調整メカニズムは働かなくなります。

ある水準より低い（高い）価格での取引を制限するような規制を下限（上限）価格規制といいます。均衡価格より高い水準に下限価格規制が課せられると超過供給が生じ，均衡価格より低い水準に上限価格規制が課せられると超過需要が生じます。たとえば労働市場において，最低賃金が

■図 5-10　ワルラス的調整過程

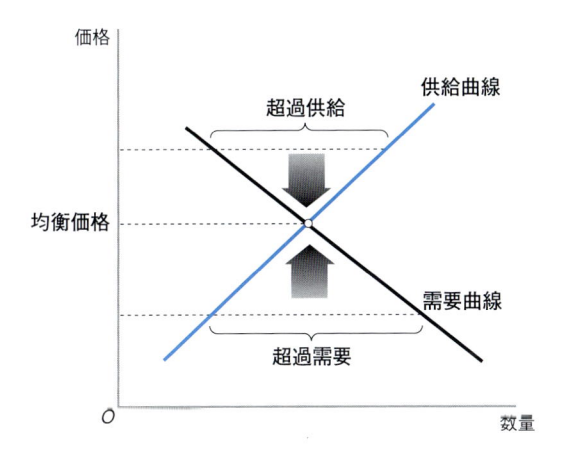

■図 5-11　マーシャル的調整過程

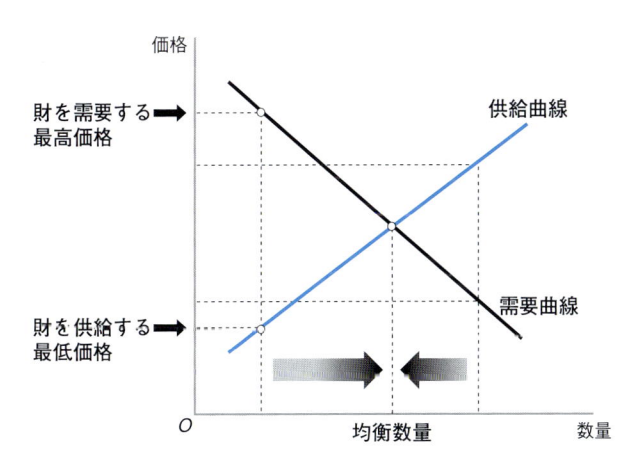

$\underline{w}$ の水準に設定されると，労働需要を労働供給が上回り失業が発生します（図 5-12）。

取引量に対して規制を課す数量規制の代表的な例としては，コメの減反政策が挙げられます。コメの生産量が図 5-13 の均衡数量 x^* より少ない水準に規制されると，コメの価格は上昇します。

5.4 一般均衡分析

▶ 一般均衡価格

多数の財の市場からなる経済を考えてみましょう。財の数を n とおくと，各財の需要量と供給量は，n 種類すべての財の価格に依存します。すべての財の市場において需要と供給が一致するような価格の組合せを，**一般均衡価格**といいます。

すなわち，一般均衡価格とは，以下の式を満たすような $(p_1^*, p_2^*, \cdots, p_n^*)$ のことです。

$$D_1(p_1^*, p_2^*, \cdots, p_n^*) = S_1(p_1^*, p_2^*, \cdots, p_n^*),$$
$$\vdots$$
$$D_n(p_1^*, p_2^*, \cdots, p_n^*) = S_n(p_1^*, p_2^*, \cdots, p_n^*)$$

▶ 0 次同次性

いま，すべての財の価格が 2 倍になったとすると，需要量や供給量はどのように変化するでしょうか。

このとき，賃金や資本のレンタルコストなどの要素価格も含めて，あらゆる価格が一律に 2 倍になるので企業の要素投入量は影響を受けず，最適な生産量は価格の変化前と同じです。

消費者の所得も 2 倍になるので予算制約式は以前と変わらず，最適な消費量も変わりません。つまり，すべての価格が一律に 2 倍，3 倍になって

■図 5-12　最低賃金

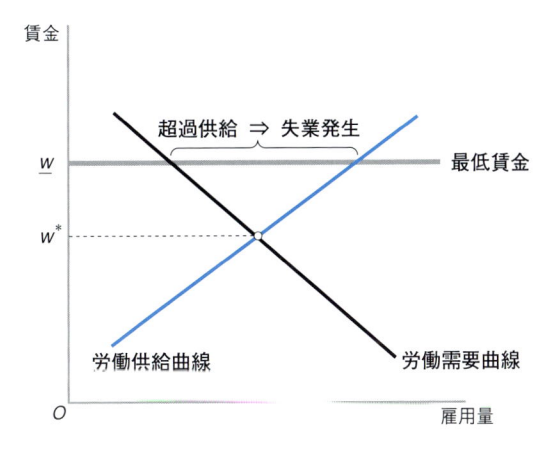

賃金軸に、労働供給曲線（青・右上がり）と労働需要曲線（黒・右下がり）が交わる均衡点の賃金 w^* より高い位置に最低賃金 $\underline{w}$ が引かれている。最低賃金の水準では労働供給が労働需要を上回り、超過供給 ⇒ 失業発生。

■図 5-13　コメの減反

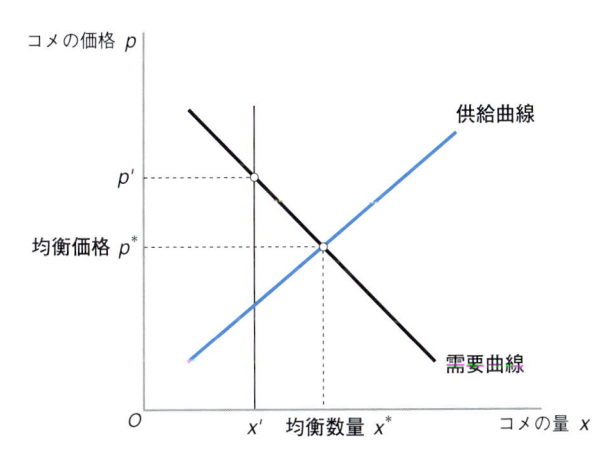

コメの数量を x' に制限すると、コメの価格は p' に上昇します。

も需要量と供給量は変化しないことが確認できます。このような性質を，0次同次性と呼びます。

0次同次性から，均衡において決定されるのは各財の絶対的な価格水準ではなく，財の交換比率であることがわかります。よって，一般均衡価格 $(p_1^*, p_2^*, \cdots, p_n^*)$ を k $(k>0)$ 倍した $(kp_1^*, kp_2^*, \cdots, kp_n^*)$ もまた一般均衡価格となります。

とくに $k=\dfrac{1}{p_1^*}$ とおくと，一般均衡価格を $(1, \dfrac{p_2^*}{p_1^*}, \cdots, \dfrac{p_n^*}{p_1^*})$ と表現することができます。価格を1とおいた財1は価値尺度財となり，他の財の価格は財1の価格との相対価格を表しています。したがって，n 個の一般均衡価格のうち独立に決まる価格は $n-1$ 個になります。

▶ ワルラス法則

企業の利潤が，配当や賃金の支払いを通じて，残らず消費者に還元されるとしましょう。各企業の利潤は，それぞれの持株比率に応じて複数の消費者に分配されるので，すべての消費者の配当収入を合計すれば，あらゆる生産物の価値額から要素投入物の価値額を引いた元の形に戻ります。

したがって，消費者の予算制約式に利潤の定義式を代入して合計することにより，すべての財の需要の総価値額は供給の総価値額を上回らないという恒等的な関係が導かれます。

さらに，消費者の選好が飽和しておらず，財の消費量が増えるほど効用が高まるのであれば，消費者は予算を余らせることはありません。よって予算制約式は等号で成立し，あらゆる財の超過需要の価値額の合計は常に0に等しくなります。これをワルラス法則（Walras' law）と呼び，均衡価格に限らずどのような価格についても成立します（図5-14）。

$$p_1(D_1(p_1,\cdots,p_n)-(S_1(p_1,\cdots,p_n))+\cdots+p_n(D_n(p_1,\cdots,p_n)-(S_n(p_1,\cdots,p_n))=0$$

ワルラス法則より，一般均衡価格を決める n 本の方程式のうち独立なものは $n-1$ 本となります。財が2種類の場合にワルラス法則を当てはめると，一方の市場が均衡しているなら，必ずもう一方の市場も均衡しているということがわかります。

🔺 STEP-UP 一般均衡分析と部分均衡分析

　一般均衡分析は，19世紀にワルラス（第1章参照）によって創設された理論で，完全競争市場の分析における重要な柱を成すものです。一般均衡分析においては，経済主体は単にある財の消費量や生産量を決めるのではなく，「何を」消費・生産するかも併せた多次元の意思決定を行います。たとえば，企業は「労働をいくら投入するか」ではなく，「どの生産要素をいくら投入するか」を決めることになります。その結果，部分均衡分析と比べて議論が複雑になることは避けられません。

　部分均衡分析においては，財の数を限定することによって分析が非常に簡略化されると同時に，第6章の6.4節で説明する余剰分析が可能となるため，規制の効果などをわかりやすく示すことができます。

　このため，応用ミクロ経済学の分野では部分均衡分析が用いられることが多いのですが，異なる市場の間の相互依存関係を捨象しているという意味では，限界があることに注意する必要があります。

■図 5-14　ワルラス法則

【前提】　1. 消費者の選好が飽和しておらず，消費者は予算を余らせない
　　　　 2. 企業の利潤は，賃金・配当を通じて残らず消費者に還元される

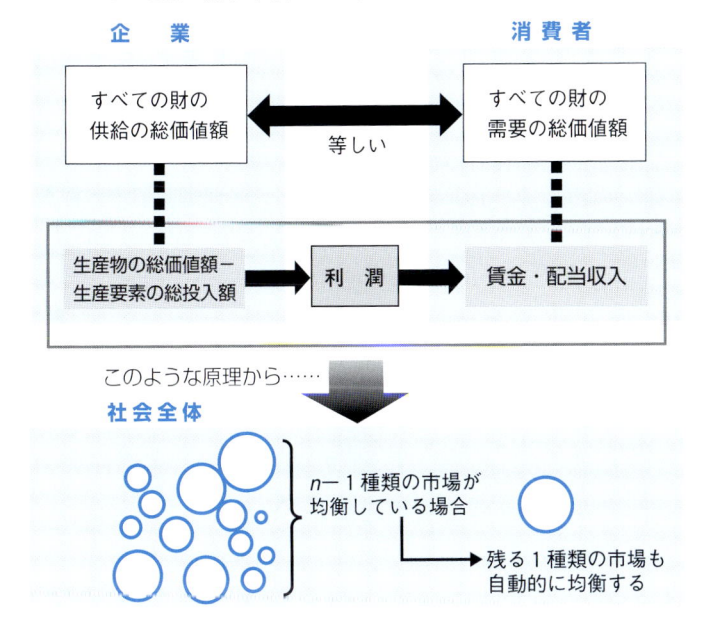

企　業　　　　　　　　　　　　　**消　費　者**

すべての財の供給の総価値額　⇔　等しい　⇔　すべての財の需要の総価値額

生産物の総価値額－生産要素の総投入額　→　利　潤　→　賃金・配当収入

このような原理から……

社　会　全　体

$n-1$種類の市場が均衡している場合　→　残る1種類の市場も自動的に均衡する

さらに、一方の市場で超過需要が発生している場合には、他方の市場では超過供給が発生していることを意味します。

0次同次性とワルラス法則より、一般均衡分析においては、$n-1$本の方程式（均衡条件）から$n-1$個の変数（相対価格）が決定されることになります。

ゼミナール

▶ ロビンソン・クルーソー経済における競争均衡

1人の個人が生産も消費も行うような経済（ロビンソン・クルーソー・モデル）を考えましょう。

この経済では労働のみを生産要素として、1種類の消費財が生産されます。この個人の効用は消費財xと余暇lに依存するので$u=u(x, l)$のように表されます。消費財の生産関数は労働投入量Lに依存し$y=f(L)$と表されます。効用関数と生産関数については、通常想定される性質が満たされているものとします。ここで、個人の労働時間の上限を$\overline{L}$とおけば、労働投入量は$L=\overline{L}-l$となります。

消費財の価格をp、賃金率をwとおくと、生産者としての個人は利潤

$$\pi = pf(L) - wL$$

を最大にするように労働投入量と消費財の生産量を決定します。利潤最大化により労働の限界生産力が実質賃金に一致するため

$$f'(L) = \frac{w}{p}$$

が成立し、これより労働需要関数$L=L(p, w)$と財の供給関数$y=y(p, w)$が得られます。

個人は利潤のすべてを配当として得ると考えると、消費者としての個人の所得は賃金収入と配当の合計になります。個人は予算制約式

$$px + wl = w\overline{L} + \pi(p, w)$$

のもとで効用を最大化するように消費財と余暇の消費量を決定します。限界代替率と価格比の均等条件

$$\frac{MU_l}{MU_x} = \frac{w}{p}$$

から消費財の需要関数 $x = x(p, w)$ と余暇の需要関数 $l = l(p, w)$ が求められます。最後に，労働市場における需給一致条件

$$L(p, w) + l(p, w) = \overline{L}$$

より，均衡価格比 $\frac{w}{p}$ が決まります。

ここで，予算制約式に企業の利潤の定義式を代入すると

$$px + wl = w\overline{L} + py - wL$$

が得られます，これを変形すれば次の式が導かれます。

$$p(x - y) + w(L - (\overline{L} - l)) = 0$$

これは任意の p, w に対して消費財市場と労働市場における超過需要の価値額の合計が0となることを示しており，ワルラス法則が成立することが確認できます。また，ワルラス法則より，労働市場の需給一致は消費財市場においても需給が一致していることを意味します。

図 (a) で縦軸に消費財の生産量 y，横軸に労働投入量 L を測ると，生産可能性曲線と等利潤線との接点において利潤が最大となります。一方，図 (b) で縦軸に消費財，横軸に余暇の消費量をとると，無差別曲線と予算制約線との接点において，効用が最大化されます。

図 (a) の生産者の原点を図 (b) における $l = \overline{L}$ に重ねれば，図 (c) が得られます。競争均衡においては，消費者の効用最大化と生産者の利潤最大化の結果，消費財市場と労働市場の需給が一致しています。

(a)

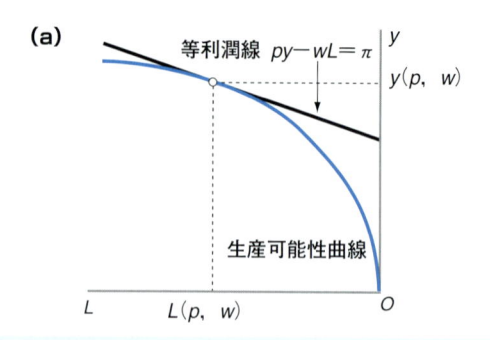

p, w を所与として利潤最大化
⇒ 等利潤線の傾き $\frac{w}{p}$ と生産可能性曲線の傾き $f'(L)$ が一致するように生産量を決定
⇒ 供給関数 $y = y(p, w)$　　労働需要関数 $L = L(p, w)$

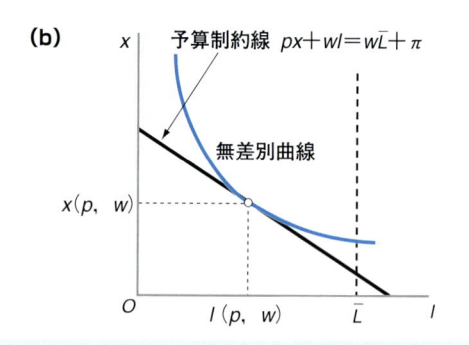

(b)

p, w を所与として効用最大化
⇒ 予算制約線の傾き $\frac{w}{p}$ と無差別曲線の傾き（限界代替率）が一致するように消費量を決定
⇒ 需要関数 $x = x(p, w)$, $l = l(p, w)$

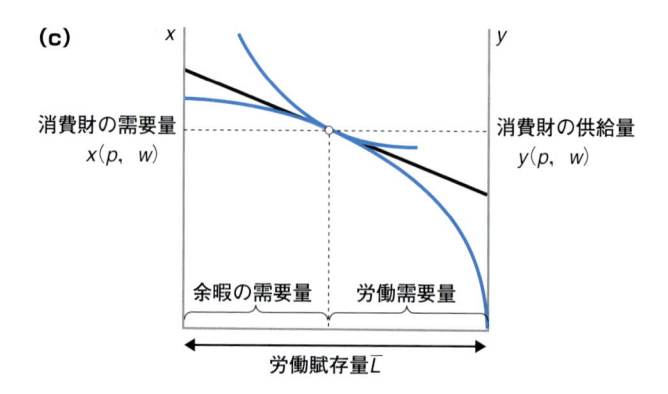

(c)

練習問題

確認問題

1. 市場均衡とはどのような状態のことを指しますか。
2. 次の文中の空欄 (ア) ～ (エ) を正しい語で埋めなさい。
   ある財の生産技術が進歩すると、その財の供給曲線は (ア) にシフトする。その結果、均衡価格は (イ) し、均衡数量は (ウ) する。この場合、需要の価格弾力性が大きい財の方が、均衡価格の変化は (エ) 。
3. ワルラス的調整過程においては、どのような調整を通じて均衡に到達しますか。
4. 価格の上限が均衡より低い水準に規制されると、超過需要と超過供給のどちらが生じますか。
5. 次の文章の内容は正しいか、誤りか答えなさい。
   (1) すべての財の価格が一律に2倍になれば、各財の需要量や供給量も2倍になる。
   (2) すべての財の超過需要の価値額の合計が0に等しいのであれば、価格は均衡価格に一致している。
   (3) 一般均衡においては、財の価格の絶対水準ではなく相対価格が決定される。

発展問題

1. ある財の需要関数が $X=200-p$、供給関数が $X=3p$ と表され、この財に1単位あたり40の従量税が課せられたとします。
   (1) 課税前の均衡数量と均衡価格はいくらになりますか。
   (2) 課税後の均衡数量と消費者が支払う価格、生産者が受け取る価格をそれぞれ求めなさい。
   (3) 消費者と生産者の税の負担割合はいくらになりますか。
2. 1人の経済主体が消費も生産も行うような経済を考えます。消費財を x、余暇を l とおくと、この個人の効用関数は $u(x, l)=xl$ と表されます。また、労働投入量を L とおくと消費財の生産関数は $y(L)=\sqrt{L}$ で表され、労働時間の初期賦存量は24です。消費財と労働の均衡価格比および競争均衡における労働投入量と消費財の生産量を求めなさい。

第6章

経済厚生

　本章では，効率的な資源配分とはどのような状態を指すのかを説明した上で，市場を通じた資源配分を経済厚生の面から評価します。市場経済においては消費者の好みや企業の技術に関する情報が分散しており，各経済主体は自分の利益を最大にするように自由な意思決定を行います。それにもかかわらず，理想的な市場によって実現される資源配分は，効率性の観点からみて望ましいものであることが示されます。

6.1　資源配分の効率性

▌交換の利益

　財の交換から利益が生まれるのは，どのような場合でしょうか。たとえば，Aさんがコーヒーを5杯，Bさんがパンを4個保有しているとします。もしAさんはパンが欲しいと思い，Bさんはコーヒーが欲しいのなら，AさんのコーヒーとBさんのパンを交換した方がお互いの利益となるでしょう。

　図6-1において，2人の当初の保有量はそれぞれ点aと点bで示されています。点bにおけるBさんの無差別曲線の傾きの方が点aにおけるAさんの無差別曲線の傾きよりも大きいことに注目して下さい。

　無差別曲線の傾きはコーヒーとパンの限界代替率であり，これはコーヒーの消費量が減少したときパンの消費量がいくら増えれば同じ効用水準を保てるかを示しています。つまり，コーヒーに対する消費者の主観的な評価をパンで測ってみると，AさんよりBさんの方がコーヒーを高く評価しているということがわかります。コーヒーよりパンが欲しいと思っているAさんのコーヒーと，パンよりもコーヒーが欲しいBさんのパンを交換することは，明らかに両者にとって望ましい取引といえます。

　このように消費者の間で限界代替率が一致しなければ，交換を行うことによって両者の効用を高める余地が生まれるのです。

▌パレート効率性

　資源を効率的に利用するためには，経済の構成員の効用をできるだけ高めるように資源を配分する必要があります。誰の効用水準も低下させることなく，少なくとも1人の効用を高める余地があるのならば，まだ資源を最大限有効に利用しているとはいえません。先程の例のように，AさんのコーヒーとBさんのパンを交換することで双方の効用が高まるのなら，当初の資源配分には無駄があるということになります。

■ 図 6-1　交換の利益

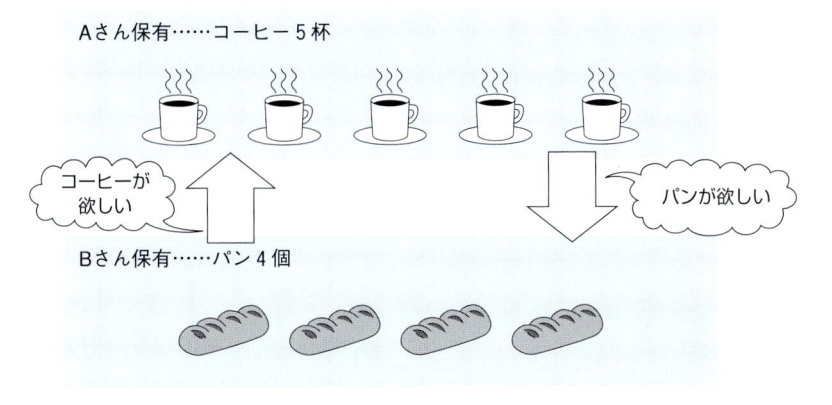

Aさん保有……コーヒー 5 杯

コーヒーが欲しい

パンが欲しい

Bさん保有……パン 4 個

⇒　AさんのコーヒーとBさんのパンを交換すれば 2 人の効用は同時に高まる

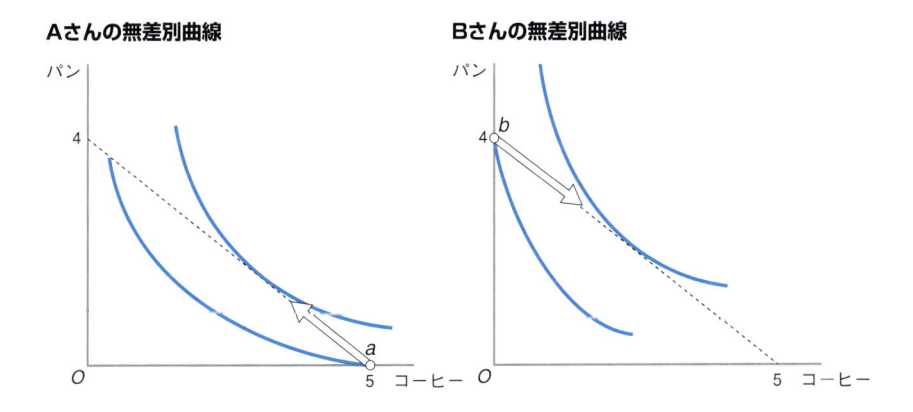

Aさんの無差別曲線

Bさんの無差別曲線

6.1 資源配分の効率性

どのように財を再配分してもこれ以上全員の効用を改善することが不可能であり，誰かの効用を高めるためには，他の者の効用を犠牲にしなければならないような状態のことを**パレート効率的**（Pareto efficient），または**パレート最適**（Pareto optimum）であると呼びます。パレート効率性は，資源配分の効率性を判断する上での重要な基準となるものです。ただし，一般にパレート効率的な状態は1つには決まりません。たとえば，ケーキをできるだけたくさん食べたいと思っている2人の間で1つのケーキを分け合うとすると，どのような分け方であってもパレート最適となります。

6.2 純粋交換経済

単純化のために，生産者は存在せず2人の消費者が2種類の財を交換する状況を想定しましょう。このような経済を**純粋交換経済**（pure exchange economy）と呼びます。純粋交換経済では生産活動は行われず，消費者は保有する財をそのまま自分で消費するか，他の消費者の保有する財と交換するかを選択します。ここでは，こうした単純な経済においてどのような資源配分が実現するかを考えます。

▶ エッジワース・ボックス

図 6-2 の横軸にはコーヒーの総量，縦軸にはパンの総量を表しています。Aさんの原点を O_A とおき，Aさんのコーヒーの消費量とパンの消費量をそれぞれ O_A から右方向，上方向に測ります。

同様にしてBさんの原点を O_B とおけば，Bさんのコーヒーの消費量を O_B から左方向に，パンの消費量を下方向に測ることができます。このような図を**エッジワース・ボックス**（Edgeworth box diagram）といいます。

Aさん，Bさんのコーヒーとパンの消費量の組合せを**配分**（allocation）と呼び，ボックス内部の点は実現可能な配分を示しています。

2人の無差別曲線をこの図に書き入れると，Aさんの効用は右上に行くほど上昇し，Bさんの効用は左下に行くほど上昇します（図6-3）。

■図 6-2　エッジワース・ボックスの構造

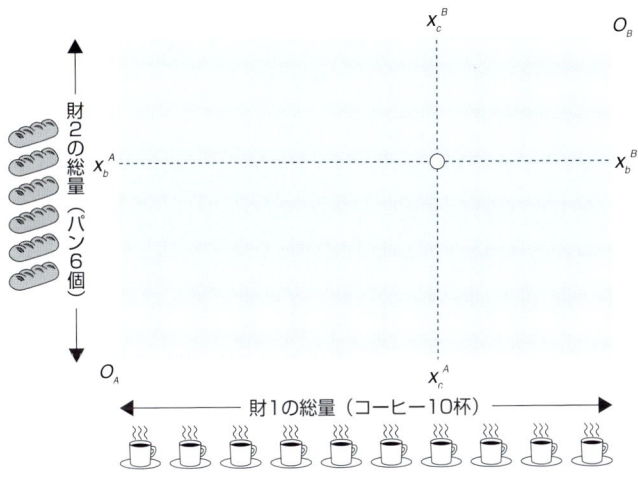

x_k^i：消費者 i（$i=A, B$）の財 k（$k=b, c$）の消費量

■図 6-3　エッジワース・ボックスと無差別曲線

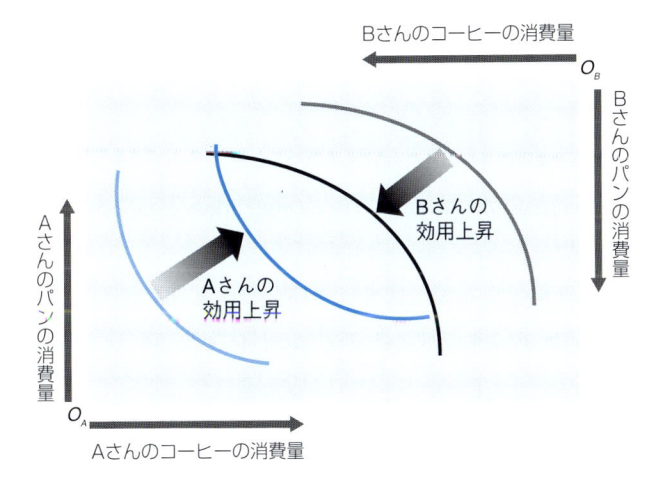

▶ 限界代替率の均等

財の交換が行われる前の配分が図 6-4 の点 e であったとすると，e を通る 2 人の無差別曲線は交わっており，限界代替率は一致していません。この場合，A さんのコーヒーと B さんのパンを交換して，無差別曲線に挟まれたレンズ型の領域内の配分に移動すれば，2 人の効用をともに高めることができます。よって，e のような配分はパレート最適ではありません。

これに対し，配分 f においては 2 人の無差別曲線が接しています。このとき，A さんの効用を高めようと右上に移動すれば B さんの効用が低下し，逆に左下に移動して B さんの効用を高めれば A さんの効用が低下するため，パレート最適が実現していることがわかります。このようにパレート最適な配分においては，コーヒーとパンの限界代替率 MRS_{bc} が 2 人の間で一致します。

$$MRS_{bc}^A = MRS_{bc}^B$$

2 人の無差別曲線の接点の集まりを**契約曲線**（contract curve）と呼び，契約曲線上の点はパレート効率的な配分を表しています。配分がパレート効率的であれば，自分だけでより高い効用を得ることができないのはもちろん，両者が話し合っても別の配分に移ることはないので，消費者どうしの合意が成立するとみなすことができます。

▶ 競争均衡

純粋交換経済における**競争均衡**（competitive equilibrium）では，すべての消費者が与えられた価格のもとで効用を最大化しており，かつすべての財の需要と供給が一致します。初期配分 e と相対価格が与えられたとき，2 人の消費者は各自の効用を最大にするように消費量を決定します。

しかし，図 6-5 の直線 k の傾きは均衡価格ではありません。この価格のもとでは，消費者は効用最大化しているものの，パン市場では超過需要，コーヒー市場では超過供給が発生しています。そのためパンの価格は上昇し，コーヒーの価格は低下するでしょう。新しい価格が与えられたもとで決まる配分 x^* においては，A さんも B さんも効用を最大にしており，パ

■図 6-4 契約曲線

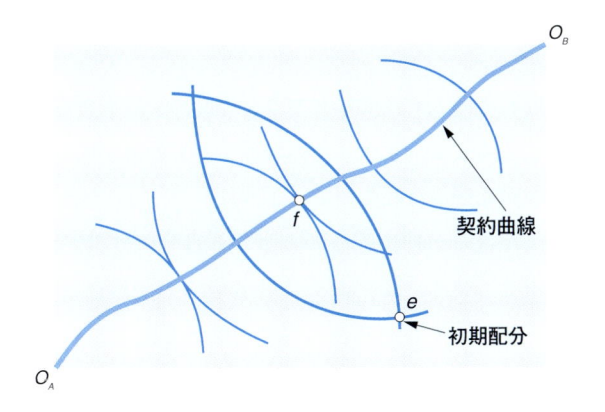

■図 6-5 競争均衡

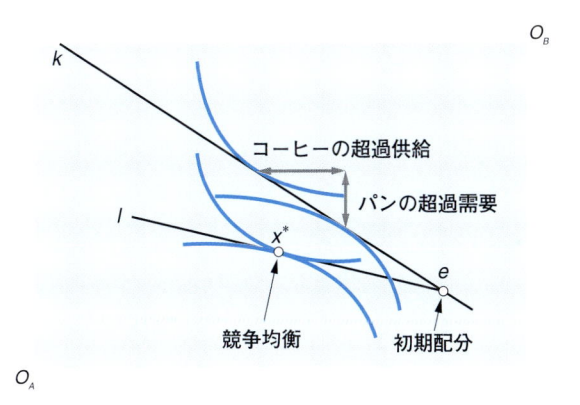

> **POINT　純粋交換経済における競争均衡**
>
> 純粋交換経済における競争均衡は，以下の条件を満たすような価格と配分の組合せです。
>
> 1. 各消費者は予算制約下で効用を最大にするように消費量を決定する。
> 2. すべての財の需要と供給が一致する。

ンとコーヒーの需給もそれぞれ一致しています。したがって，配分 x^* は競争均衡配分であり，直線 l の傾きは競争均衡価格を示しています。

▶ コア

市場での取引に拠らずに消費者どうしの財の交換を通じて実現する配分について考えてみます。まず，初期状態よりも効用が低下するような配分では消費者の同意が得られないでしょう。

たとえば，A さんが初期配分の e よりも自分の効用が高まる配分 a に移ろうとしたとします。そのためには B さんが交換に応じる必要がありますが，e から a に移ると B さんの効用は低くなるため B さんはこの提案に反対し，配分 a は実現しません。同様に，B さんが配分 b に移ろうとしても A さんの同意が得られません。

したがって，どちらの消費者も反対しないような配分は図 6-6 のレンズ型の領域に限られます。さらに，パレート最適でない配分であれば，消費者間で財を交換することによって 2 人の効用をともに高められるので，やはり安定した配分とはいえません。

結局，2 人が合意に至るような配分は，双方の効用が初期状態よりも低下せず，しかもパレート最適なものに限られます。このように，実現可能であり，かつ 1 人以上の消費者の集まり（消費者の結託）によって覆されることがないような配分の集まりをコア（core）といいます（BOX 参照）。

それでは，競争均衡とコアにはどのような関係があるのでしょうか。すでに述べたように，競争均衡はパレート効率性を満たします。また，市場取引は自発的に行われるものですから，競争均衡では初期配分よりも消費者の効用が低下することはありません。

したがって，図 6-6 における x^* の位置からも明らかなように，競争均衡配分はコアに含まれます。また，参加者の数が増加して経済の規模が非常に大きくなっていくと，コアは競争均衡に収束することが知られています。

■図6-6　コ　ア

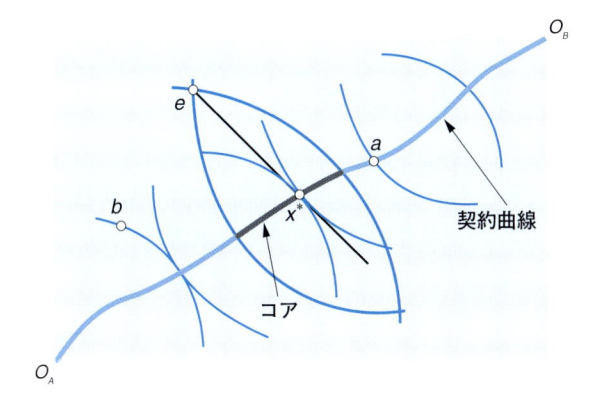

6.2 純粋交換経済

❖BOX　コ　ア

　コアの概念が表現しているのは，グループ内の不満によって覆されることがないという意味での安定した状態です。こうした考え方は，共同作業の成果をどう配分するか，費用をどのように分担するか，グループ分けをどのように行うかといった問題に応用することができます。

　たとえば，所属する政党に不満をもつグループがいたとします。しかし，不満分子が協力して党を飛び出しても，仲間のメンバーだけでは現状を改善できる見込みがなければ，結局党にとどまるでしょう。この場合，政党の分裂は生じません。

　また，医師の研修先の病院を決める際にも，できるだけ双方の不満が起こらないことが重要です。ある医師A氏の研修先が，A氏の第2希望の病院に指定されたとしましょう。もし，A氏の第1希望の病院が，割り当てられた研修医よりもA氏を受け入れる方を望んでいたとしたら，この病院とA氏が結託すれば互いの希望をかなえることができます。したがって，このような組合せはコアとはいえません。

6.3 競争均衡と効率性

▶ 厚生経済学の第 1 基本定理

すべての財やサービスについて市場が存在しており，市場が完全競争的であれば，一定の条件のもとで市場を通じた資源配分の効率性を示すことができます。これを **厚生経済学の第 1 基本定理**（first fundamental theorem of welfare economics）といいます（図 6-7）。

競争均衡では，効用最大化によって限界代替率が財の価格比に等しくなるように消費が決定されます。このため，すべての消費者の限界代替率は相対価格を通じて一致し，パレート最適の条件が成立します。

$$MRS_{bc}^A = \frac{p_b^*}{p_c^*} = MRS_{bc}^B$$

図 6-5 を見ても，配分 x^* において 2 人の消費者の無差別曲線は接しており，限界代替率均等の条件が成立していることが確認できます。

> **厚生経済学の第 1 基本定理**：競争均衡配分はパレート効率的である

競争均衡における限界代替率の一致は，政府などが強制して実現するものではありません。市場経済においては個々の消費者は利己的に行動するにもかかわらず，効用最大化からすべての消費者の財に対する評価が価格を通じて自動的に一致することにより，結果として効率的な資源配分が実現されるのです。

生産経済 生産活動が行われる経済においても，純粋交換経済と同様に，競争均衡の効率性が示されます。生産経済における競争均衡とは，消費者の効用最大化とすべての財の需給一致に加えて，各企業の利潤最大化を満たすような価格と配分の組合せです。

まず，労働と資本の 2 つの生産要素を 2 つの企業に配分する状況を考えると，パレート効率的な配分は企業の等量曲線の接点の集合となります（図 6-8）。資本と労働の限界代替率が 2 つの企業で一致していなければ，

■図 6-7　厚生経済学の第 1 基本定理

【前提】 1．すべての財に市場が存在する
　　　　2．市場が完全競争市場である

消 費 者……予算制約の下での効用最大化行動

効用最大化　➡　消費における限界代替率　＝　価格比

企　　業……技術的な制約の下での利潤最大化行動

利潤最大化　➡　生産における限界代替率　＝　価格比

すべての消費者と生産者の限界代替率が一致……　**効率的な配分の実現**

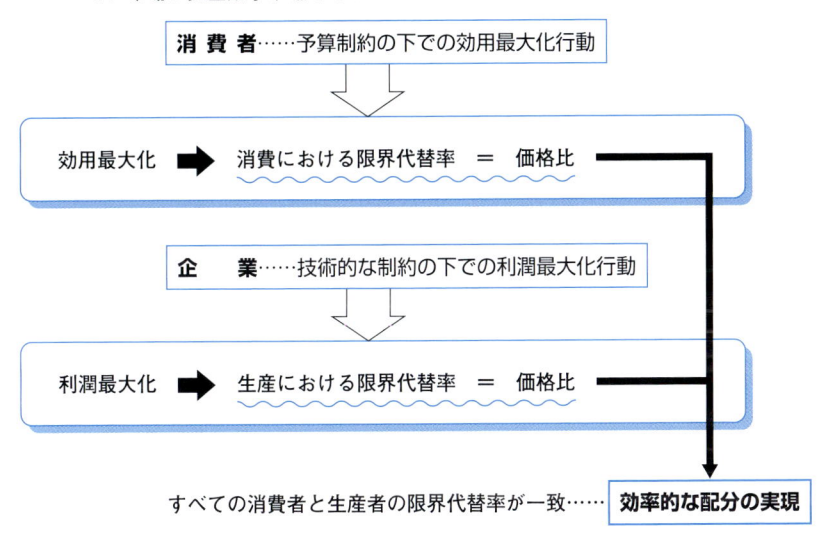

■図 6-8　生産要素の配分

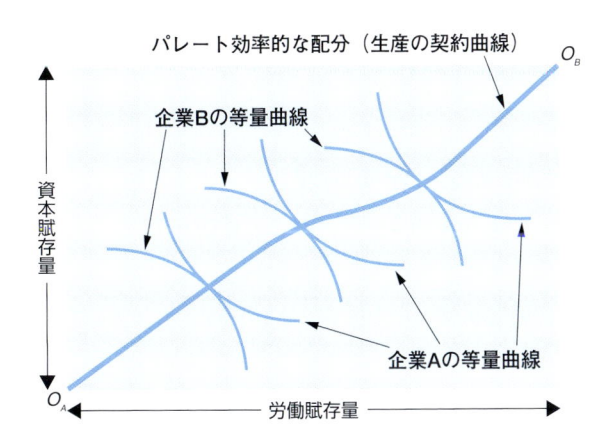

パレート効率的な配分（生産の契約曲線）

企業Bの等量曲線

資本賦存量

企業Aの等量曲線

O_A　労働賦存量　O_B

6.3 競争均衡と効率性

企業間で生産要素を再配分することでより多くの生産が可能となり，消費者の効用を高めることができるのです。

競争均衡では企業の利潤は最大化されていますから，すべての企業について，資本と労働の限界代替率は資本のレンタルコストと賃金の比に等しくなり，パレート最適の条件が満たされています。

さらに，生産が効率的に行われていれば，2財の間の限界変形率が消費者の限界代替率に等しくなければなりません。たとえば，消費者にとってのバターで測ったチーズの価値が，バターとチーズの限界変形率よりも小さければ，企業がチーズの生産を減らしてバターの生産を増やすことによって，消費者の効用は改善します。競争均衡においては，効用最大化と利潤最大化より，各消費者の限界代替率と各企業の限界変形率が価格を通じて一致するため，効率的な生産量が実現します（図 6-9）。

価格の役割　市場経済では，各経済主体は自己の利益の最大化を目的として行動します。取引を行うためには，自分の選好あるいは技術に関する情報の他には財の価格を知ってさえいれば十分であり，他の主体についての情報は必要ありません。厚生経済学の基本定理は，このような分権的な経済において，価格を通じてすべての消費者と生産者の限界代替率が等しくなる結果，社会的に望ましい資源配分が実現されることを示しています。市場経済では価格に必要な情報が集約されており，アダム・スミス（第1章参照）が「神の見えざる手」と喩えたように，価格は経済主体にとってのシグナルとしての役割を果たすのです。

▶ 厚生経済学の第2基本定理

特定のパレート効率的な配分，たとえば図 6-10 の z を競争均衡配分として実現することはできるのでしょうか。

この場合，初期状態 e から財を2人に再配分し，f を新しい初期配分とした上で市場にゆだねることによって，z を競争均衡配分として実現することが可能です。このように，一定の条件のもとで，任意のパレート最適な配分が競争均衡として実現されることを，**厚生経済学の第2基本定理**といいます。

■図 6-9　生産経済における競争均衡の効率性

[例]　バター

生産者の限界変形率 5
消費者の限界代替率 2

チーズ

チーズを 1 個減らすと……生産者：バターを 5 個増やせる
　　　　　　　　　　　　消費者：バターが 2 個増えれば同じ満足
⇒　余ったバター 3 個を分ければより高い満足
⇒　もとの資源配分は効率的ではない

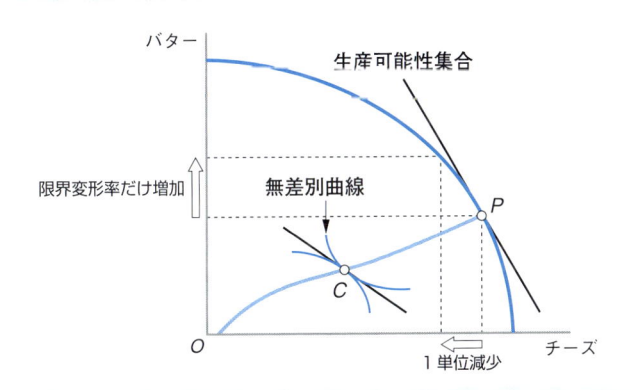

点 C における限界代替率より点 P における限界変形率の方が大きい
⇒　チーズの生産を減らしてバターの生産を増やせば消費者の効用は高まる

■図 6-10　厚生経済学の第 2 基本定理

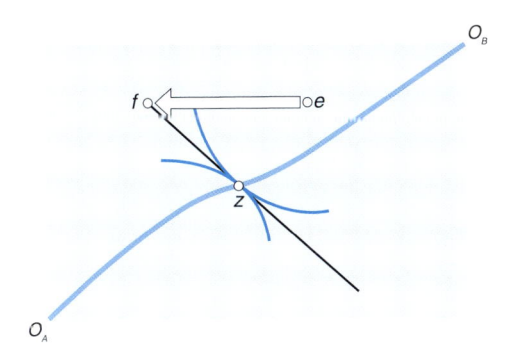

> **厚生経済学の第 2 基本定理**：初期保有量を適当に再配分することによって，任意のパレート効率的な配分を競争均衡配分として達成することができる

　第 1 基本定理では，競争均衡が存在すれば，それは必ず効率的な配分となることが示されました。第 2 基本定理の主張は，どのような配分に対してもそれを実現するような価格が存在するということですが，そうした価格を見つけるためには，消費者の好みや生産者の技術などについて知る必要があり，膨大かつ正確な情報と高度な計算能力が要求されます。

6.4　余 剰 分 析

　市場を通じた資源配分の効率性を部分均衡分析の枠組みで示すこともできます。経済厚生を測る目安の一つとして，取引から生まれる余剰の大きさが用いられます。

▶ 消 費 者 余 剰

　消費者余剰（consumer's surplus）とは，消費者がその財に対して支払ってもよいと考える最高額と，実際の支払額との差額のことです。消費者がその財に対して支払う最高額とは，すなわち消費者の財に対する評価額であり，消費者余剰は，支払う意欲はあったが支払わずに済んだ分という意味で，消費者が財の購入から得られる利益の大きさを貨幣で測ったものを表しています。消費者の財に対する評価額は，需要曲線から読み取ることができます。

　たとえば，コーヒーの需要曲線は「1 杯 200 円のコーヒーの需要量は 3 杯」であることを示していますが，同時に「消費者は 3 杯目のコーヒーには 200 円まで支払う」ことも意味しています。いま，コーヒーの価格が 250 円だとするとコーヒーの需要量は 2 杯となります（図 6-11）。このとき，消費者は 1 杯目には 400 円，2 杯目には 300 円，計 700 円までの支払

■図 6-11 支払い意思額と消費者余剰

コーヒーの価格
支払い意思額（円）

需要曲線（支払い意思額）

400
300
1杯250円 ⇒ 2杯需要
200
100

O　1　2　3　4　コーヒーの量（杯）

6.4 余剰分析

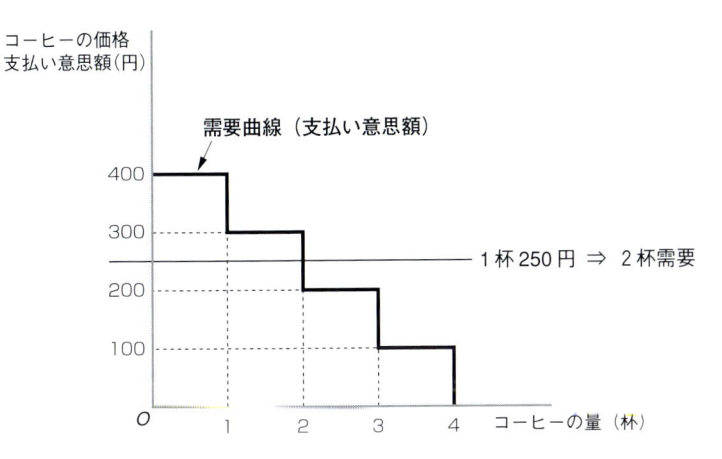

■図 6-12 消費者余剰

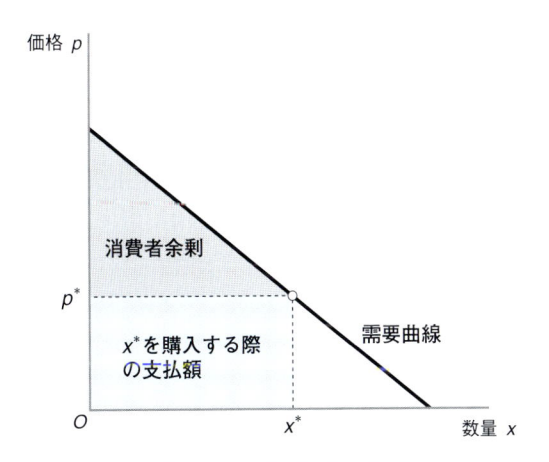

価格 p

消費者余剰

p^*

x^*を購入する際の支払額

需要曲線

O　x^*　数量 x

需要曲線の下の面積＝支払い意思額
実際の支払額＝価格×数量＝$p^* \times x^*$
⇒　消費者余剰＝支払い意思額－実際の支払額

いを行う意欲がありますが，実際の支払額は250円×2＝500円ですので，差額の200円分が消費者にとっての利益となります。したがって，消費者余剰は需要曲線と価格とに挟まれた部分の面積で表されます（図6-12）。

また，市場需要曲線によって得られる市場全体の消費者余剰は，個々の消費者の余剰の合計に一致します。

▶ 生産者余剰

生産者余剰（producer's surplus）とは，生産者が財を供給するために受け取りたいと考える最低額と，実際の受取額との差額であり，生産者が生産活動から得られる利益を貨幣で測ったものです。生産者が受け取りたい最低額とは生産にかかった費用のことです。固定費用はすでに負担されており，短期においては生産量にかかわらず一定ですから，生産者余剰は企業の収入から可変費用を差し引いたものに一致します。

供給曲線の高さは，企業が生産を行うためには最低限受け取りたい額を表しており，限界費用に一致します。たとえば，図6-13の供給曲線は洋服の価格が2000円のときの供給量が2枚であると同時に，2枚目の洋服を生産するためには少なくとも限界費用の2000円は受け取る必要があることを示しています。洋服が1枚3500円であれば3枚の洋服が供給され，生産者は3500×3＝10500円の収入を得ますが，可変費用の総額は1000＋2000＋3000＝6000円ですから，生産者の余剰は4500円となります。

このように，生産者余剰は供給曲線と価格に挟まれた領域の面積となります（図6-14）。固定費用が存在しない長期においては，生産者余剰は企業の利潤と等しくなります。市場全体の生産者余剰は，個々の生産者の余剰の合計です。

▶ 市場の効率性

消費者余剰と生産者余剰を合計した総余剰（total surplus）は，消費者にとっての財の価値額と企業の生産費用との差額ですから，財の取引から生まれる社会的な余剰の大きさを示しています。総余剰が大きいほど，望ましい資源配分が実現しているといえます。

■図 6-13　生産者余剰の例

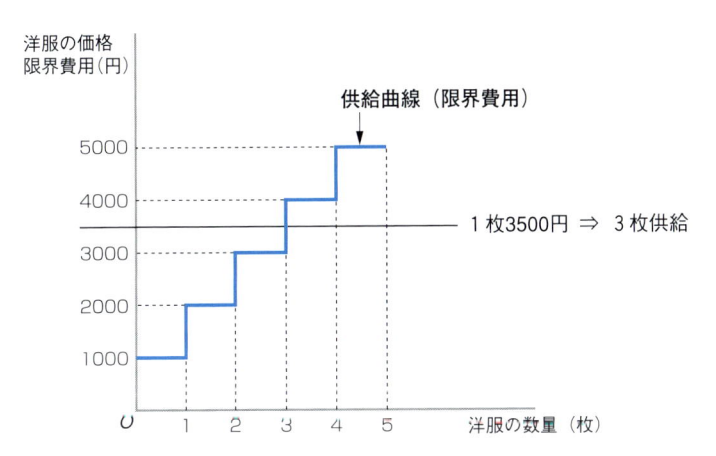

（図：洋服の価格・限界費用（円）を縦軸、洋服の数量（枚）を横軸とする階段状の供給曲線。1枚目1000円、2枚目2000円、3枚目3000円、4枚目4000円、5枚目5000円。価格3500円の水平線 ⇒ 3枚供給）

6.4 余剰分析

■図 6-14　生産者余剰

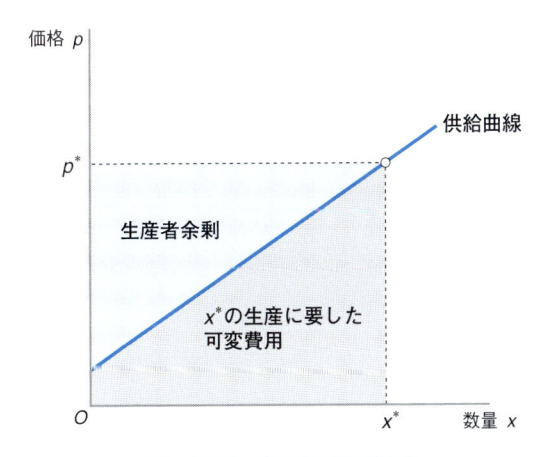

（図：価格 p を縦軸、数量 x を横軸とする右上がりの供給曲線。価格 p^* のとき数量 x^*。p^* と供給曲線の間の三角形が生産者余剰、供給曲線の下の面積が x^* の生産に要した可変費用）

収入＝価格×数量＝$p^* \times x^*$
可変費用＝供給曲線の下の面積
⇒ 生産者余剰＝収入－可変費用

生産量が均衡水準より少ない場合，追加的な生産に対して消費者が支払ってもよいと考える評価額は追加的な生産によって生じる費用を上回っているので，生産を拡大すれば社会的な余剰は増加します。逆に均衡水準より多く生産されているときには，追加的な財が消費者にもたらす価値よりも生産費用の方が大きいため，生産量を抑えることによって余剰を増やすことができます。市場均衡では消費者の限界的な評価と企業の限界費用が一致し，総余剰が最大となります（図6-15）。このように，部分均衡分析の枠組みにおいても，競争均衡の効率性を確認することができます。

▶ 規制の余剰分析

価格規制や数量規制，課税，補助金などの規制が存在し，均衡水準と異なる価格や数量で取引が行われると総余剰は減少し，厚生損失あるいは死荷重（dead weight loss）が発生します。課税の影響を見てみましょう。

図6-16では従量税が課されたことにより，供給曲線が上にシフトしています。その結果，取引量は減少し，消費者の直面する価格は上昇，生産者の直面する価格は低下します。

課税前と比較すると消費者余剰，生産者余剰はともに減少することが確認できます。課税によって政府の収入が増加するため，課税後の総余剰には税収も含まれますが，税収の大きさは消費者余剰と生産者余剰の減少分を下回るので，課税前よりも総余剰は減少します。

課税によって消費者の直面する価格と生産者の直面する価格に差が生じ，消費者の評価が生産費用を上回っていても一部の取引が実現しないために，余剰が失われてしまうのです。

このことから，課税による厚生損失の大きさは，課税前と比べて取引量がどの程度減少するか，つまり需要や供給が価格にどの程度反応するかによって決まることがわかります。需要の価格弾力性や供給の価格弾力性が大きいほど，課税によって生じる厚生損失は大きくなります。

近い将来，消費税の増税が避けられないといわれています。その際には複数税率を適用し，食料品などの生活必需品の税率は低く抑えて贅沢品の税率を高くすべきであるという議論があります。しかし，必需品の需要の

■ 図 6-15　総 余 剰

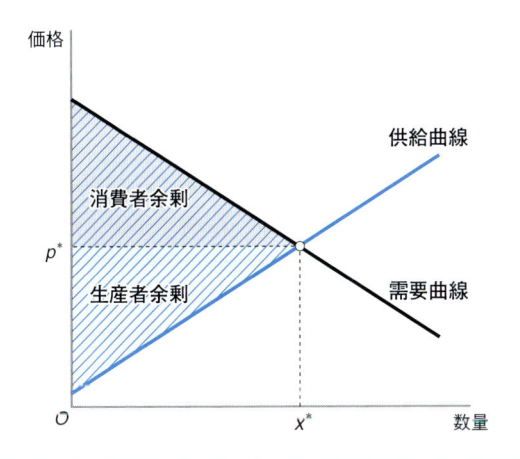

総余剰＝消費者余剰＋生産者余剰　⇒　競争均衡において最大になる
$x < x^*$　⇒　消費者にとっての価値＞生産費用
$x > x^*$　⇒　消費者にとっての価値＜生産費用

■ 図 6-16　課税の余剰分析

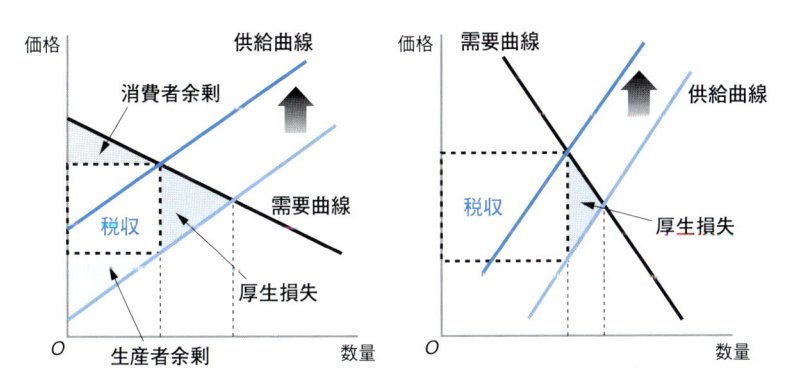

右図では左図と比べて需要と供給の価格変化に対する反応が鈍い
　⇒　税収と比べて厚生損失が小さい

価格弾力性は小さく,贅沢品の弾力性は大きいため,必需品の税率を高くした方が課税による厚生損失は小さくなります。これは,効率性と公平性の両立が難しいことを示す典型的な例といえるでしょう。

ゼミナール

▶ 消費者余剰と生産者余剰

消費者余剰とは,消費者の財に対する支払い意思額の合計から支出額を引いたものです。消費者の支払い意思額を需要曲線の下の面積によって表すには,厳密には効用関数の形状に仮定をおく必要があります。

財1の消費量を x,財2の消費量を z とおきます。ここで,財2は貨幣(もしくは貨幣によって購入できる財1以外のすべての財)であると考えます。財1の価格を p,財2の価格を1とおけば,財2は価値尺度財となります。消費者の効用関数が次のように表現されるとしましょう。

$$u(x, z) = v(x) + z$$

予算制約のもとでの効用最大化により,財1の需要関数が得られます。

$$p = v'(x)$$

上の式が示すように,このような特殊な効用関数の場合には,消費者の財1に対する支払い意思額は財1の消費量のみに依存します。需要曲線を0から x_0 まで積分することによって,次の図のように需要曲線の下の面積が求められます。消費者の支出額を引けば以下の式が得られます。

$$\int_0^{x_0} D(x)dx - p_0 x_0 = \int_0^{x_0} v'(x)dx - p_0 x_0 = v(x_0) - v(0) - p_0 x_0$$

これは財1を x_0 単位消費することに対して支払う意思のある額から支出額を引いたものであり,需要曲線と価格に挟まれた部分の面積によって,財1の消費から得られる余剰を表現できることが確認できます。

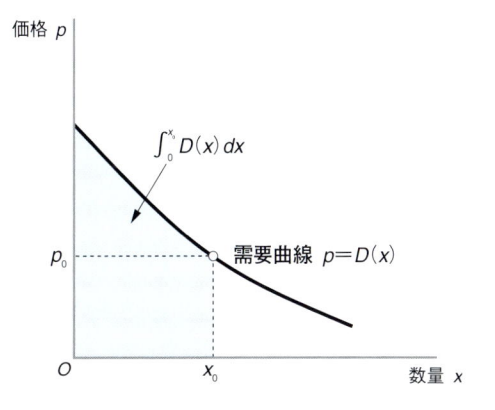

価格が変化したときの消費者余剰の変化分の大きさをみれば，価格の変化によって消費者の効用がどのように変わったかを貨幣で測ることができます。しかし，一般的な効用関数のケースにおいては，財の需要量は所得にも依存します。たとえば，上級財の価格が低下したとすると実質購買力が上昇するため，所得効果がない場合と比べて財の需要量はより大きく増加します。よって，この場合の実際の支払い意思額は，需要曲線の高さよりも低くなるのです。

したがって一般には，需要曲線の下の面積は消費者の支払い意思額に厳密には一致せず，近似したものとみなされます。ここで想定したような準線形の効用関数の場合には，所得効果が存在しないことから両者は完全に等しくなります。

生産者余剰は収入から可変費用を引いたものであり，供給曲線と価格に挟まれた部分の面積によって表されます。企業の生産量を y，生産物の価格を p とおきます。競争企業の供給曲線は限界費用曲線ですから，企業の収入から供給曲線の下の面積 $\int_0^{y_0} S(y)dy$ を引くと次の式が得られます。

$$p_0 y_0 - \int_0^{y_0} S(y)dy = p_0 y_0 - \int_0^{y_0} MC(y)dy = [p_0 y_0 - C(y_0)] - [-C(0)]$$

これは，供給曲線の上の面積が，企業が y_0 だけの生産を行うことから得られる利益を表すことを示しています。

練 習 問 題

確認問題

1. 財の交換によって利益が生まれるのは、どのような場合ですか。
2. パレート最適とはどのような状態を指しますか。
3. 次の文中の空欄 (ア) ～ (オ) を正しい語で埋めなさい。
   (1) エッジワース・ボックスにおける2人の消費者の無差別曲線の接点の軌跡は (ア) と呼ばれる。これは (イ) な配分の集合を示すものであり、(ア) 上の配分においては2人の消費者の (ウ) が等しい。
   (2) 厚生経済学の第1基本定理においては、(エ) 市場における均衡配分は (オ) となることが示される。
4. 生産と消費が行われる経済における競争均衡が満たすべき条件を挙げなさい。
5. 取引量が均衡数量より少ない水準に制限された場合の消費者余剰と生産者余剰を図で示しなさい。また、規制前と比較して消費者余剰、生産者余剰、総余剰の大きさがそれぞれどのように変化したかを答えなさい。

発展問題

1. 2財・2消費者からなる純粋交換経済を考えます。消費者 i ($i=1, 2$) の効用関数が $u^i(a_i, b_i) = a_i b_i$、消費者1の初期保有量が (40, 10)、消費者2の初期保有量が (20, 20) であるとします。
   (1) 各消費者の需要関数を求めなさい。
   (2) この経済においてワルラス法則が成立することを確かめなさい。
   (3) 均衡価格比と均衡配分を求めなさい。
   (4) この経済において厚生経済学の第1基本定理が成立することを確かめなさい。
2. 第5章の発展問題1で用いた数値例により、課税の前後で総余剰がどのように変化するかを求めなさい。
3. 個人1, 2の効用関数がそれぞれ $u^1(a_1, b_1) = a_1 + b_1$、$u^2(a_2, b_2) = 2a_2 + b_2$ と表され、a 財と b 財の初期賦存量はともに20であるとします。エッジワース・ボックスの図を用いて、この純粋交換経済におけるパレート最適な配分の集合を示しなさい。

第7章

不完全競争とゲーム理論

参入障壁が存在すると新規企業の市場への参入が困難となり，不完全競争となります。完全競争市場とは異なり，企業はプライステイカーとしては行動しません。本章では，独占市場や寡占市場において価格や生産量がどのように決まるかについて説明します。また，寡占市場の分析に不可欠となるゲーム理論の基礎知識を紹介します。

7.1 独占市場

市場に何らかの参入障壁が存在すると，新規企業の自由な参入が妨げられ，財の供給は少数の企業によって行われるようになります。参入障壁の例としては，アルミニウムの原料のボーキサイトやダイアモンドの鉱山のような生産に不可欠な資源の占有，規模の経済性やネットワークの外部性などの技術的な要因，免許制度や特許権などの政府による規制があります。

▶ 独占均衡

独占（monopoly）市場では，ただ一つの企業が存在し，財の供給を行います。完全競争市場においては，どの企業も価格を与えられたものとして行動しますが，独占企業は価格を決定する力（市場支配力）を有しており，プライスメイカー（価格設定者）として行動します。独占企業が生産量を増やすと価格は下がり，生産量を抑えれば価格は上昇するため，企業は生産量を変えることによって価格をコントロールすることができるのです。したがって，完全競争市場における個々の企業は水平の需要曲線に直面しているのに対して，独占企業は右下がりの需要曲線に直面しています（図 7-1）。

独占企業の利潤最大化条件は，競争企業と同様に限界収入＝限界費用となります。ただし，プライステイカー（価格受容者）である競争企業の限界収入は価格に一致しますが，独占企業の直面する需要曲線が右下がりであることから，独占企業の限界収入は価格よりも小さくなります。

追加的な生産が独占企業の収入に与える効果は2つに分けられます。一つは，販売量が増加することの直接的な効果（数量効果）であり，もう一つは，より多く販売することによって価格が低下する効果（価格効果）です。数量効果は収入にプラスの影響を，価格効果はマイナスの影響をもたらします。価格効果の存在によって独占企業の限界収入は価格を下回るため，独占均衡では競争均衡よりも生産量は減少し，価格は上昇することが示されます（図 7-2）。

■ 図 7-1　競争企業と独占企業の違い

競争企業の需要曲線

独占企業の需要曲線

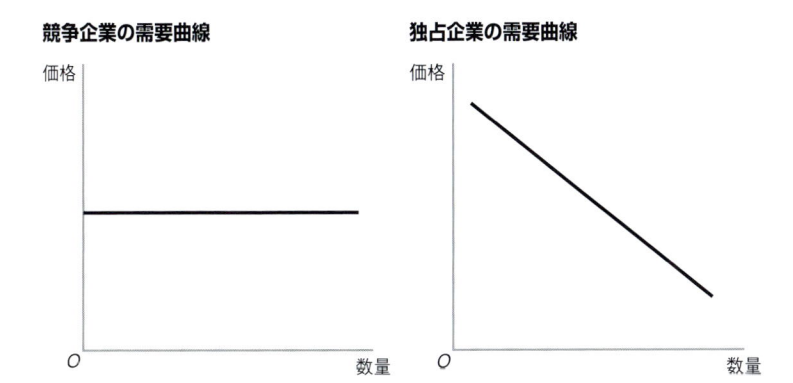

■ 図 7-2　独 占 均 衡

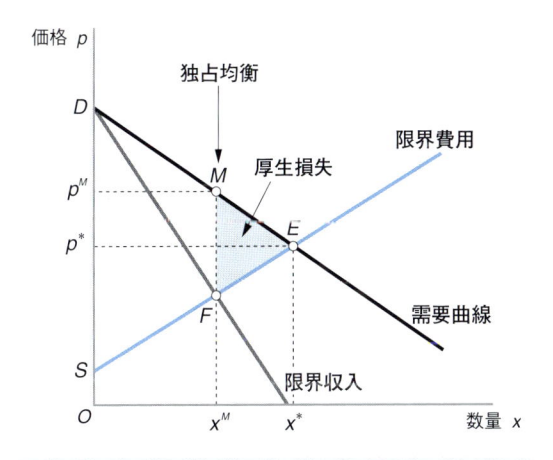

効率的な生産：消費者余剰は DEp^*，生産者余剰は SEp^*
独占均衡：消費者余剰は DMp^M，生産者余剰は $p^M MFS$
⇒　独占によって EFM の厚生損失が発生する

完全競争市場と比較して企業の利潤は増加し，消費者余剰は減少する結果，社会全体の余剰は小さくなり，独占による厚生損失が発生します（図7-2）。独占企業は価格を上げるために生産を抑えるので，独占価格は限界費用よりも高くなります。このため，消費者の限界的な評価が限界費用を上回り，生産量が過小となるのです。

▶ 独占度と需要の価格弾力性

　完全競争市場では価格は限界費用に一致しますが，独占価格は限界費用よりどの程度高く設定されるのでしょうか。独占企業の限界収入を書き直すと，次のような式が得られます。完全競争市場とは異なり，価格は独占企業の生産量に依存して決まるので，生産量 x の関数 $p(x)$ として表現されます。

$$MR = \frac{dp(x)x}{dx} = p(x) + x\frac{dp(x)}{dx} = p(x)\left[1 + \frac{x}{p(x)}\frac{dp(x)}{dx}\right] = p(x)\left[1 - \frac{1}{\varepsilon}\right]$$

ただし $\varepsilon = -\frac{p}{x}\frac{dx}{dp}$ は需要の価格弾力性を表しています。利潤最大化の条件より限界収入＝限界費用なので，独占価格 p^M について

$$p^M = \frac{MC(x^M)}{1 - \frac{1}{\varepsilon}}$$

$$\frac{1}{\varepsilon} = \frac{p^M - MC(x^M)}{p^M}$$

が成立します。ここで，$1 - \frac{1}{\varepsilon}$ はマークアップ（mark-up）と呼ばれるもので，独占価格が限界費用とどれだけ乖離しているかを示す指標となります。また，$\frac{1}{\varepsilon}$ のことをラーナーの独占度と呼び，需要の価格弾力性が小さいほど，マークアップや独占度は大きくなります。

　需要の価格弾力性が小さいということは，価格の上昇による需要量の落ち込みが小さいということですから，独占企業はより高い価格で販売することが可能となるのです。需要の価格弾力性が大きい場合には，価格が上がると需要量が大幅に減少するため，企業はあまり高い価格をつけることはできません。

❖BOX 独占均衡の計算:数値例

市場の(逆)需要関数を $p(x)=12-x$,企業の費用関数を $C(x)=2x$ として,独占均衡を求めましょう。

企業の総収入 TR は

$$TR=p(x)x=(12-x)x$$

と表され,これを生産量 x で微分することにより,限界収入 MR が得られます。

$$MR=p(x)+p'(x)x=12-2x$$

また,総費用を生産量で微分すると限界費用 MC は 2 となります。企業の利潤最大化条件より限界収入と限界費用が等しいとおくと,独占企業の生産量は $x^M=5$ となることがわかります。これを需要関数に代入すると,独占価格 $p^M=7$ が求められます。

これに対して,競争市場と同様に,価格と限界費用が等しくなるように生産が行われた場合の価格と生産量は,$12-x=2$ より $x^*=10$, $p^*=2$ となります。

独占均衡においては社会的に最適な水準と比べて,生産量が減少し価格が上昇することが確かめられます。

➕STEP-UP 独占均衡と需要の価格弾力性

独占企業の限界収入と需要の価格弾力性の式から,需要の価格弾力性が 1 より小さいときには,限界収入はマイナスになることがわかります。

$$MR=p(x)\left[1-\frac{1}{\varepsilon}\right]$$

需要が価格に対して非弾力的であれば,価格が上昇しても需要量はそれ程減少しないため,独占企業は生産量を減らして価格を上げることにより,より大きい利潤を得られるのです。

したがって独占企業は,需要の価格弾力性が 1 より小さいところで生産量を決定することはありません。

価格差別による利益

　価格支配力をもつ企業は，競争企業とは違ってさまざまな価格戦略をとることができます。代表的な価格戦略として，同じ財でも購入者や購入量によって異なる価格で販売する方法があり，これを**価格差別**（price discrimination）といいます。その背景には消費者の支払い意思額の違いがあります。

　図 7-3 の例では，パソコンを一律 15 万円で販売したとすると，A さんは購入しますが B さんは購入しません。しかし，A さんはもっと高い価格でも支払う意思があり，B さんはもっと安い価格であれば購入する意思があるのです。パソコンを A さんには 20 万円，B さんには 10 万円で売ることができれば，企業の利潤は増加します。安い価格で購入した消費者が，高い価格でしか買えない消費者に財を転売できるのなら，価格差別は不可能となります。このため，価格差別は地理的な条件から転売が困難である場合や，転売が不可能なサービス産業において行われることが多いのです。

グループ別の価格差別

　個々の消費者に，それぞれの支払い意思額に等しい価格で販売することができれば，企業は最大の利潤を得ることができますが，現実的とはいえません（本章ゼミナール「完全価格差別」を参照）。そこで，消費者をグループ分けし，グループごとに異なる価格を設定することがよくあります。

　企業が異なる 2 つのグループ A，B に同じ財を供給する場合，どちらのグループ向けの価格が高く設定されるのでしょうか（図 7-4）。どのグループに供給しても限界費用は同じであるとすると，利潤最大化により，グループ A からの限界収入 MR^A とグループ B からの限界収入 MR^B はそれぞれ限界費用 MC に一致するので

$$MR^A = p(x_A)\left[1 - \frac{1}{\varepsilon_A}\right] = MC = p(x_B)\left[1 - \frac{1}{\varepsilon_B}\right] = MR^B$$

が得られます。これより $\varepsilon_A > \varepsilon_B \Leftrightarrow p(x_A) < p(x_B)$ が成立し，需要の価格弾力性が小さいグループの方が，価格が高くなることがわかります。需要

■図 7-3　支払い意思額の違い

Aさん……パソコンが 1 台 20 万円以下なら購入する
Bさん……パソコンが 1 台 10 万円以下なら購入する

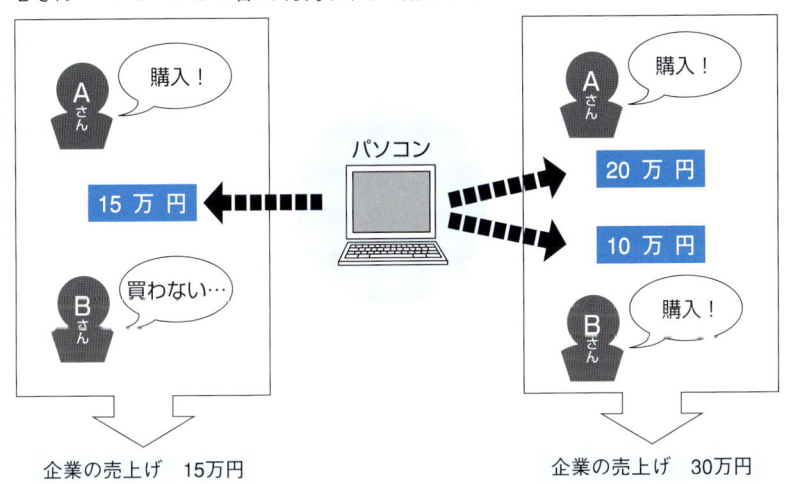

企業の売上げ　15万円

企業の売上げ　30万円

■図 7-4　グループ別価格差別

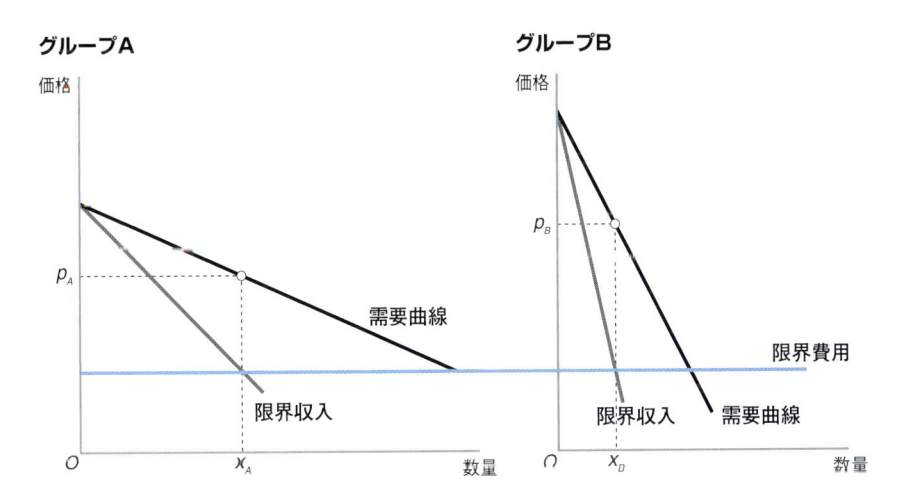

グループA

グループB

7.1 独占市場

の価格弾力性が大きいグループに高い価格で販売すると需要が大きく減少するため，企業の収入は減少してしまうのです。

映画の子ども料金や学生料金が一般の料金より安いのも，子どもや学生の方が需要の価格弾力性が大きいためであると理解することができます。

▶ 自己選択

消費者が子どもか大人か，学生か社会人かといった区別は容易なので，企業は消費者のグループに応じて価格を変えることができます。

しかし，企業が消費者のタイプを区別できなければ，タイプに依存した価格設定はできません。この場合でも，企業が価格に加えて品質や数量，販売時期などに差をつけた複数の組合せをあらかじめ用意しておき，その中から消費者に最適な選択肢を自分で選ばせることで，結果的に消費者のタイプに応じた価格設定が可能となります。飛行機のファーストクラスとエコノミークラス，携帯電話の料金プランなどは，こうした自己選択（スクリーニング；screening）による価格差別の例です（BOX 参照）。

▶ 自然独占

電力，水道，ガスなどの産業では巨額の設備投資が必要となるため，可変費用に比べて固定費用が非常に大きくなり，平均費用は生産量の増加にしたがい低下します。図 7-5 が示すように，平均費用曲線が右下がりとなる生産量の領域では限界費用は平均費用を下回ります。このような産業が完全競争であるとすると，価格と限界費用が一致するため赤字が発生し，企業は操業を続けることができません。一方，独占市場であれば企業はプラスの利潤を得られます。大規模な設備を要する産業では強い規模の経済性が働き，多数の企業が少しずつ生産するよりも，1 つの企業が大量生産する方が費用を節約できるため，必然的に独占が生じやすいのです。

このような状態を自然独占（natural monopoly）と呼びます。独占によって生産量が減少し，価格が上昇して厚生損失が発生することから，自然独占産業では価格規制をはじめとするさまざまな規制が課せられており，国や公的機関が供給を行うことも少なくありません。価格規制の方法とし

❖BOX　自己選択による価格差別の具体例

【例①】割引クーポンやバーゲンセール：クーポンの入手の手間や利用するときの心理的コスト，バーゲンによる疲労や欲しい物が売り切れるリスクがあることで，価格に敏感な顧客とそうでない顧客を分けることができます。

【例②】パソコンソフトの初心者版とプロユーザー版：同じパソコンソフトでも，対象としている顧客によって，利用できる機能も価格も異なります。ソフトメーカーは，本来の機能をすべて備えた製品に手を加え一部の機能を制限することにより簡易版を作ります。このため，初心者向けの製品は高機能版よりも手間がかかっているのですが，販売価格は低く設定されます。価格が高くても高度な機能が使いたいユーザーと，最低限の機能さえあれば十分と考えている初心者を区別することにより，メーカーは利益を得られるのです。

【例③】単行本と文庫本：新刊本は単行本としてハードカバーで出版し，しばらくしてから文庫本で出版することにより，価格が高めでも早く買って読みたい読者と，少し遅れても安く買いたい読者を分けることができます。

■図 7-5　自 然 独 占

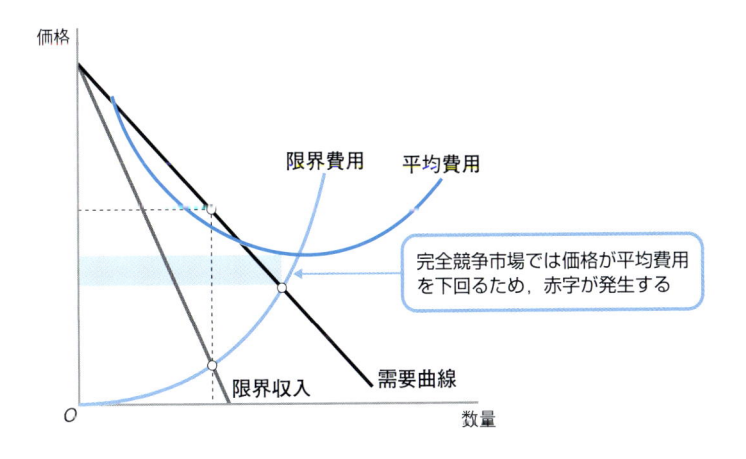

ては価格を限界費用に一致させる限界費用価格規制や，平均費用に一致させる平均費用価格規制が代表的です。前者の場合は生産量は効率的となりますが，企業の損失分を補助金等で補填する必要があります。後者の場合は企業の利潤は0ですが，生産量は過小となります。

7.2 寡占市場

少数の企業が存在するような市場を寡占（oligopoly）市場といいます。寡占市場は完全競争と独占の中間的な状態であり，現実でも，もっとも多く見られるタイプの市場といえます。寡占市場においても，企業は価格支配力をもちます。ただ独占市場とは異なり，各企業の利潤は他企業の行動に左右されるので，企業は意思決定の際に他企業の戦略を考慮に入れることが重要となります。

▶ クールノー競争

同質財を生産する2つの企業が，数量競争を行っているとしましょう。各企業は，自らの利潤を最大化する生産量を同時に決定します。その際，他企業の生産量は自社にとっては与えられたものと想定して独立に意思決定を行います。このような競争をクールノー競争といいます。

> 企業 i（$i=1, 2$）の利潤：$\pi_i = p(x_1, x_2)x_i - C_i(x_i)$

$p(x_1, x_2)$ という表記は，財の価格が自社の生産量だけでなく相手企業の生産量にも依存することを表します。利潤最大化の条件である限界収入＝限界費用から導かれる最適な生産量は相手企業の生産量の関数として表され，反応関数（reaction function）と呼ばれます。

企業に一定の利潤をもたらすような生産量の組合せを示す等利潤線は図7-6のように表されます。自社の生産量が一定であれば相手企業の生産量が少ないほど利潤が増加するので，企業1の場合は下，企業2の場合は左に位置する等利潤線の方が高い利潤を示します。

◆BOX　自然独占産業における規制の移り変わり

　自然独占産業においても，部分的に競争を導入することによって，料金の引き下げやサービスの向上が実現できるのではないかという考えが広まり，1970年代以降，各国で参入規制の撤廃や公営企業の民営化が行われました。日本でも，1980年代に国鉄や電電公社の分割民営化によりJRやNTTが誕生しました。また，価格規制の方法も，費用にもとづいたものに限らず企業の費用削減や経営努力のインセンティブを重視するものが模索されています。

■図 7-6　反応曲線

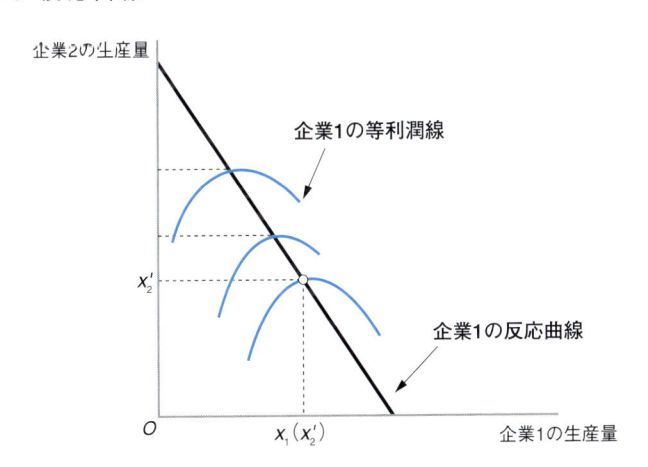

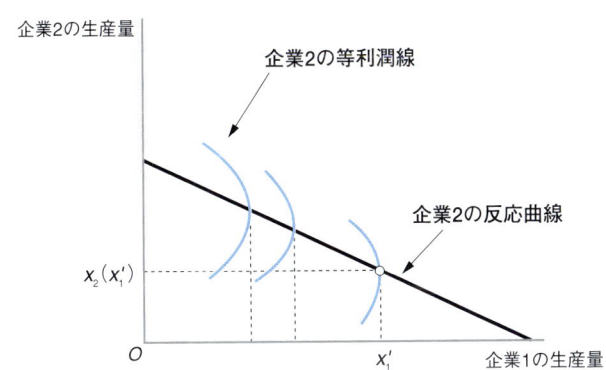

いま，企業 2 の生産量が x_2' で与えられているとすると，企業 1 の利潤を最大にするような生産量は企業 1 の等利潤線の頂点で $x_1(x_2')$ の水準に決まります。このように，相手企業の生産量に対する最適反応は等利潤線の頂点の集合に一致します。これは反応関数を図で表現したものであり，**反応曲線**（reaction curve）と呼ばれています。

2 つの企業の反応曲線の交点で決まる生産量の組合せを**クールノー＝ナッシュ均衡**（Cournot-Nash equilibrium），あるいは単にクールノー均衡といいます（図 7-7）。クールノー均衡では，どちらの企業も互いに相手の生産量に対して最適に反応しており，自分だけが生産量を変えても利潤を増やすことはできません。

共謀解　クールノー均衡では両企業の等利潤線が交わっているため，双方が生産量を減らしてレンズ型の領域の内部に移動すれば，互いの利潤が増加する余地があります（図 7-7）。

2 つの企業が共謀してあたかも 1 つの企業のように行動し，利潤の合計（共同利潤）を最大化するのであれば，独占企業と同様に全体の価格効果を考慮して生産量が決定されます。この結果，クールノー均衡よりも市場全体の生産量が減少し，価格が上昇して個々の企業の利潤も増加します。

しかし，どちらの企業も自分だけが生産量を増加させれば利潤を増やすことができるために裏切りの誘因が働き，共謀を実現するのは容易ではありません。

▶ シュタッケルベルク競争

同質財の数量競争において，一方の企業が先に生産量を決定し，もう一方の企業はそれを観察した後に生産量を決定するとしましょう。先に行動する企業を**先導者**（leader），後に行動する企業を**追随者**（follower）といいます。この場合，先導者の生産量を観察した追随者は，それに対する最適な生産量を，自身の反応関数にしたがって決定します。先導者は，前もってこの追随者の反応を予想した上で，自分にとってもっとも都合のよい反応を引き出すような生産量を選択するのです。

いま，先導者を企業 1，追随者を企業 2 とおくと，企業 1 は企業 2 の反

■図 7-7 クールノー均衡，共謀解，シュタッケルベルク均衡

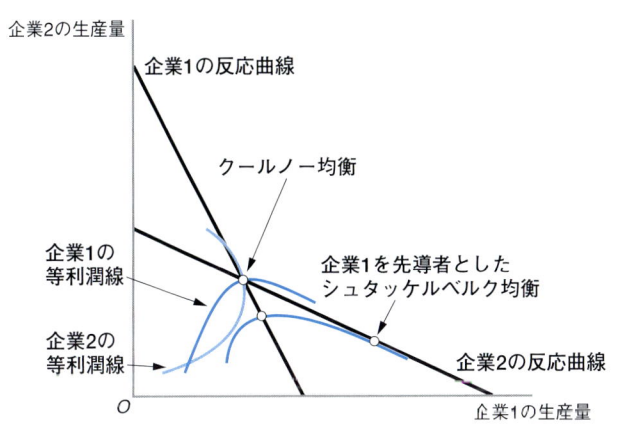

双方が生産量を減らして等利潤線に囲まれた領域に移れば，ともに利潤が増加します。

❖BOX 立地競争

製品差別化を分析したモデルとしてよく知られているのが，ホテリング（Harold Hotelling）による立地モデルです。

2軒のアイスクリーム屋が，長い砂浜のどこに店を構えるかを決めようとしています。アイスの価格が同じであれば，客はより近い店からアイスを購入します。

海水浴客が砂浜に均等に散らばっているとすると，より多くの客を獲得するために最適な立地はどこでしょうか。相手の立地を所与とすると，できるだけライバル店に近づくのが得策となります。さらに，なるべく砂浜の中心寄りに立地した方が客を増やせます。

結局，価格競争が行われない場合，どちらの店も中心に店を構えることになります（7.3節のナッシュ均衡の説明を参照のこと。興味のある読者は自分で確認してみてください）。立地を人々の嗜好に置き換えて考えれば，二大政党制における両党の政策や，民放テレビの番組が似通ってくることも理解できます。

応曲線上で自分の利潤を最大にするような生産量を選びます。企業2の反応曲線と企業1の等利潤線との接点が**シュタッケルベルク均衡**（Stackelberg equilibrium）であり，クールノー均衡と比べると，先導者の利潤は増加し，追随者の利潤は減少します（図 7-7）。

▶ ベルトラン競争

同質財を供給する2つの企業が価格競争を行うとします。各企業は**相手の価格を与えられたものとみなして，自社の利潤を最大にするような価格を同時に決定**します。こうした競争を**ベルトラン競争**と呼びます。

両者の限界費用は等しいとしましょう。どちらの企業もまったく同じ財を販売しているので，消費者は少しでも価格が安い方の企業から購入しようとします。価格が限界費用より低いと企業に損失が発生するため，企業が設定する価格は限界費用を下回ることはありません。価格が限界費用より高い水準にある限り，企業は相手より少しでも価格を下げて顧客をすべて奪おうとします。結局，均衡ではどちらの企業も限界費用に等しい価格を設定します。このような価格競争における均衡を**ベルトラン=ナッシュ均衡**（Bertrand-Nash equilibrium），あるいは単にベルトラン均衡と呼びます。

▶ 製品差別化

同質財の価格競争では消費者の判断基準は価格だけでしたが，**製品差別化**（product differentiation）が行われている場合，消費者はもっとも安い製品を購入するとは限りません。製品差別化には，品質の良し悪しによる**垂直的製品差別化**と，特性の違いによる**水平的製品差別化**とがあります。

▶ 独占的競争

レストランや洋服の市場のように，非常に多数の企業が存在し，各企業の供給する製品が差別化されている市場のことを**独占的競争**（monopolistic competition）市場と呼びます（図 7-8）。

企業数は多くても完全競争とは異なり，デザインや立地，ブランドイメ

■図 7-8　独占的競争

(a)　短期における均衡

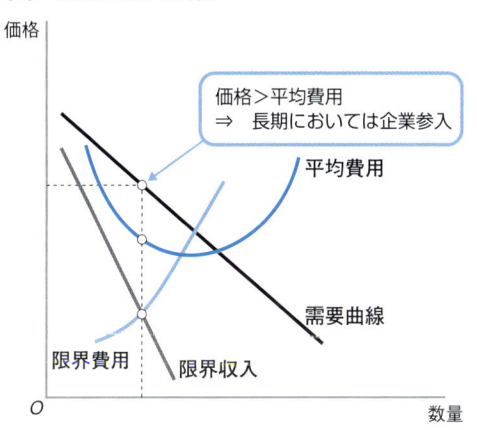

価格＞平均費用
⇒　長期においては企業参入

平均費用
需要曲線
限界費用
限界収入

(b)　長期における均衡

価格＝平均費用

平均費用
限界費用
需要曲線
限界収入

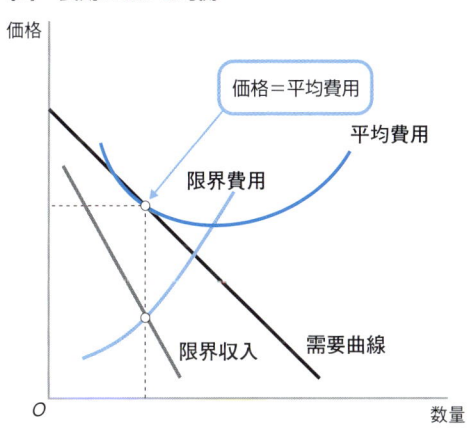

ージ，味などの特性の違いから企業には一定の価格支配力が生まれるので，各企業は右下がりの需要曲線に直面します。各企業の生産量は限界収入と限界費用が一致する水準で決まります。

企業数が変わらない短期の均衡において，価格＞平均費用＞限界費用であれば企業はプラスの利潤を得られます。企業の参入・退出が自由な長期を考えると，利潤がプラスであれば参入が生じるため企業数は増加します。

短期均衡において，平均費用＞価格＞限界費用であれば利潤はマイナスとなり，この場合，長期においては企業が退出するため企業数は減少します。したがって，長期均衡では価格＝平均費用＞限界費用が成立し，企業の利潤は0となります。

7.3 ゲーム理論

寡占市場では，企業の利潤はライバル企業の戦略に影響されるので，相手の出方を読んで戦略を立てる必要があります。このように複数の主体が存在する状況で，お互いに自分の利害が他者の意思決定にも依存するような戦略的相互依存関係を分析するための手段が**ゲーム理論**（game theory）です（BOX参照）。

ゲームの参加者を示す**プレイヤー**（player），プレイヤーの選択肢を表す**戦略**（strategy），各戦略の組合せからプレイヤーが得る**利得**（payoff）の3つの要素によって描写されるゲームを**戦略形ゲーム**（strategic form game）といいます。プレイヤーとしては，個人や企業，国，政党などさまざまな例を考えることができます。

▶ 囚人のジレンマ

2人の囚人が重罪を犯した疑いで別々に取り調べを受けています。2人とも黙秘を貫けば，証拠不十分のため軽微な罪に問われるだけで済みますが，2人とも自白すると，そろって刑に服すことになります。一方は自白，もう一方は黙秘した場合には，自白した囚人は釈放され，黙秘した囚人は

❖BOX　ゲーム理論の歴史

　ゲーム理論にとっての大きな契機は，20世紀を代表する数学者フォン・ノイマンと経済学者モルゲンシュテルンが1944年に出版した『ゲームの理論と経済行動』であり，その後は多くの研究の積み重ねによってめざましい発展を遂げました。

　なかでも，当時のプリンストン大学の院生ナッシュが1950年に行ったナッシュ均衡の定義と存在証明によって，非協力ゲーム理論の基礎が確立されました。現在では経済学にとって，もはや欠かすことのできない分析道具となっており，政治学など他の分野にも広がりを見せています。

　こうしたゲーム理論の重要性の高まりを背景に，1994年にはナッシュとハルサニー（John C. Harsanyi），ゼルテン（Reinhard Selten），2005年にはオーマン（Robert J. Aumann）とシェリング（Thomas C. Schelling）の業績に対しノーベル経済学賞が授与されました。

　フォン・ノイマンは映画『博士の異常な愛情』（1964年）の登場人物のモデルとされており，また，ナッシュの伝記をもとに映画『ビューティフル・マインド』（2001年）が作られました。こうした個性的な天才たちの貢献がゲーム理論を形作ってきたといえます。

■図 7-9　囚人のジレンマ

		囚人 B	
		自白	黙秘
囚人 A	自白	−7, −7	0, −10
	黙秘	−10, 0	−1, −1

数字の組合せは（囚人 A の利得，囚人 B の利得）を表しています。

重い刑を課せられます。

さて，囚人は黙秘するでしょうか，自白するでしょうか。

このゲームは図 7-9 のような利得表で表現することができます。囚人にとっては相手が黙秘すると予想すれば自白，自白すると予想しても自白することが最適となります。

相手の戦略が与えられたとき自分の利得を最大にする戦略のことを，相手の戦略に対する最適反応戦略と呼び，相手のすべての戦略に対して最適反応戦略となる戦略のことを，支配戦略（dominant strategy）といいます。このゲームでは，双方にとって自白することが支配戦略です。

この場合，相手の出方にかかわらずどちらの囚人も支配戦略である自白を選ぶので，（自白，自白）がこのゲームにおける唯一の均衡となります。支配戦略の組合せからなる均衡を支配戦略均衡（dominant strategy equilibrium）といいます。2人とも黙秘していれば，どちらもより軽い刑で済んだはずですから，このゲームの均衡結果はパレート最適ではありません。このゲームのように，各自が合理的に行動したにもかかわらず，かえって望ましくない結果が生じてしまうような状況を囚人のジレンマ（prisoner's dilemma）と呼びます。

囚人のジレンマのゲームを用いると，国際政治における軍拡競争や保護貿易，企業の価格引き下げ競争など，幅広い状況を説明することが可能となります。

▶ ナッシュ均衡

支配戦略均衡は必ずしも存在するとは限りません。たとえば，図 7-10 のようなゲームには支配戦略がありません。男性は，女性がサッカーを選ぶと予想すればサッカーを，映画を選ぶと予想すれば映画を選択しようとするでしょう。プレイヤーにとっての最適な戦略は，相手がどの戦略を取ると予想するかによって変わるのです。

そこで，相手の戦略がわかったときに，誰も自分の行動を一方的に変更しないような戦略の組合せを考えましょう。互いに相手の立場に立って最適な戦略を正しく予想し，その予想にもとづいて自分の利得を最大にする

■図 7-10 ナッシュ均衡

		女　性	
		サッカー	映画
男　性	サッカー	6, 3	0, 0
	映画	0, 0	4, 7

（サッカー，サッカー）……男性も女性も，それぞれ自分だけ「映画」にすると利得が 0 に減少
　　　　　　　　　　　⇒　どちらにも戦略を変える誘因はない　⇒　均衡

（サッカー，映画）……男性が戦略を「映画」に変えれば利得が 0 から 4 に増加
　　　　　　　　　　女性が戦略を「サッカー」に変えれば利得が 0 から 3 に増加
　　　　　　　　　　⇒　均衡ではない

数字の組合せは（男性の利得，女性の利得）を表しています。男性はサッカー，女性は映画の方を好みますが，一緒に行けなければ利得は 0 となります。

> **POINT　ナッシュ均衡**
>
> - 各プレイヤーの戦略が，互いの戦略に対する最適反応戦略となっているとき，その戦略の組合せをナッシュ均衡という
> - 互いに相手の出方を読み合った上で最善の手を打っている状態
>
> ⇒　一方的に戦略を変更しても自分の利得は増えない
>
> 【2 人ゲームにおけるナッシュ均衡の定義】
> - プレイヤー i（$i=1$，2）の戦略を s_i，利得関数を $\pi^i(s_1, s_2)$ と表す
> - すべての戦略 s_1，s_2 について，
> $\pi^1(s_1^*, s_2^*) \geq \pi^1(s_1, s_2^*)$，
> $\pi^2(s_1^*, s_2^*) \geq \pi^2(s_1^*, s_2)$
>   　⇔　戦略の組合せ (s_1^*, s_2^*) はナッシュ均衡

7.3 ゲーム理論

ような戦略を選んでいれば，自分だけ戦略を変えても利得を増やすことはできません。

各プレイヤーの戦略が，互いの戦略に対する最適反応戦略となっているとき，その戦略の組合せを**ナッシュ均衡**（Nash equilibrium）といいます。このゲームのナッシュ均衡は（映画，映画）と（サッカー，サッカー）です。

囚人のジレンマのゲームのナッシュ均衡は，支配戦略均衡と同じく（自白，自白）となります。このように，支配戦略均衡は必ずナッシュ均衡となりますが，ナッシュ均衡だからといって支配戦略均衡であるとは限りません。7.2節で述べたクールノー均衡やベルトラン均衡は，ナッシュ均衡の特殊ケースとみなすことができます。

▶ 展開形ゲーム

戦略形ゲームに時間の要素を加えたゲームを**展開形ゲーム**（game in extensive form）と呼び，**ゲームツリー**（game tree）と呼ばれる図7-11のような樹形図で表現することができます。

企業Aの独占市場に，企業Bが参入するかしないかを選択します。企業Bが参入した場合，企業Aは価格の切り下げなどによって攻撃するか共存するかを選択します。この参入阻止ゲームのナッシュ均衡は（参入する，共存）と（参入しない，攻撃）の2つ存在します。しかし，（参入しない，攻撃）はもっともらしい均衡ではありません。

この均衡では，企業Aの「参入すれば攻撃する」という脅しによって参入が阻止されています。しかし，実際に企業Bが参入したとすると，攻撃することは企業Aにとってもはや得策ではなく，共存することが最適反応となります。したがって，（参入しない，攻撃）という均衡は，参入が行われた時点における合理性を満たしていません。

ゲームを後ろからさかのぼって解くことによって，後で選択される行動を織り込みながら各時点での最適反応を求めていけば，こうした空脅しにもとづく均衡を排除することができます。企業Bが参入すれば企業Aは必ず共存を選びますから，それを予想する企業Bにとっては参入することが最適となります。

■図 7-11　参入阻止ゲーム

	企業B（参入企業）	
	参入する	参入しない
企業A（既存企業）　攻撃	2, −1	8, 0
企業A（既存企業）　共存	4, 4	8, 0

数字の組合せは（企業Aの利得，企業Bの利得）を表しています。
ナッシュ均衡は（参入する，共存）と（参入しない，攻撃）となります。

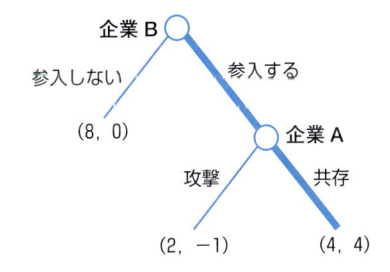

```
        企業B ○
       参入しない \ 参入する
        (8, 0)    \
                   ○ 企業A
                 攻撃 \ 共存
                (2, −1) (4, 4)
```

企業B（参入企業）が参入したとすると……

企業A（既存企業）は攻撃すれば利得2，共存すれば利得4　⇒　**共存する**

これを踏まえて考えれば……

企業Bは参入しなければ利得0，参入すれば利得4　⇒　**参入する**

⬇

部分ゲーム完全均衡は（参入する，共存）

7.3　ゲーム理論

企業Bが参入した後の企業Aの意思決定自体を一つのゲームととらえると，後ろ向きの推論により得られた（参入する，共存）は，このゲームにおいてもナッシュ均衡となることが確認できます。ゲームの途中のある時点から始まるゲームのことを部分ゲームといいます。ゲーム全体も含めて，すべての部分ゲームにおいてナッシュ均衡となるような均衡を**部分ゲーム完全均衡**（subgame perfect equilibrium）と呼び，後ろ向きの推論によって求めることができます。この場合（参入する，共存）が唯一の部分ゲーム完全均衡となります。前述のシュタッケルベルク均衡は，部分ゲーム完全均衡の特殊ケースです。

❖BOX　コミットメントの利益

　既存企業が参入を阻止できないのは，参入が生じたら確実に「攻撃」するという約束ができないためです。もし，既存企業があらかじめ設備投資を行って生産能力を拡大しておき，実際に参入された場合に「攻撃」することが最適となるようにしておけば，脅しは信憑性のあるものとなり，参入を阻むことが可能となります。「背水の陣」という言葉があるように，あえて自分の行動を縛っておくことが有利な結果をもたらすことがあるのです。これは，自分が将来選ぶ行動に関する相手の予想を変えることで，相手に自分にとって都合の良い行動をとるように促すことができるためです。

　たとえば，ある産業が外国との競争にさらされているとします。そこで政府は輸入規制により保護を行い，その間に競争力を十分つけさせた上で自由な競争を実現しようと考えたとします。しかし，数年後に輸入を自由化しようとしたとき，その産業の体質が改善されていなければ，政府は国内産業の淘汰を恐れ，予定通りの自由化をためらうでしょう。さらに，この事態を予想する産業側は積極的に改革を進めようとはしないでしょう。

　一方，政府が何らかの方法で，猶予期間が過ぎたら自由化を実行することにコミットすることが可能なら，国内産業に体質改善の努力を促すことができます。このように，行動の自由度が広いことがかえって望ましくない結果をもたらす可能性があるため，いかにして自らの行動を制限するかは重要な問題となるのです。しかし，相手に信用させるためには単なる口約束ではなく，後戻りできないような措置を講じる必要がありますが，これは容易なことではありません。

ゼミナール

▶完全価格差別

独占企業が財を1単位ずつ異なる価格で販売することができ，しかも消費者によって価格を変えることができる状況を想定しましょう。このような価格差別を完全価格差別と呼びます。完全価格差別においては，独占企業は各消費者に，それぞれの支払い意思額に等しい価格で財を販売することができます。その結果，どの消費者の手元にも余剰はまったく残らず，取引がもたらす余剰はすべて独占企業が獲得することになります。

たとえば，パソコン1台あたりの生産費用を5万円とします。完全価格差別のもとでは，パソコンメーカーは，まずもっとも支払い意思額の高いAさんに20万円で販売し，2台目のパソコンは，次に支払い意思額の高いBさんに19万5千円で販売する……という具合に，各消費者に支払い意思額と同じ価格を提示することによって，余剰を残らず手に入れることができるのです。消費者余剰は0となりますが，パソコンの販売は支払い意思額が限界費用の5万円に等しい消費者まで続けられるので，パソコンの生産量は効率的な水準に決定されます（下図参照）。

このように，完全価格差別が行われる場合には，独占による厚生損失は発生しません。独占企業は，消費者の支払意思額が限界費用を下回らない

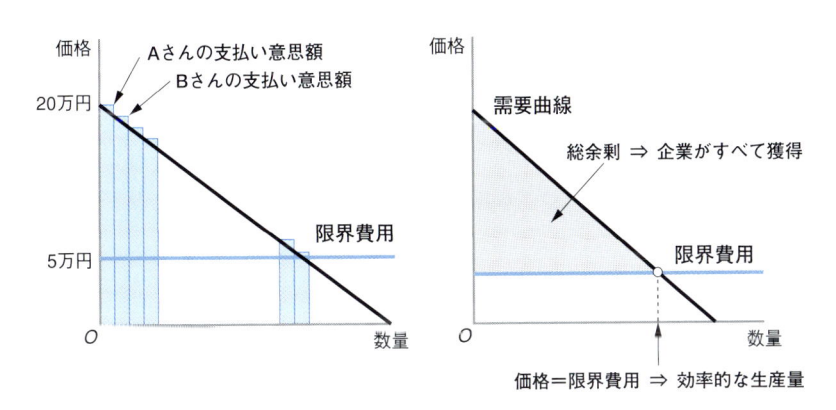

限り財を供給するため，完全競争市場と同様に，価格が限界費用に等しい水準で効率的な生産量が実現するのです。

▶ 2 部 料 金

電話の基本料金と通話料金，テーマパークの入場料金と乗り物の料金のように，固定料金と購入量に依存した変動料金から構成されるような料金を <u>2 部料金</u>（two-part tariff）といいます。固定料金を F，1単位あたりの価格を p，購入量を X とおくと，2 部料金は $p(X)=F+pX$ と表されます。2 部料金は購入量に応じた価格差別の代表的な例であり，利用量が増えるにしたがって，平均的な料金は低下することが確認できます。

いま，どの消費者も独占企業が供給する財に対して同じ選好をもっているとすると，独占企業の利潤を最大化するような固定料金 F と 1 単位あたりの価格 p の組合せは，どのように決まるのでしょうか。

まず，固定料金が消費者余剰を上回ると，消費者は財を購入しなくなってしまうので，独占企業が設定できる固定料金の最大額は消費者余剰に等しいことがわかります。さらに，消費者余剰は価格が限界費用に等しいときに最大となります。したがって，p を限界費用に一致させて余剰を最大化した上で，固定料金を通じて消費者余剰をすべて獲得することが独占企業にとって最適となります。

また，価格と限界費用が等しいことから厚生損失は発生せず，効率的な生産量が実現することも，完全価格差別のケースと共通した特徴です。

▶ 寡占市場における数量競争：数値例

市場には 2 つの企業 A，B が存在し，需要関数は $p(x_A, x_B)=40-(x_A+x_B)$，企業 i $(i=A, B)$ の費用関数は $C_i(x_i)=4x_i$ であるものとします。数量競争が行われている場合の企業 i の収入 TR_i は，次のように表されます。

$$TR_i=(40-x_A-x_B)x_i$$

クールノー競争においては，各企業は相手の生産量を与えられたものと

して，利潤を最大にする生産量を選択します。企業Aの収入を x_A で偏微分することにより，企業Aの限界収入 MR_A が得られます。

$$MR_A = \frac{\partial TR_A}{\partial x_A} = 40 - x_B - 2x_A$$

これを限界費用4と等しいとおいて x_A について解けば，企業Aの反応関数が得られます。

$$x_A(x_B) = 18 - \frac{x_B}{2}$$

同様にして，企業Bの反応関数は次のようになることがわかります。

$$x_B(x_A) = 18 - \frac{x_A}{2}$$

2つの式を連立させることにより，クールノー均衡 $(x_A^C, x_B^C) = (12, 12)$ が得られます。価格は16，各企業の利潤は144となります。

同じ状況で，企業Aを先導者，企業Bを追随者としたシュタッケルベルク競争が行われているとしましょう。先導者である企業Aは企業Bの反応を予想した上で最適な生産量を選ぶので，企業Aの利潤に企業Bの反応関数 $x_B(x_A)$ を代入すると，企業Aは

$$\pi_A = p(x_A, x_B(x_A))x_A - C_A(x_A) = (40 - x_A - (18 - \frac{x_A}{2}))x_A - 4x_A$$

を最大にするように生産量 x_A を決定します。

利潤最大化の条件である限界収入＝限界費用より，$x_A = 18$ が求められます。これを $x_B(x_A)$ に代入すれば，$x_B = 9$ が得られます。企業Aは162，企業Bは81の利潤を得ることになり，クールノー均衡と比べて先導者の利潤は増加，追随者の利潤は減少します。

いま，企業Aと企業Bが結託して，共同利潤を最大にするような生産を行うとします。生産量の合計を $X = x_A + x_B$ とおくと，共同利潤は次のように表されます。

$$\pi_A + \pi_A = (40 - X)X - 4X$$

利潤を最大にするような生産量は $X = 18$ となるので，2つの企業が市

場を折半する場合の各企業の生産量は 9，利潤は 162 です。

ここで，単純化のために各企業はクールノー均衡における生産量 $x=12$ か，共謀解における生産量 $x=9$ のどちらかを選択すると考えてみましょう。この状況は以下のような利得表で表すことができます。

		企業B	
		$x=12$	$x=9$
企業A	$x=12$	144, 144	180, 135
	$x=9$	135, 180	162, 162

数字の組合せは（企業Aの利得，企業Bの利得）を表しています。

このゲームの唯一のナッシュ均衡においては，両企業がクールノー均衡の生産量を選択します。しかし，双方が生産を減らせば互いの利潤が増加するので，この均衡はパレート最適ではありません。自分だけが多く生産することで利潤を増やそうという誘因が働くため，共謀解をナッシュ均衡として実現できずに囚人のジレンマに陥るのです。

ただし，長期にわたってゲームが繰り返されるのであれば，相手企業の過去の生産量にもとづいて現在の生産量を決めることが可能となるため，裏切った企業に対して報復を行うなど企業の戦略の幅は広がります。この場合，企業が近視眼的ではなく将来の利益もある程度重視するならば，均衡において共謀解を実現することができるようになります。こうした状況を，拘束力のある契約などにもとづいた共謀ではないという意味で，暗黙の共謀といいます。

練 習 問 題

確認問題

1. 次の文中の空欄の (ア) ～ (キ) を正しい語で埋めなさい。

完全競争市場とは異なり，独占市場においては，企業は価格 (ア) を有する。このため，独占企業は生産量を (イ) させることによって価格を (ウ) させる。消費者の需要の価格弾力性が大きいほど，独占企業の設定

する価格は ［エ］ なる。

独占均衡では，競争均衡と比較すると消費者余剰は ［オ］，生産者余剰は ［カ］ し，総余剰は ［キ］ する。

2. 自然独占産業における平均費用価格規制と限界費用価格規制の特徴をそれぞれ述べなさい。
3. 以下の内容は正しいか，誤りか答えなさい。
   (1) シュタッケルベルク競争における先導者の利潤は，クールノー競争の場合よりも小さい。
   (2) 同質財の価格競争が行われると，価格は限界費用に一致する。
   (3) 独占的競争市場においては，企業はプライステイカーとして行動する。
4. 2つの企業がそれぞれ強気な行動をとるか弱気な行動をとるかを決定するとします。両者が「弱気」を選んだ場合の利得はともに3，両者が「強気」を選んだ場合の利得はともに−1となります。一方が「強気」，他方が「弱気」を選択したとすると，強気の企業は5，弱気の企業は1の利得を得ます。いま，両企業は同時に（相手の決定を知らずに）戦略を選ぶとします。このゲームの利得表を作成し，ナッシュ均衡を求めなさい。

発展問題

1. 需要関数を $X(p) = 30 - \dfrac{p}{2}$，独占企業の費用関数を $C(X) = \dfrac{X^2}{2}$ とします。
   (1) 企業がプライステイカーとして行動した場合の価格と取引量を求めなさい。
   (2) 独占価格と独占取引量，ラーナーの独占度を求めなさい。
   (3) (1)と(2)それぞれの場合における消費者余剰と生産者余剰を求め，総余剰を比較しなさい。
2. 独占企業がA，Bという2つのグループに製品を供給しています。Aグループの需要関数は $x_A = -2p_A + 20$，Bグループの需要関数は $x_B = -p_B + 16$ と表されます。また，企業の限界費用はどちらのグループに供給する場合も6であるとします。価格差別が可能であるとき，独占企業が各グループに販売する価格はそれぞれいくらになりますか。
3. 2つの企業A，Bが数量競争を行っています。市場需要関数は $p(x_A, x_B) = 16 - (x_A + x_B)$，企業 i ($i = $ A，B) の費用関数は $C^i(x_i) = 4x_i$ で表されるとします。
   (1) クールノー均衡を求めなさい。
   (2) 企業Aが先導者，企業Bが追随者であるとして，シュタッケルベルク

均衡を求めなさい。

(3) 共謀解を求めなさい。ただし，両企業は市場を折半するものとします。

4. 2つの企業A, Bがクールノー競争を行っています。市場需要関数は$p(x_A, x_B) = 10-(x_A+x_B)$，企業$i$ ($i =$ A, B) の費用関数は$C^i(x_i) = 4x_i$で表されるとします。

(1) クールノー均衡を求めなさい。

(2) いま，企業Aが費用削減に成功し，限界費用が1に低下しました。企業Bの費用関数は変わらないものとして，クールノー均衡を求めなさい。

(3) (1)および(2)における両企業の反応曲線とクールノー均衡を同じ図に示しなさい。

5. 確認問題4と同じ状況を想定します。ただし，ここでは一方の企業が先に強気か弱気かを選択し，他方の企業はその決定を観察してから行動するものとします。ゲームツリーを図示し，部分ゲーム完全均衡を求めなさい。

第8章

市場の失敗

　厚生経済学の第1基本定理では，市場が競争的であり，かつあらゆる財・サービスに市場が存在することを想定しています。本章で説明するように，市場の普遍性が満たされなければ完全競争市場の効率性は成立しません。市場メカニズムが効率的な資源配分を実現できないケースのことを，市場の失敗といいます。本章では，代表的な市場の失敗である外部性と公共財について説明します。

8.1 外部性

▶ 外部経済と外部不経済

ある経済主体の消費・生産活動が市場を通さずに他の経済主体の効用や利潤に影響するとき，**外部性**（externality）が存在するといいます。プラスの影響を与える場合を**外部経済**（positive externality），マイナスの影響を与える場合を**外部不経済**（negative externality）と呼びます。

外部経済の例としては予防接種，教育，発明，外部不経済の例としては排気ガスや騒音，たばこの煙などが挙げられます。

私的限界費用と社会的限界費用　工場の排煙により外部不経済が発生し，近隣の住民に健康被害がもたらされているとしましょう。

外部性が存在しなければ，工場の生産によって生じる社会的な費用は，工場が負担する私的費用と一致します。それに対して外部不経済が存在する場合，生産コストに加えて住民の被害が発生しているため，工場の私的費用よりも住民の被害額を考慮した社会的費用の方が大きくなります。しかし，住民の被害は市場を介さずに生じるため価格に反映されず，工場は私的費用のみにもとづいて生産量を決定します。結果として，社会的に最適な水準 y^* よりも過大な生産量 y' が選択されることになります（図 8-1）。

また，企業の研究開発の成果は技術を開発した企業だけでなく，技術の波及効果によって他の企業にも恩恵をもたらします。こうした外部経済が存在するケースでは，企業の私的費用は社会的費用を上回り，研究開発の水準は過小となります。

余剰分析　工場の排煙による外部不経済のもとでの総余剰は，消費者余剰と生産者余剰の合計から，住民の健康被害額を引いたものです。

生産量がパレート最適な水準である場合と比較すると，外部不経済によって総余剰が EFG だけ減少することが確認できます（図 8-2）。

■ 図 8-1 外部不経済

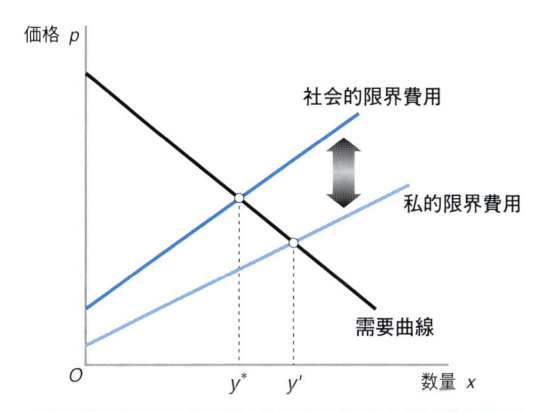

外部不経済 ⇒ 社会的費用＞私的費用 ⇒ 過大生産
外部経済 ⇒ 社会的費用＜私的費用 ⇒ 過小生産

■ 図 8-2 余剰分析

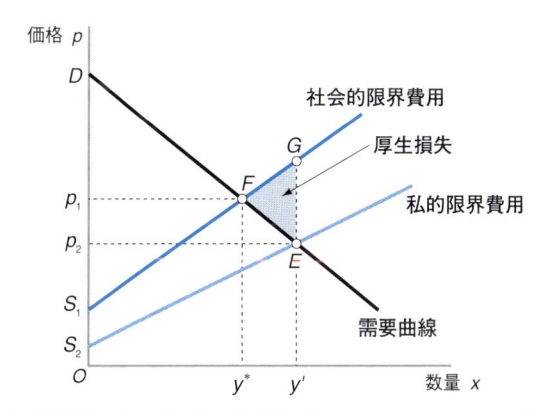

社会的に最適な生産量 y^*
⇒ 総余剰＝消費者余剰 DFp_1＋生産者余剰 p_1FS_1＝DFS_1
企業は私的費用にもとづいて y' を生産
⇒ 総余剰＝消費者余剰 DEp_2＋生産者余剰 p_2ES_2－住民の被害額 EGS_1S_2
　　　＝DFS_1－EFG
⇒ EFG の厚生損失

8.1 外部性

8.2 外部性への対策

▶ 課税と補助金

工場の排煙による環境汚染への対策として，工場の生産量1単位あたり t 円が課税されたとすると，工場の私的限界費用は t 円だけ増加します。図 8-3 のように，y^* の水準で社会的限界費用と私的限界費用が一致するように税額を決めれば，企業の利潤を最大にする生産量は y^* となるので，課税によって最適な生産量を実現することができるのです。

工場が現行の生産量から1単位生産量を減らすことに対して t 円の補助金を与えても，課税と同じ効果が得られます。企業にとっては，1単位生産を行うことで t 円を放棄することになるため，工場の私的限界費用は補助金の分増加し，課税の場合と同様にして最適な生産が行われます。

課税や補助金によって工場の私的費用を増加させることにより，工場は結果的に社会的費用にもとづいて生産を行うようになるのです。

▶ 工場と住民の交渉

工場と住民がまったく費用をかけずに交渉できるのであれば，自由な交渉を通じて効率的な資源配分が実現されます。

図 8-4 は，工場の生産量と工場の限界利潤，住民の限界的な被害額との関係を表しています。限界利潤が0に等しくなる水準で工場の利潤が最大になるので，工場にとっての最適な生産量は y' です。一方，住民にとっては限界被害が0である O が最適な生産量です。社会的に最適な生産量は限界利潤と限界被害額が一致する y^* であり，そのときの社会的余剰は OEB となります。

交渉の出発点は，どちらに法的な権利があるかによって変わります。工場側に生産を行う権利がある場合，交渉の出発点は y' です。しかし，住民はある程度の支払いを工場に行っても生産量を減らしたいと考えており，工場側としても住民の支払額によっては減産した方が利益となります。

■図 8-3　工場の生産への課税

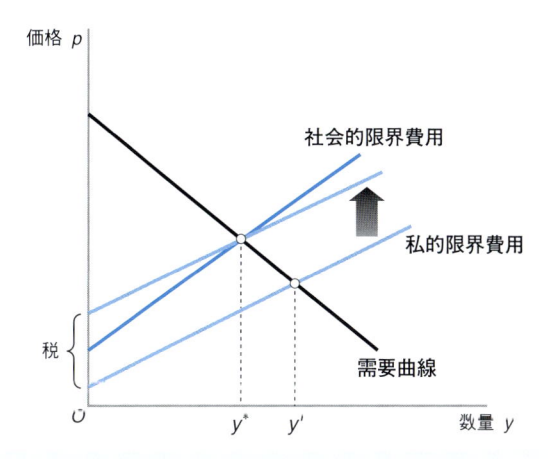

価格 p／社会的限界費用／私的限界費用／税／需要曲線／y^*／y'／数量 y

y^*において社会的限界費用＝私的限界費用となるように課税　⇒　y^*が実現

■図 8-4　工場と住民の交渉

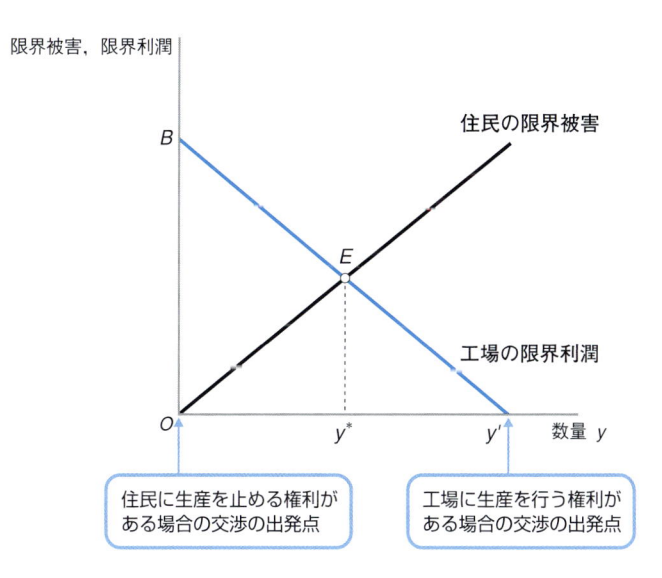

限界被害，限界利潤／B／住民の限界被害／E／工場の限界利潤／O／y^*／y'／数量 y

住民に生産を止める権利がある場合の交渉の出発点

工場に生産を行う権利がある場合の交渉の出発点

交渉の結果，生産量は y^* に一致します。なぜなら，これより大きい生産量では，生産量1単位を減らすことに対し，住民が工場に支払ってもよいと考える最大額（限界被害額）が，工場が住民から受け取りたいと考える最低額（限界利潤）を上回るため，さらに生産量を減らす余地があるからです。

生産量が y^* より小さくなると，工場が受け取りたい最低額は住民が工場に支払える最大額を超えてしまいます。

住民の環境権が認められている場合の交渉の出発点は O となります。この場合も，自由な交渉によって，最適な生産量 y^* が実現します。工場は住民に補償金を支払うことによって生産量を増やしたいと考えます。

1単位の生産を増やすことに対して住民が受け取りたい最低額（限界被害額）が，工場が支払う用意のある最大額（限界利潤）を超えない最大の生産量は y^* です。工場に生産権がある場合には住民側が工場に補償金を支払い，住民側に環境権がある場合には工場が住民に補償金を支払うことになるので，どちらが法的な権利を有するかは所得分配の結果に影響します。しかし，いずれにしろ総余剰が最大になるように交渉が行われますから，工場の生産量は影響を受けません。

このように，交渉にまったく費用がかからないなら，当事者どうしが自由な交渉を行うことによって，法的な制度とは無関係に効率的な資源配分が実現されることを示したのが，コースの定理（Coase's theorem）です。

▶ 市 場 の 創 設

そもそも，外部不経済が存在する状況で市場メカニズムが非効率的となるのは，工場の生産活動が市場を通さずに住民に被害をもたらすことに起因しています。そこで，存在しなかった市場を創設し，工場が排煙を排出する権利を売買することによって，効率的な生産量を実現するという方法もあります（排出量取引；BOX 参照）。あらかじめ割り当てられた枠を超えて排出するには，市場で排出権を購入する必要があり，逆に削減に成功して排出権が余れば，売却して利益を得ることができます。

これは，排煙を出すことに費用が伴う，排煙に価格がつくという意味で，

❖BOX　外部不経済への対策の比較

　汚染を減らすための技術には，企業によって違いがあります。政府が排出削減のために環境基準を設置したとすると，どの企業も一律に排出量を削減することが要求されます。別の方法として，政府は排出量に応じて課税したり，排出権を割り当てて市場で取引させることもできます。この場合，比較的小さい費用で汚染を減らすことができる企業は多くの削減を行い，そうでない企業は，削減よりも税の支払いや排出権の購入によって対応するでしょう。結果として，社会全体ではより小さい費用で削減目標を達成することが可能となるのです。

　また，前者の直接規制の場合，いったん環境基準を満たした企業には，それ以上排出量を削減しようという意欲は生まれません。一方，課税や排出権取引の場合は，排出量を減らすほど企業にとって利益となるため，さらなる排出削減の努力を促すことができます。

　ただし，適切な税率や補助金額を決めるためには，政府が企業の技術について正確に知る必要があります。排出権取引市場を創設・運営するためにはそれなりの費用がかかりますし，国や企業に排出権をいくら割り当てるべきかということも，難しい問題です。

❖BOX　排出量取引市場

　排出量（排出権）取引市場とは，温室効果ガスなどの排出量があらかじめ設定した排出枠を下回った国や企業と，排出枠を超えた国や企業とが過不足分を取引するための制度です。

　各国の温室効果ガスの削減目標を定めた京都議定書において，排出量取引がいわゆる京都メカニズム（目標達成を補完するための措置）の一つとして導入されたのをきっかけに，市場の整備が各国で進められています。とくに，2005年から域内で運営を開始したEUでは市場規模が拡大しています。

　日本においては，2009年時点で自主参加型の制度が試験的に実施されている段階であり，本格運用はこれからといったところでしょう。

課税や補助金による対処法と共通しています。

8.3 公共財

▶ 公共財の性質

私的財（private goods）と呼ばれる通常の財では，誰かが消費すれば，その分は他の人が消費できないという競合性（rivalness）が成り立ちます。また，対価を支払わない者の消費を排除することが可能であり，このような性質を排除性（excludability）と呼びます。

これに対して，国防・司法サービスや灯台，公園，公共電波などの財では同時に大勢が同じだけ利用可能なため消費は競合せず，対価を払わないからといって利用を禁じることも困難です。このような非競合性と排除不可能性を満たす財のことを公共財（public goods）といいます（図 8-5）。

▶ 最適な公共財の供給

公共財の効率的な供給量はどのように決まるのでしょうか。2 人の消費者 A，B が存在する経済で，私的財の初期賦存量（利用可能な私的財の総量）が X であるとします。消費者 A，B の私的財消費量をそれぞれ x_A，x_B，公共財消費量をそれぞれ G_A，G_B とおきます。経済全体の公共財の量を G とすると，公共財の非競合性から，$G_A = G_B = G$ が成立します。一方，私的財については $x_A + x_B = X$ が成立します。

私的財は各消費者が直接消費することもできますが，公共財を生産するのにも用いられます。公共財の限界費用を $MC(G)$，消費者 i（$i = A, B$）の私的財と公共財との限界代替率を MRS^i とおきます。

図 8-6 の上図の生産可能性曲線は，社会全体で実現可能な私的財と公共財の組合せを表しています。パレート最適な資源配分を求めるために，消費者 A の効用水準を一定として，消費者 B の効用を最大にするような公共財の生産量を考えましょう。公共財の生産量が与えられたとき，上図の

■図 8-5　財 の 分 類

	排除可能性	排除不可能性
競合性	〈私的財〉 洋服，食品	〈共有資源〉 海洋資源，森林
非競合性	〈クラブ財〉 映画，パソコンソフト	〈公共財〉 国防，警察，公衆衛生

■図 8-6　公共財の最適供給量

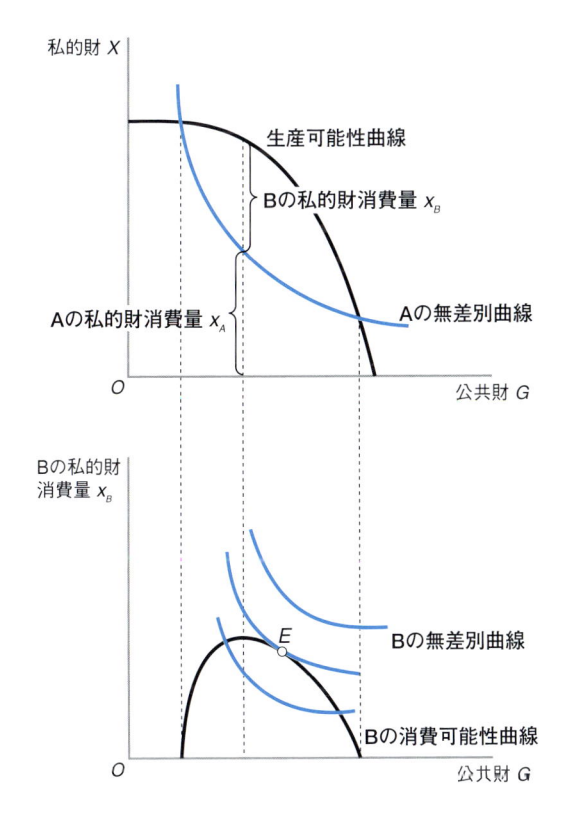

（上図）私的財 X、生産可能性曲線、Bの私的財消費量 x_B、Aの私的財消費量 x_A、Aの無差別曲線、公共財 G

（下図）Bの私的財消費量 x_B、点 E、Bの無差別曲線、Bの消費可能性曲線、公共財 G

Aの無差別曲線の高さはAの私的財消費量を示しているので，Aの無差別曲線と生産可能性曲線との差は，Bの私的財消費量に一致します。

これより，Aの効用水準を変えずに実現できるBの私的財消費量と公共財生産量の組合せが図 8-6 の下図のように得られます。この曲線の傾きは，生産可能性曲線の傾き $MC(G)$ からAの無差別曲線の傾き MRS^A を引いた値に一致することに注意しましょう。

この上でBの効用を最大にするような組合せはBの無差別曲線との接点 E で決まります。点 E においては，$MRS^B = MC(G) - MRS^A$ が成り立っているので，これより公共財供給に関するパレート効率性の条件

$$MRS^A + MRS^B = MC(G)$$

が導かれます。

サミュエルソン条件　一般的に，公共財のパレート効率的な供給量が満たすべき条件は，すべての消費者の私的財と公共財の限界代替率の合計が公共財の限界費用に一致するというものであり，これを**サミュエルソン条件**といいます（BOX 参照）。

$$MRS_{GP}^1 + MRS_{GP}^2 + \cdots + MRS_{GP}^n = MC(G)$$

私的財と公共財との限界代替率は，公共財が 1 単位減少したときに私的財が何単位増加すれば消費者の効用が変わらないかを示しています。

たとえば，限界代替率の合計が公共財の限界費用より小さいとしましょう。公共財の供給量が 1 単位減ったとすると，消費者 A，B の効用水準を維持するためには，私的財の消費量が少なくとも $MRS^A + MRS^B$ 増える必要があります。しかし，公共財を 1 単位減少させることによる私的財の増加分 $MC(G)$ がこれを上回っているわけですから，余った私的財を 2 人が消費すれば効用水準を高めることができます。したがって，当初の状態はパレート最適ではありません。逆に，限界代替率の合計が公共財の限界費用より大きい場合には，公共財の供給量は過小となります。

公共財は皆で利用できるものなので，公共財が供給されることによって生まれる社会全体の限界便益は，全員の限界便益の合計であり，これが限

❖BOX　サミュエルソン条件の数値例

1週間に何回ごみの収集を行うべきかという問題を考えましょう。ごみの収集サービスは公共財とみなすことができます。あるマンションには10世帯が住んでおり，どの世帯もごみの収集サービスに対する選好は同じであるものとします。下の表は，各世帯がごみの収集サービスを受けることから得られる限界便益を示しています。

回　数	1世帯あたりの限界便益（円）
1	2000
2	1500
3	1000
4	500
5	300

全世帯の限界便益の合計が限界費用を下回らない限り，収集回数を増やすことが社会的に最適となります。したがって，ごみの収集に要する限界費用が回数にかかわらず一定で1万円であるとすると，最適な収集回数は週に3回となります。

❖BOX　共有地の悲劇

公共財と同様に非排除性を満たしながら，かつ消費が競合するような財を共有地（共有資源；common resources）といいます。

A国とB国が，マグロの漁獲高を制限するかしないかを選択する状況を戦略形ゲームで分析しましょう。双方が制限すれば利得はともに5，双方が乱獲すれば利得はともに2となります。一方の国だけが制限した場合には，制限した国の利得は0，乱獲した国の利得は7です。このゲームのナッシュ均衡は（乱獲, 乱獲）となることを確認して下さい。

共有地には所有権がないので皆が利用できますが，誰かの消費量が増えればその分他の者が消費できる量は減ってしまいます。このため，過剰な利用により資源が枯渇してしまうのが，共有地の悲劇（tragedy of the commons）といわれる現象です。

		B国	B国
		乱獲	制限
A国	乱獲	2, 2	7, 0
A国	制限	0, 7	5, 5

界費用と一致するまで供給を行うことが望ましいのです。

フリーライダー問題　一方，私的財の効率性の条件は，すべての個人の限界代替率が限界費用に一致するというものでしたから，市場を通じた公共財の効率的な供給は不可能であることがわかります。

私的財の場合，消費者は価格と各自の財に対する評価額とを比較して消費量を決定します。私的財の消費量は個人によって異なりますが，限界的な評価額は価格を通じて一致します。

公共財の場合には，全員が同じ量を消費しますが，公共財に対する限界的な評価は個人ごとに違う大きさになります。公共財では私的財のような価格メカニズムを用いることができません。すべての個人の限界代替率が正確にわからなければ，公共財の最適な供給量や各人の費用の負担割合を決定することができないのです。

最大の問題は，公共財への選好を正直に表明させるのが難しいということです。それぞれの評価額に応じて費用を分担させようとすると，公共財に対する評価を過小に申告するインセンティブが生まれます。いったん公共財が供給されれば，対価を払わなくても利用することができるため，他の人の費用負担にただ乗りしようとするのです。このような現象を**フリーライダー**（free rider）問題と呼びます。

フリーライダーが存在すると，十分な費用を賄うことができず，公共財の供給量は過小となってしまいます。結果として，一般に公共財は政府や自治体によって供給されるようになります。

しかし，公共財の費用負担が自分の評価額と無関係に決まるのであれば，各人は公共財への評価を過大に申告するインセンティブをもつようになります。よって，税などを通じて強制的に公共財の費用を徴収する場合には，その公共財がもたらす便益が費用を上回るのかどうか，十分検討する必要があるといえるでしょう。

ゼミナール

▶ 外部不経済と課税

企業 A の生産により排出される汚水が，企業 B の生産に損害を与えています。企業 i $(i=A, B)$ の生産量を y_i，財の価格を p_i，費用関数を C^i とおくと，各企業の利潤は

$$\pi_A = p_A y_A - C^A(y_A)$$
$$\pi_B = p_B y_B - C^B(y_A, y_B)$$

と表現されます。企業 B の費用関数は，企業 B の費用が汚水の量を通じて企業 A の生産量にも依存することを示しています。費用が生産量の増加関数であることから，$\dfrac{dC^A}{dy_A}$, $\dfrac{\partial C^B}{\partial y_A}$, $\dfrac{\partial C^B}{\partial y_B}$ の符号はすべてプラスとなります。

各企業の利潤最大化の条件は価格と（私的）限界費用が一致することですから，競争均衡においては

$$p_A = \frac{dC^A(y_A)}{dy_A}$$
$$p_B = \frac{\partial C^B(y_A, y_B)}{\partial y_B}$$

を満たすように，生産量 y_A^0, y_B^0 が決定されます。しかし，2 つの企業の利潤の合計を最大にするような生産量 y_A^*, y_B^* については

$$p_A = \frac{dC^A(y_A)}{dy_A} + \frac{dC^B(y_A, y_B)}{dy_A}$$
$$p_B = \frac{\partial C^B(y_A, y_B)}{\partial y_B}$$

が成立しなくてはなりません。ここで，$\dfrac{dC^A}{dy_A} + \dfrac{\partial C^B}{\partial y_A}$ は企業 A の生産により企業 B が受ける損害を反映した社会的限界費用を表します。

政府が企業 A に対し生産量 1 単位あたり t の課税を行ったとしましょ

う。この場合の各企業の利潤は次のように表されます。

$$\pi_A = (p_A - t)y_A - C^A(y_A)$$
$$\pi_B = p_B y_B - C^B(y_A, y_B)$$

企業 A の利潤最大化条件は

$$p_A = \frac{dC^A(y_A)}{dy_A} + t$$

ですから，$t = \frac{\partial C^B(y_A^*, y_B^*)}{\partial y_A}$ とおくことによって，社会的に最適な生産量を競争均衡として実現することができます。また，2つの企業が合併した場合にも，利潤最大化によって最適な生産量が達成されることがわかります。

▶ リンダール均衡

　私的財の場合には，各消費者が同じ価格のもとで異なる量を消費することが効率的となります。これに対して，公共財が効率的に供給されるためには，各消費者が異なる価格に直面し，同じ量の消費が行われることが必要です。

　そこで，政府が消費者ごとに異なる価格（負担割合）を設定することによって公共財の供給費用を賄うような方法を考えてみましょう。このようなしくみを**リンダール・メカニズム**（Lindahl mechanism）と呼び，個別の価格のもとでの各消費者の公共財の需要量がそれぞれ供給量に一致するような状態を**リンダール均衡**といいます。

　サミュエルソン条件より，公共財を効率的に供給するためには，各消費者の私的財と公共財との限界代替率の合計が公共財の限界費用に一致する必要があります。政府が消費者の選好を把握できるのなら，各消費者に限界代替率に等しい割合で費用を負担させることにより，リンダール均衡において最適な公共財の供給を実現することが可能となります。

　しかし，実際には政府は消費者の選好に関する正確な情報を知りません。消費者が表明した選好によって公共財の価格が決まるとすると，消費者は選好を偽って自分の負担を軽減し，他の人の負担にただ乗りしようとしま

す。これを防ぐには，消費者に選好を正直に表明させるインセンティブを与えるようなメカニズムを設計しなくてはなりません。

練習問題

確認問題

1. (1) 外部性とは何かを説明しなさい。
   (2) 外部性のもとでは，効率的な消費や生産が実現されないのはなぜですか。
2. (1) 外部経済，外部不経済の具体例をそれぞれ挙げなさい。
   (2) 直接規制以外の外部性への対策としては，どのようなものがありますか。(1)で挙げた具体例に即して述べなさい。
3. (1) 公共財の性質を述べなさい。
   (2) 公共財の供給が効率的に行われるための条件を述べなさい。
   (3) フリーライダー問題について説明しなさい。

発展問題

1. 工場が生産する製品の需要関数が $X=120-p$，限界費用が X であるとします。この製品の生産により大気が汚染され住民に健康被害が発生しており，その被害額は X と表されるとします。
   (1) 市場均衡における生産量と，社会的に最適な生産量をそれぞれ求めなさい。
   (2) 外部不経済によって発生する厚生損失はいくらになりますか。
   (3) 政府が生産に対して課税することによって最適な生産量を実現するためには，生産量1単位あたりの課税額をいくらにすればよいでしょうか。
2. 2人の消費者が存在する経済を考え，消費者 i ($i=A, B$) の私的財消費量を x^i，公共財の数量を G とおきます。消費者 i の効用関数は $u^i(x^i, G) = x^i G$ と表されます。公共財の費用関数は $c(G)=G$ であり，この経済の私的財の総量は12です。最適な公共財の供給量を求めなさい。

第 9 章

不確実性と情報

　本章では，将来に関するさまざまな不確実性のもとで，どのような意思決定が行われるのかを説明します。また，完全競争市場ではすべての主体が財の価格や品質について完全な情報をもっていると想定していますが，現実には情報の偏在によってさまざまな弊害が生じています。こうした情報の非対称性によってもたらされる非効率性についても分析します。

9.1 不確実性下の意思決定

将来の天候や株価を正確に予想することは誰にもできませんし，病気や事故にいつ遭遇するかもわかりません。本章では，こうした不確実性のもとでどのような意思決定が行われるのかについて考えます。

なお，ここでは将来どのような事象が実現するかは不確実だが，どの事象がいくらの確率で生じるかはあらかじめわかっているような状況を想定し，そのような状況を**危険（リスク）**と呼びます。

▶ 期待効用仮説

$\frac{1}{2}$ の確率で 100 万円が当たるようなクジがあったとしましょう。皆さんはこのクジに参加するのと，確実に 50 万円もらえるのとでは，どちらを選ぶでしょうか。クジの賞金の期待値は

$$\frac{1}{2} \times 100 \text{万円} + \frac{1}{2} \times 0 = 50 \text{万円}$$

ですから，クジに参加しても 50 万円受け取っても，金額の期待値に変わりはありません。しかし，クジに参加するかどうかの判断は人によって分かれます。個人の選好に関して一定の合理性を仮定すると，不確実性が存在する状況では，金額の期待値ではなく**効用の期待値（期待効用**；expected utility）にもとづいて意思決定が行われることになります。このような考え方を**期待効用仮説**といいます。

危険に対する態度 個人が x 円の所得から得られる効用を $u(x)$ と表しましょう。クジに参加しない人は，クジからの期待効用が確実に 50 万円受け取ることの効用よりも小さいため，

$$\frac{1}{2} \times u(100 \text{万円}) + \frac{1}{2} \times u(0) < u(50 \text{万円})$$

が成り立ちます。このような人を**危険回避的**（risk averse）であるといいます（図 9-1）。

危険に対する態度の違いは，効用曲線の形状の違いに反映されます。

❖BOX　サンクトペテルブルクの逆説

　次のようなゲームを想像してみてください。コインを投げて，裏が出た場合はコイン投げを繰り返し，表が出た時点でゲームは終わります。裏が出た回数を N とすると，参加者は 2^N 円の賞金を受け取ります。1万円払えばこのゲームに参加できるとしたら，この参加料は割に合うといえるでしょうか。

　ゲームの賞金額の期待値を計算すると，$\frac{1}{2}\times 0+\frac{1}{4}\times 2+\frac{1}{8}\times 4+\cdots\cdots$ となり，これは無限大になります。獲得金額の期待値を最大化するのであれば，1万円以上払ってでもこのゲームに参加しようとするはずですが，実際にはそのような人は皆無でしょう。

　これはサンクトペテルブルクの逆説として知られているもので，不確実性のもとでは，人々は獲得金額ではなく効用の期待値を最大化するように行動すると考える方が適切であることを示唆しています。

■図 9-1　危険回避的な個人の効用

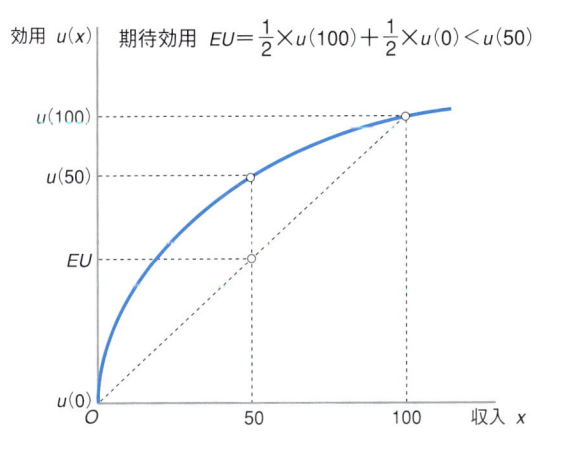

効用 $u(x)$　　期待効用 $EU=\frac{1}{2}\times u(100)+\frac{1}{2}\times u(0)<u(50)$

危険回避的な個人は，金額の期待値が同じであればリスクのない方を好むため，効用曲線は上に凸な形をしており，限界効用は逓減します。

他方，クジに参加する方を好む人については

$$\frac{1}{2} \times u\,(100\,\text{万円}) + \frac{1}{2} \times u\,(0) > u\,(50\,\text{万円})$$

が成り立っており，このような人を**危険愛好的**（risk loving）であるといいます（図 9-2）。危険愛好的な個人の選好は下に凸な効用曲線によって表現され，限界効用は逓増します。

金額の期待値が同じならクジに参加するかしないかが無差別である人の場合は，

$$\frac{1}{2} \times u\,(100\,\text{万円}) + \frac{1}{2} \times u\,(0) = u\,(50\,\text{万円})$$

が成立します。このように，リスクの有無とは無関係に金額の期待値のみが判断基準となるような人を**危険中立的**（risk neutral）といいます（図 9-3）。危険中立的な個人の限界効用は一定で効用曲線は直線となります。

▶ 保険への加入

リスクを避けるための代表的な手段として，**保険**（insurance）があります。年収が W であるような危険回避的な個人が，p の確率で自動車事故にあい，L の損失を被るとします。事故のリスクにさらされているときの期待効用は

$$EU = pu\,(W-L) + (1-p)u\,(W)$$

であり，年収の期待値は

$$EW = p\,(W-L) + (1-p)W$$

です。この個人は危険回避的なため，事故のリスクがあるときの期待効用 EU は収入が確実に EW であるときの効用 $u\,(EW)$ よりも低くなります。

ここで，事故の損失を完全に補償するような自動車保険があったとすると，この人は保険料がいくらまでなら保険に加入するでしょうか。

■ 図 9-2 危険愛好的な個人の効用

効用 $u(x)$　期待効用 $EU=\frac{1}{2}\times u(100)+\frac{1}{2}\times u(0) > u(50)$

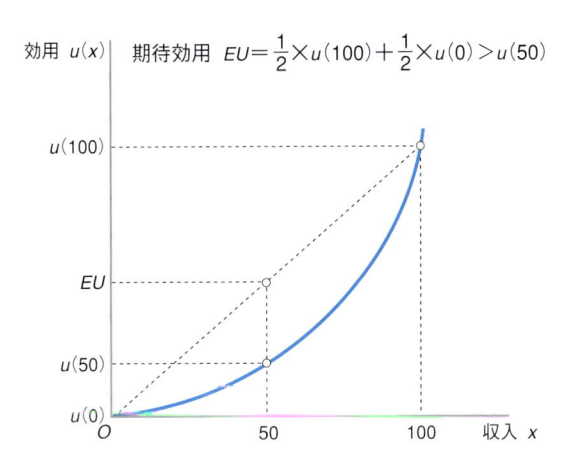

■ 図 9-3 危険中立的な個人の効用

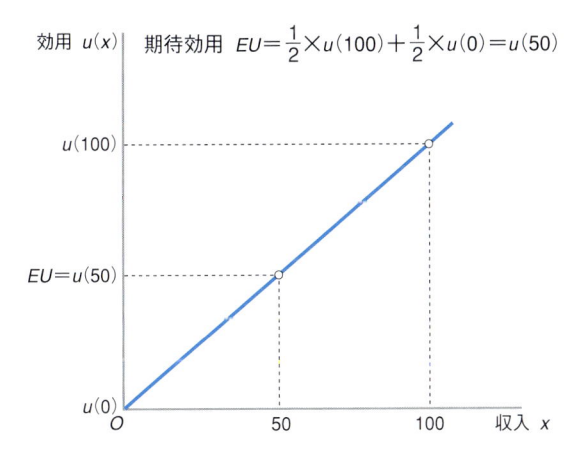

効用 $u(x)$　期待効用 $EU=\frac{1}{2}\times u(100)+\frac{1}{2}\times u(0)=u(50)$

保険に加入すると，事故の有無に関係なく保険料を収める代わりに，事故が起きると保険金が支払われるため，年収の変動が抑えられます。保険料を q とおくと，保険に加入するための条件は以下のように表されます。

$$u(W-q) \geq pu(W-L) + (1-p)u(W)$$

図 9-4 から，年収が確実に Y である場合と保険に加入しない場合とが無差別となるので，この個人が保険に加入するような保険料の最高額は $W-Y$ であり，保険料がそれ以下であれば，加入によって効用を高められることが確認できます。また，事故にあうリスクのもとでの期待効用が，年収が確実に Y であるときの効用に等しいということは，この個人は事故のリスクを避けられるのであれば，$EW-Y$ の年収を犠牲にしてもよいということを示しています。

$EW-Y$ は**リスクプレミアム**（risk premium）と呼ばれるもので，リスクに直面することによる損失を貨幣で表したものです。危険回避の度合いが強いほど，リスクプレミアムは大きくなります。

9.2 情報の非対称性

完全競争市場では，すべての主体が同じ情報をもっていると想定しています。しかし，多くの経済活動においては，ある人は知っている情報を他の人は知りません。このような**非対称情報**（asymmetric information）が存在すると，効率的な取引が阻害される可能性があります。

▶ モラルハザード

株主が経営者に会社の経営を任せる，患者が歯医者に歯を治療してもらうなど，仕事を自分でせずに他の人に依頼するのは，珍しいことではありません。このような取引において，仕事を依頼する側を**依頼人**（**プリンシパル**；principal），依頼される側を**代理人**（**エージェント**；agent）と呼びます（図 9-5）。

■図 9-4 保険への加入

効用 $u(x)$　期待効用 $EU = pu(W-L) + (1-p)u(W)$
年収の期待値 $EW = p(W-L) + (1-p)W$

縦軸上から: $u(W)$, $u(EW)$, $EU = u(Y)$, $u(W-L)$
横軸: O, $W-L$, Y, EW, W, 年収 x

リスクプレミアム

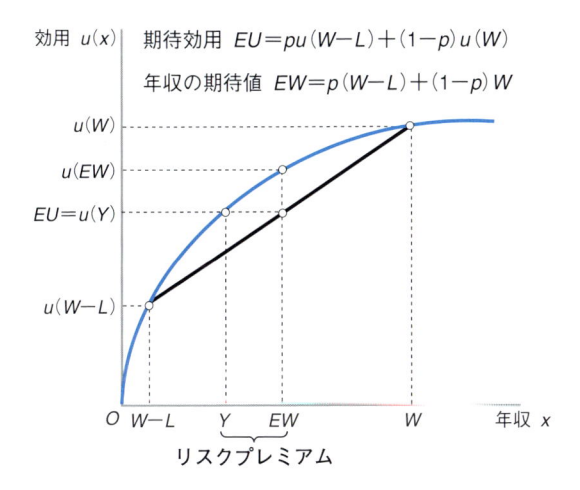

9.2 情報の非対称性

■図 9-5 依頼人・代理人関係の例

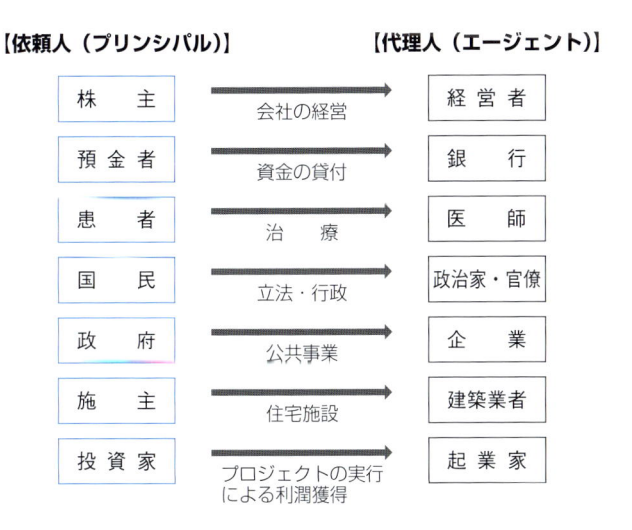

【依頼人（プリンシパル）】		【代理人（エージェント）】
株　　主	→ 会社の経営	経 営 者
預 金 者	→ 資金の貸付	銀　　行
患　　者	→ 治　療	医　師
国　　民	→ 立法・行政	政治家・官僚
政　　府	→ 公共事業	企　　業
施　　主	→ 住宅施設	建築業者
投 資 家	→ プロジェクトの実行による利潤獲得	起 業 家

一般に依頼人と代理人の利害は完全に一致することはありませんから，代理人は依頼人の意向に反する行動をとる恐れがあります。それでも依頼人が代理人の行動を逐一監視できるのであれば，両者の利害対立は容易に解決することができるでしょう。

しかし，通常依頼人は代理人の行動を知ることが難しいため，依頼人の利益を損なうような行動が選ばれることとなります。このような現象を**モラルハザード**（moral hazard）といいます。

▶ 雇用関係

企業と労働者の例を考えましょう。企業は労働者に努力をさせたいのですが，労働者にとって努力することは負担となります。企業が労働者の努力を観察できるのなら，努力水準によって賃金を変えることにより，労働者に努力する意欲（インセンティブ）を与えることができます。

しかし，労働者の努力は企業には観察不可能なので，努力水準に直接依存して賃金を支払うことはできません。このため，どうすれば労働者に努力を行わせることができるかが企業にとって重要な問題となります。

広く用いられている方法として，業績に依存した報酬による動機づけが挙げられます。労働者の努力水準は，その業績にある程度反映されると考えられます。企業が労働者の業績を観察可能であれば，業績に依存した賃金契約を結ぶことによって，労働者の努力水準を間接的にコントロールすることができるようになります（図9-6）。

このような業績に依存して支払われる報酬の例としては，歩合給やストックオプション（一定期間中に一定の価格で所属する会社の株を購入することができる権利で，株価が上がれば利益が得られる）などがあります。

固定賃金と出来高賃金　労働者が努力するインセンティブは，賃金が業績に依存する程度によって変わります。

労働者の業績が良くても悪くても常に一定の賃金が支払われるのであれば，労働者はあまり努力を行おうとはしないでしょう。これに対して，出来高賃金制のもとでは業績が良いほど高い賃金を受け取ることができるため，労働者のインセンティブは強まります。

■図 9-6　企業と労働者

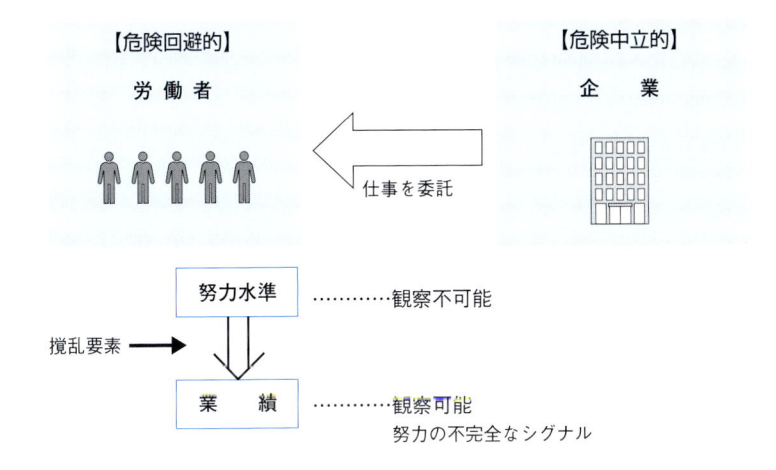

【危険回避的】
労　働　者

【危険中立的】
企　業

仕事を委託

撹乱要素 → 努力水準 ………… 観察不可能

業　績 ………… 観察可能
努力の不完全なシグナル

❖BOX　最適な契約形態

　代理人に努力するインセンティブを与えるためには，依頼人が代理人から固定額を受け取った上で，歩合を 100% に設定することが最適となります。つまり，仕事がもたらす利益に対する権利を事実上代理人に売却し，自分の行動の責任をすべて負わせることによって，代理人の利害を依頼人のそれに完全に一致させることができるのです。

　たとえば，フランチャイズ契約を結んだ店が本社に定額の料金を払うケースはこれにあたります。しかし，リスク分担という観点からは，依頼人が代理人に固定額を支払うことによってすべてのリスクを負担することが最適となります。この場合，本社から店に固定額が支払われます。

　2 つのケースの中間的な契約形態としては，店の利益の一定割合を本社に支払う方式がとられることになります。リスクの効果とインセンティブの効果のどちらが強いかにより，望ましい歩合の水準は変わります。

しかし，業績の良し悪しは努力水準だけではなく，労働者にはコントロールできない需要の変動や競争の激しさなどの不確定要素にも左右されるので，業績は努力水準を測る尺度としては，不完全なものでしかありません。このため，賃金が業績に強く依存するほど，労働者が負担しなければならないリスクが増すことになります。

リスクとインセンティブのトレードオフ　一般に，企業のような大きな組織はリスク分散が可能なので危険中立的であるのに対し，労働者のような個人は危険回避的であると考えられます。したがって，情報の非対称性がなければ，企業がリスクをすべて負担する固定給が望ましいのです。

しかし，労働者にインセンティブを与えるためには，賃金を業績に連動させる必要があります。つまり労働者のリスクを軽減しようとすると労働意欲が弱まり，労働意欲を高めようとすると労働者の負担するリスクが大きくなるという**トレードオフ**（二律背反；trade-off）の関係が生じます。企業にとって最適な賃金契約は，リスクとインセンティブとのバランスによって決まります（図9-7）。

出来高賃金を採用し，危険回避的な労働者にリスクを負担させるためには，支払う賃金の期待値を高くしなければならず，これは企業が労働者の努力を観察できないことから発生するコストを意味しています。

企業においては，出来高賃金の他にも長期雇用や昇進，権限の委譲など，労働者にインセンティブを与えるさまざまな工夫が行われています。企業に限らず，いかにして適切なインセンティブを引き出すかという問題は，望ましい制度の構築を目指す上できわめて重要なポイントです。

▶ 逆淘汰

完全競争市場が想定するように，あらゆる財・サービスに市場が存在するのであれば，品質が違う財は別々の市場において異なる価格で取引されます。しかし多くの場合，財やサービスの品質についての情報は一部の主体にしか知られていません。このような状況では，異なる品質の財が同じ市場で売買されることとなるため，高品質の財も低品質の財も一律の価格で取引されます。その結果，低品質の財に高品質の財が駆逐されてしまう

■図 9-7　リスクとインセンティブのトレードオフ

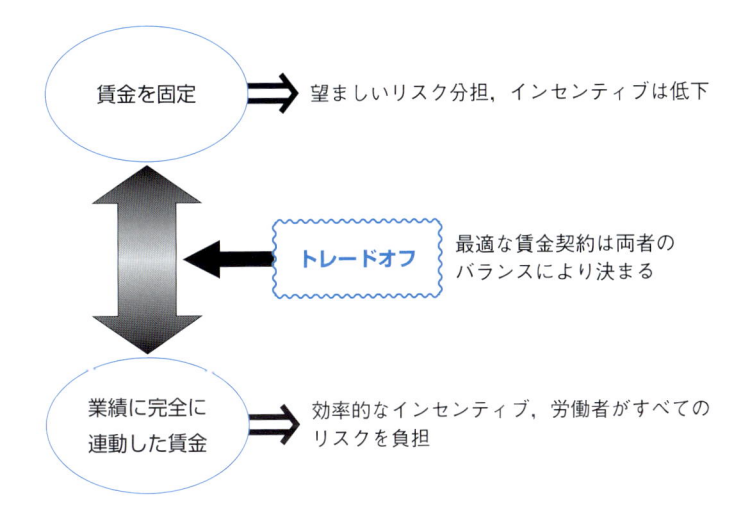

賃金を固定 ⇒ 望ましいリスク分担，インセンティブは低下

↕ トレードオフ ← 最適な賃金契約は両者の
バランスにより決まる

業績に完全に連動した賃金 ⇒ 効率的なインセンティブ，労働者がすべてのリスクを負担

❖BOX　財・サービスの品質に関する情報が非対称となる例

- **労働者の能力**……労働者は知っているが企業にはわからない。
- **医者の技術**……医者は知っているが患者は知らない。
- **プロジェクトの収益性**……起業家は知っているが投資家は知らない。
- **料理の味**……店は知っているが客には食べるまでわからない。
- **中古品の品質**……売り手は知っているが買い手は知らない。
- **運転手の技術・性格**……本人は知っているが保険会社にはわからない。

のが，**逆淘汰**あるいは**逆選択**（adverse selection）といわれる現象です。

レモンの市場　たとえば中古車市場に，品質の良い中古車（ピーチ）と品質の悪い中古車（レモン）があるとしましょう。

買い手も売り手も同じように中古車の品質を区別できるのであれば，品質が異なる財は別々の市場で取引されるので，ピーチは高い価格，レモンは低価格で売買されるはずです。しかし通常，売り手は中古車の品質を知っているのに対して，買い手にはどの中古車がレモンなのか，区別がつきません。この場合は，異なる品質の中古車が同じ市場で売買されますから，ピーチもレモンも同一の価格で取引されることになります。

いま，ピーチとレモンが半分ずつ存在するとしましょう。買い手はピーチを120万円，レモンを40万円で評価しており，売り手はピーチを100万円，レモンを30万円で評価しています（表9-1）。

買い手はピーチとレモンの割合は知っていますが，両者の区別はつかないとすると，買い手は中古車を期待値で評価するため，

$$\frac{1}{2} \times 120 + \frac{1}{2} \times 40 = 80 \text{万円}$$

までしか支払おうとしません。この平均的な価格は30万円より高く100万円より低いので，ピーチは供給されず，レモンだけが市場に出回るようになってしまいます。

図9-8では，中古車の台数も買い手の数も100として，この市場における中古車の需要曲線と供給曲線を表しています。中古車価格が30万円を下回る場合には，どの売り手も中古車を売ろうとはしません。価格が30万円以上で100万円より低ければレモンのみが供給され，供給量は50台となります。価格が100万円以上の場合には，レモンに加えてピーチも売りに出されるため，供給量は100台になります。

買い手にとっての中古車の価値の期待値である80万円の価格で供給される中古車はレモンだけです。このことを知る買い手はレモンの評価額である40万円までしか払おうとはしません。結局，この場合ピーチの取引は行われず，40万円の価格でレモンのみが売買されることになります。

この数値例では，ピーチもレモンも売り手より買い手の方が高く評価し

■表 9-1　レモンの市場の数値例

	ピーチ	レモン
買い手の評価額	120 万円	40 万円
売り手の評価額	100 万円	30 万円

■図 9-8　中古車市場

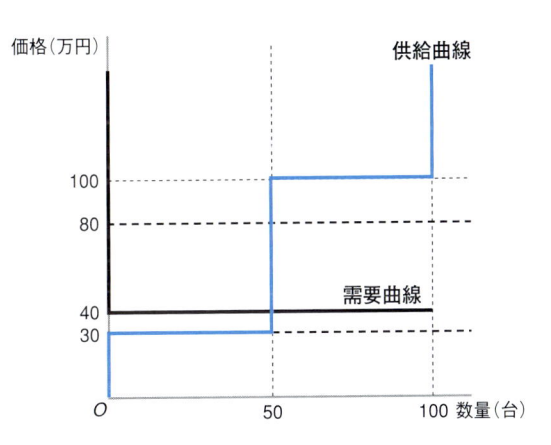

❖BOX　保険市場におけるモラルハザードと逆淘汰

　モラルハザードと逆淘汰は，どちらも元々保険業界で用いられた用語です。医療保険に加入しようとしている人の中には，病気やけがのリスクが高い人もいれば低い人もいます。どの加入者からも同じ保険料を徴収すると，リスクの低い人には割高になるため，リスクの高い人ばかりが加入するようになり，逆淘汰が生じます。

　一方，医療保険に加入すると自己負担が軽くなるため，加入前と比べて健康管理を怠ったり，無駄な病院通いが増えたりするようになり，モラルハザードが起きます。保険会社と加入者の間には情報の非対称性が存在しており，逆淘汰のケースでは加入者のリスク，モラルハザードのケースでは加入者の行動を会社側が観察できないことが問題となるのです。前者を隠された情報，後者を隠された行動と呼んで区別することもあります。

ていますから，両方のタイプの中古車の取引が行われることが望ましいのですが，情報の非対称性のためにピーチの取引から得られていたはずの余剰が失われています。買い手が売り手と同じようにピーチとレモンが見分けられる場合には，ピーチは100万円と120万円の間，レモンは30万円と40万円の間の価格で取引されるでしょう。

また，買い手と同じく売り手も中古車の品質がわからないのであれば，売り手にとっての中古車の価値の期待値は$\frac{1}{2}\times 100+\frac{1}{2}\times 30=65$万円となります。買い手の平均的な評価はこれを上回っているため，中古車は65万円と80万円の中間の価格で取引されることになります。この場合，情報は対称なので逆淘汰は生じません。

▶ シグナリング

逆淘汰を回避するための方法を，労働市場の例で説明しましょう。労働者には能力の高い「Hタイプ」と能力の低い「Lタイプ」とがおり，本人は自分のタイプを知っていますが，企業には区別がつきません。どの労働者も同じ待遇で雇おうとすると逆淘汰が生じ，Hタイプは就職する意欲を失ってしまう恐れがあります。Hタイプは，何とか企業に自分の能力が優れていることを知らせて，Lタイプより高い賃金を受け取りたいのですが，これは容易なことではありません。面接で「私は優秀です」と言ってみたところで，採用担当者にはなかなか信じてもらえないでしょう。労働者がLタイプであったとしても同じことを言うことはできますし，その方がLタイプにとっても利益になるからです。

いま，労働者には就職前に教育を受ける選択肢があるものとします。ただし，教育を受けるためにはコストがかかり，Hタイプの方がLタイプよりも必要なコストが低いと仮定します。言い換えると，大学を卒業することや資格の取得は，優秀な人の方が簡単ということです。労働者の学歴や資格の有無は企業にも観察可能ですから，Hタイプが教育を受け，Lタイプが受けないことを選択すれば，教育は労働者の能力のシグナルの役割を果たすのです。

情報を保有する高品質なタイプの主体が，情報をもたない相手に自分の

❖BOX　金融市場における情報の非対称性

　2008年に発生した世界金融危機の大きな要因として，米国のサブプライムローン問題が挙げられます。貸し倒れリスクの高い低所得者向け住宅ローンを組み込んだ証券化商品が多く出回っていたにもかかわらず，証券化を重ねることにより実際のリスクが見えにくくなっていたのです。

　投資家には個々の金融商品のリスクの区別は困難ですから，いったんサブプライムローンのリスクの高さが認識されると，金融商品に対する信頼が一律に低下して優良な商品も正当に評価されず，金融市場が正常に機能しなくなります。これは，金融商品のリスクに関する情報の非対称性から生じる逆淘汰としてとらえることができます。

❖BOX　教育によるシグナリングの数値例

　教育を受けるためには，Hタイプなら20，Lタイプなら40のコストを負担する必要があるとします。このとき，教育を受けた労働者に支払われる賃金をw_E，教育を受けていない労働者に支払われる賃金をw_Nとおいて，企業が教育の有無によって労働者のタイプを判別できるための条件を求めましょう。

　Hタイプは教育を受けることによってw_Eの賃金が得られますが，そのためには20のコストを負担しなければなりません。教育を受けなければコストはかかりませんが，受け取る賃金はw_Nとなります。よって，Hタイプにとって教育を受けた方が利益となるためには，以下の条件が成立しなければなりません。

$$w_E - 20 > w_N$$

　同様にして考えると，Lタイプにとって教育を受けないことが最適となる条件は

$$w_E - 40 < w_N$$

となります。この2つの条件が成立する場合には，Hタイプは教育を受け，Lタイプは教育を受けないので，企業は教育の有無を観察することによって，労働者がどちらのタイプかを識別することができるようになります。

　この例では，教育を受けても労働者の生産性は上昇しないので，教育にはシグナルとしての役割しかありません。

タイプを知らせるために，コストを負担して観察可能な行動をとることを**シグナリング**（signaling）といいます。シグナリングの例としては，たとえば，お店が広告や店の外装にお金をかけたり（それらの費用を回収できるだけの集客力があることを示す），品質保証をつける（故障する可能性が低い良質の品であることを示す）ことなどが挙げられます。また，お金を借り入れる時に担保を設定するのも，収益性が高く債務の返済が可能であることを示す一種のシグナリングと考えることができます。

シグナリングのためにはコストが必要であり，そのコストを負担するのは情報をもたない側ではなくHタイプであることに注意しましょう。コストをかけても自分の情報を相手に伝えることがHタイプの利益であり，また，コストをかけなければ，相手を信用させることはできないのです。

▶ スクリーニング

情報をもたない主体が，相手から情報を引き出すための方法としては，どのようなものがあるでしょうか。「あなたはHタイプですか」と直接聞くこともできますが，Lタイプの者でもHタイプと答えるでしょうから，有効な手段とは思えません。この場合，複数の選択肢をあらかじめ用意して，相手に自分で選ばせるという方法があります。

そうすれば，情報を保有する側は自分にもっとも都合の良い選択肢を選ぶようになるので，結果的に相手のタイプを識別することができるのです。（第7章7.1節「自己選択」の項参照）このようなスクリーニングの例として，保険の料金プランや企業のコース別採用などが挙げられます。

ゼミナール

▶ 期待効用の数値例

ある個人の効用関数が $u(x)=\sqrt{x}$ であるとします。100万円と400万円が半々の確率であたるクジを考えましょう。このクジの賞金の期待値は

$$\frac{1}{2} \times 100\,万円 + \frac{1}{2} \times 400\,万円 = 250\,万円$$

であり，確実にこの金額を得られるときの効用は $500\sqrt{10}$ となります。一方，クジから得られる期待効用は

$$\frac{1}{2} \times \sqrt{100\,万円} + \frac{1}{2} \times \sqrt{400\,万円} = 1500$$

です。クジに参加するよりも，クジの賞金の期待値を確実に受け取る方が効用が高いため，この個人は危険回避的であることがわかります。

▶ 危険回避度

　期待効用仮説のもとでは，個人の効用曲線が上に凸であるほど，その個人は危険に対してより回避的な態度をとります。図 9-4 において，上に凸な効用曲線が大きく曲がるほど，個人が危険を避けるためにいくらまで支払うかを示すリスクプレミアムも大きくなることが確かめられます。したがって，効用曲線の曲がり具合を用いれば個人の危険回避の程度を測ることができます。この考えにもとづいて作られたのが，**危険回避度**といわれる指標です。個人の効用関数が $u(x)$ で表されるとき，$r(x) = -\dfrac{u''(x)}{u'(x)}$ のことを（絶対的）危険回避度と呼びます。危険回避度の符号がプラス，0，マイナスであるということは，それぞれ危険回避的，危険中立的，危険愛好的なケースを示しています。また，危険回避度の値が大きいほど，個人はより危険回避的であることを示しています。

▶ 保　　険

　W の資産を保有する危険回避的な個人が，p の確率で自動車事故に遭って，L の損失を被るとして，最適な保険の選択について考えてみます。事故が起こった場合の資産額を W_A，事故がない場合の資産額を W_N と表すと，保険に加入していなければ

$$W_N = W,$$
$$W_A = W - L$$

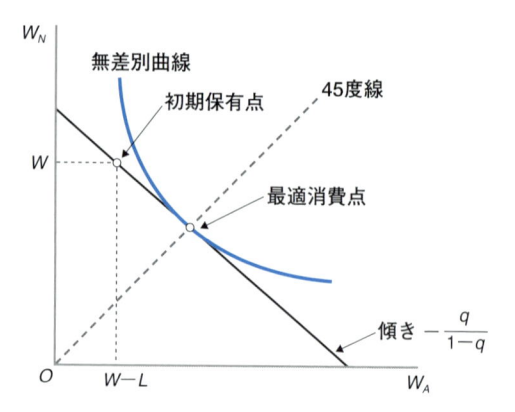

となります。保険料率を q とおくと，K の額の保険に加入した場合には

$$W_N = W - qK,$$
$$W_A = W - L + (1-q)K$$

が成立し，これより $W_N = \dfrac{W-qL}{1-q} - \dfrac{q}{1-q} W_A$ が得られます。したがって，個人の予算制約線は初期保有点 $(W-L, W)$ を通る傾き $-\dfrac{q}{1-q}$ の直線として表されます（上図参照）。

事故のリスクのもとでの個人の期待効用は

$$EU = pu(W_A) + (1-p)u(W_N)$$

ですから，これを全微分して整理すると，無差別曲線の傾き，すなわち限界代替率は次のように表されます。

$$\frac{dW_N}{dW_A} = -\frac{pMU(W_A)}{(1-p)MU(W_N)}$$

個人にとって期待効用を最大にするような消費は予算制約線と無差別曲線の接点で決まるため，

$$\frac{q}{1-q} = \frac{pMU(W_A)}{(1-p)MU(W_N)}$$

が成り立ちます。

ここで，保険市場は競争的であるとしましょう。保険会社の期待利潤は 0 となりますから $q=p$ が成立し，保険料率は事故の確率に等しい水準と

なります。このような保険料は公正（fair）であるといいます。この場合，消費者の効用最大化条件より

$$MU(W_A) = MU(W_N)$$

が導かれますが，個人が危険回避的であることから

$$W_A = W_N$$

が得られます。これは，公正な保険料のもとでは保険によって事故の損失がすべてカバーされ，完全保険が実現することを示しています。図で消費点が45度線上にあるということは，事故があるときとないときで資産額が変わらないことを表しています。

個人によって，自動車事故を起こすリスクが異なる場合はどうなるでしょうか。事故の確率が高い個人「Hタイプ」については $p = p_H$，低い個人「Lタイプ」については $p = p_L$ であり，$p_H > p_L$ とします。もし，保険会社が個人のタイプを識別できるのであれば，タイプに応じて保険料を変えることができます。その結果，Hタイプの保険料はLタイプよりも高く設定され，各タイプについて完全保険が達成されます。下図では，Hタイプの最適消費は点 A^*，Lタイプの最適消費は点 B^* で示されています。Hタイプの方が，Lタイプよりも無差別曲線の傾きが大きいことに注意してください。

最後に，個人は自分のタイプを知っているのに対し，保険会社にはH

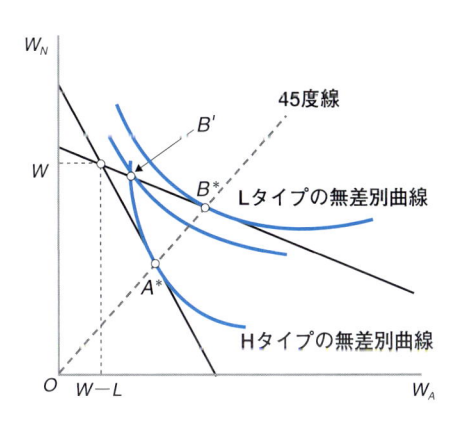

タイプとLタイプの区別がつかない場合を考えてみましょう。
　このとき，Hタイプは点A^*よりも点B^*の方がより高い効用が得られるので，自分をLタイプと偽って低い保険料で加入しようとします。したがって保険会社は，加入者がタイプを偽っても利益が得られないように，Lタイプにある程度リスクを負わせる必要があります。点B'は非対称情報のケースにおけるLタイプ向けの保険を示しています。LタイプにとってはA^*よりもB'の方が高い効用をもたらし，HタイプにとってはA^*とB'は無差別なので，どちらも自分のタイプに向けて用意された保険を選択します。保険会社が加入者のタイプを識別できる場合よりも，Lタイプの効用は低下してしまいます。
　現実の保険商品をみても，保険料は高いが補償が手厚いものと，保険料は低い代わりに補償額が少ないものとがあり，前者はリスクの高い顧客に向けて販売されていると考えられます。このように，複数のプランから自発的に選ばせることによって，相手のタイプに応じた保険の販売が可能となるのです。

▶ モラルハザードと賃金契約

　企業が，労働者にある仕事を行わせたいと考えています。企業の業績の良し悪しは，労働者の努力と運の要素に依存します。企業の業績をy，労働者の努力水準をeとおくと，労働者が高い努力（$e=H$）を行うと$\frac{2}{3}$の確率でよい業績（$y=G$），$\frac{1}{3}$の確率で悪い業績（$y=B$）が実現し，$G>B$であるとします。労働者があまり努力しなかった場合（$e=L$）には$\frac{1}{3}$の確率で$y=G$，$\frac{2}{3}$の確率で$y=B$となります。労働者が努力をするために負担する費用はc_e（$e=H, L$）で表され，$c_H=2$，$c_L=1$とします（下表参照）。

	$y=G$の確率	$y=B$の確率	労働者の費用
高い努力（$e=H$）	$\frac{2}{3}$	$\frac{1}{3}$	$c_H=2$
低い努力（$e=L$）	$\frac{1}{3}$	$\frac{2}{3}$	$c_L=1$

社会的には，労働者が高い努力を行うことが望ましいといえますが，企業にとってどちらの努力水準が利益となるかは，G や B の大きさと，努力を引き出すために必要となる賃金の大きさによって決まります。

　企業は労働者の努力を観察できませんが，業績の良し悪しは観察可能であり，裁判所などでも立証可能であるとします。この場合，企業は業績にもとづいて賃金を支払うことができます。業績に依存した賃金を $w_y(y=G, B)$ とおくと，労働者の効用は $u(w_y)-c_e$ と表されるものとします。

　はじめに，企業と労働者がともに危険中立的であり，$u(w_y)=w_y$ であるとしましょう。企業が労働者に高い努力をさせるためには，w_G，w_B について以下の条件が成立する必要があります。

$$\frac{2}{3}w_G + \frac{1}{3}w_B - 2 \geq \frac{1}{3}w_G + \frac{2}{3}w_B - 1$$

左辺は，$e=H$ の場合の労働者の期待効用であり，これが右辺の $e=L$ の場合の期待効用を下回らないことを表しています。このような条件を**誘因両立制約**（incentive compatibility constraint）と呼び，これが成立しているのであれば労働者にとって高い努力を行うことが利益となります。

　さらに，この仕事より他の職についた方が労働者の効用が高ければ，労働者は契約に同意しないでしょう。したがって他の職から得られる効用（留保効用）を 0 とすれば，以下の条件が満たされなければなりません。

$$\frac{2}{3}w_G + \frac{1}{3}w_B - 2 \geq 0$$

これは，高い努力をしたときの期待効用が少なくとも留保効用以上であることを表しており，**参加制約**（participation constraint）と呼ばれるものです。

　企業は，この 2 つの制約のもとで期待利潤を最大にするような契約を提示します。企業にとって賃金は費用なので，これらの 2 つの条件はどちらも等号で満たされることになり，$w_G=3$，$w_B=0$ が得られます。

　ここで，もし努力水準が観察可能であるなら，企業は低い努力に対するペナルティなどによって，高い努力を強制することができます。この場合，企業にとっての制約は参加制約のみであり，業績にかかわらず $c_H=2$ の

賃金が支払われます。

非対称情報のもとで $e=H$ を促すための企業にとっての費用の期待値は $\frac{2}{3}\times 3+\frac{1}{3}\times 0=2$ であり，努力が観察可能な場合と同じです。つまり，労働者が危険中立的な場合には情報の非対称性によるコストは発生しません。

次に，労働者が危険回避的であるとしましょう。この場合，収益の変動リスクは，危険中立的な企業がすべて負担することが望ましいのですが，努力が観察不可能なため，固定給では労働者の努力を引き出すことはできません。努力するインセンティブを与えるには，危険回避的な労働者にリスクを負担させなくてはならないので，企業が支払う賃金の期待値は労働者が危険中立的なケースよりも増加します。その結果，企業にとって高い努力を促すことが利益とならない可能性が高まり，情報の非対称性によるコストが発生します。

練 習 問 題

確認問題

1. ある個人が危険回避的，危険愛好的，危険中立的であるとは，それぞれどういうことか説明しなさい。
2. (1) 危険回避的な個人の効用曲線が上に凸となるのはなぜか，図を用いて説明しなさい。
   (2) リスクプレミアムとは何かを説明しなさい。また，(1)の図においてリスクプレミアムはどのように表されますか。
3. 次の語の意味を説明しなさい。
   (1) モラルハザード
   (2) 逆淘汰
4. 政府がある企業に道路建設を発注しようとしています。(1)道路の価格を固定する契約と，(2)コストを価格に反映させる契約とを比較し，企業がコスト削減を行うインセンティブとリスク分担とのトレードオフについて述べなさい。

発展問題

1. ある個人の収入を x とおくと，効用関数は $u(x)=\sqrt{x}$ であったとします。

この個人は 100 の収入を得ていますが，0.2 の確率で事故に遭い 75 の損失を被ります。この個人が，事故による損害を完全に補償する保険に加入するための保険料の上限はいくらになりますか。
2. 本章ゼミナール「モラルハザードと賃金契約」と同じ数値例を想定します。ただし労働者は危険回避的であり，効用関数は $\sqrt{w_y} - c_e$ と表されるとします（$y = G,\ B,\ e = H,\ L$）。
    (1) 労働者に高い努力を行わせるために w_G と w_B が満たすべき 2 つの条件を求め，危険中立的なケースで得られた解 $w_G = 3,\ w_B = 0$ がこれらの条件を満たさないことを確認しなさい。
    (2) 企業が労働者に高い努力を行わせたい場合の最適な賃金契約を求めなさい（2 つの条件を等号で満たすような w_G と w_B を求めればよい）。
3. 9.2 節の中古車市場と同じ数値例を考えます。ただし，売り手は中古車の品質保証を行うこともできます。保証期間中にピーチの売り手が負担する修理費の期待値は 10 万円，レモンの売り手が負担する費用の期待値は 90 万円であるものとします。買い手が中古車の品質を保証書の有無によって区別できるためには，保証書付きの中古車の価格についてどのような条件が成立する必要がありますか。

第 10 章

国際貿易と資本移動

本章では，国と国とがなぜ貿易をしたり，互いに投資をしたりするかを考えます。たとえすべての財の生産において，ある国が他の国より効率的に生産できたとしても，貿易をすることによって，どちらの国も便益を得ることができます。それが貿易をすることの基本的な理由です。ただし，それぞれの国の消費者や生産者は貿易によってさまざまな影響を受けますから，そうしたことも考慮しなければなりません。

10.1　国際貿易における比較優位の原理

▶ なぜ国際貿易は行われるか

国と国とのさまざまな経済取引を考えてみましょう。国と国とが財の売買を行う国際貿易の特色として以下の点が挙げられます（図10-1）。

第1に，国家間では労働などの**生産要素の移動**が国内におけるほど自由ではありません。第2に，各国は輸入品に対して**関税**を課したり，あるいは**数量制限**を行ったりするなど，何らかの形で市場に介入する場合が多くあります。第3に，各国は一般に異なる**通貨**を用いているため，国際取引の決済には一般的に後述する外国為替が用いられます。以下では，こうした状況においてなぜ国際貿易がなされるのか，貿易によって国々はどのような利益が得られるのかを考察していきます。

比較優位と絶対優位　　国際貿易の理論的根拠とされているのは**比較優位**（comparative advantage）の原理と呼ばれる考え方であり，以下ではそれについて簡単なモデルを紹介します。ここでは2つの国で2つの財がある，2国2財の場合を想定し，簡単化のため2つの生産物の輸送費用は考えません。また当初は，生産要素は国家間の移動はできないと想定します。

たとえば，2国を日本とアメリカとします。日本では車1単位を生産するために労働が2単位必要であり，航空機1単位を生産するために労働が4単位必要とします。一方，アメリカは日本とは異なる生産技術をもっており，車1単位の生産に労働6単位，航空機の生産に6単位が必要とします（表10-1）。

この例では，車と航空機の双方の生産において，アメリカの方が必要労働量が大きく，生産性は低くなっています。このように競争力に絶対的な優位性がある場合，日本は車の生産においても航空機の生産においてもアメリカに対して**絶対優位**（absolute advantage）をもっているといいます。

このとき，日本とアメリカの間で貿易を行うインセンティブが存在するでしょうか。あるいは貿易を行うことによって，両国がともに利益を得る

■図 10-1　国際貿易の特色

各国は異なる通貨を用いているため，外国為替を使用する
各国は輸入品に関税をかけたり，数量制限を行っている

生産要素（土地・労働・資本）の移動が自由でない

■表 10-1　生産費の比較

	車	航空機
日　本	2	4
アメリカ	6	6

日本で航空機の生産費は車の生産費の2倍であるのに対し，アメリカでは同じです。車で測った航空機の生産費は，日本の2に対し，アメリカは1となり，アメリカが航空機について比較優位をもつのがわかります。

ことが可能でしょうか。

生産可能性曲線による分析　いま，労働の賦存量（その国に存在し，利用可能な量）を，日本は40単位，アメリカは60単位とすると，両国の生産可能性曲線は図10-2のように表されます。

この場合，日本において航空機の生産を1単位増加させるためには車の生産を2単位減少させなければなりません。すなわち車で表した航空機の生産費は日本では2ということができます。このことは生産可能性曲線の傾きである限界変形率によって表されます。一方，アメリカでは航空機の生産を1単位増加させるためには車の生産を1単位減少させなければなりません。すなわち車で表した航空機の生産費はアメリカでは1ということができます。

労働という生産要素で測られた絶対的な航空機の生産費は，日本の方が低くても，車という他の生産物で測られた，いわば相対的な生産費は，アメリカの方が低く，日本の$\frac{1}{2}$となります。このように，ある財が別の財と比べて相対的に低い生産費で生産できる場合，比較優位をもつといいます。すなわち，アメリカは航空機の生産について比較優位をもつわけです。同様にして，航空機で測られた車の生産費はアメリカでは1であるのに対して，日本では$\frac{1}{2}$なので，日本は車の生産について比較優位をもちます。ちなみに，逆の場合は比較劣位といいます。日本は航空機の生産には比較劣位をもち，アメリカは車の生産に比較劣位をもつといえます。

比較優位の原理と特化　比較優位の原理とは，このような場合に両国はそれぞれが比較優位をもつ財のみを生産し，それぞれの生産物を交換することにより，両国ともに1国だけでは達成できなかった厚生水準を実現することができると主張するものです。

1国が比較優位をもつ部門に専門化することを特化（specialization）といいます。特化は，比較劣位にある財の生産がまったく行われなくなる完全特化（complete specialization）と，それが完全にはなくならない不完全特化（incomplete specialization）とに分けられます。

いま日本は車の生産に，アメリカは航空機の生産に完全特化したとします（図10-3）。貿易が行われなければ日本は20単位の車をもち，アメリ

■ 図 10-2　生産技術の相違と比較優位

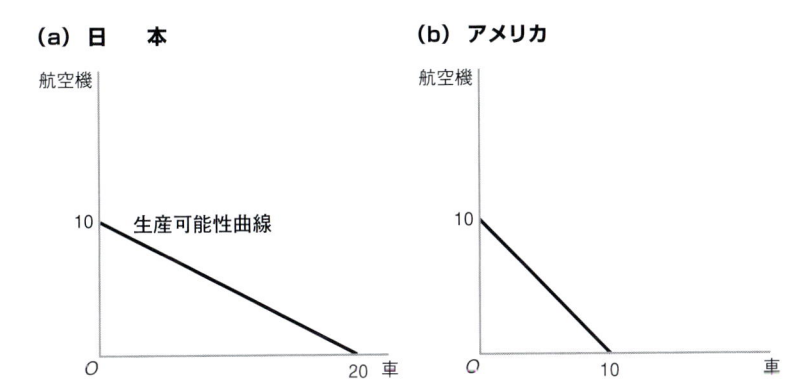

(a) 日　本

(b) アメリカ

日本とアメリカの生産技術と生産要素である労働の賦存量は，両国の生産可能性曲線によって表されます。労働をすべて雇用しているときに，一方の財の生産量を増加させるためには他方の財の生産量を減少させざるを得ません。その比率が限界変形率であり，生産可能性曲線の傾きで示され，日米両国で異なっています。傾きの緩やかな日本は車に比較優位をもち，傾きの急なアメリカは航空機に比較優位をもちます。

■ 図 10-3　特化と貿易の利益

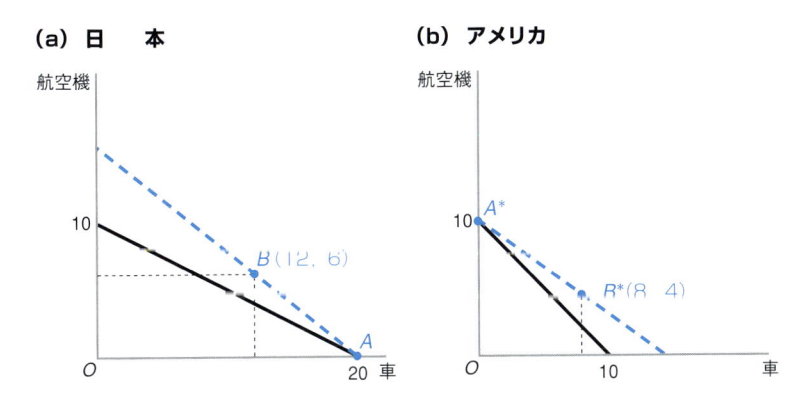

(a) 日　本

(b) アメリカ

日本が比較優位をもつ車の生産に完全特化し，アメリカが比較優位をもつ航空機の生産に完全特化すると，貿易前の状態はそれぞれ点 A および点 A^* によって示されます。2財の交換比率が破線によって与えられると，貿易後の状態はたとえば点 B および点 B^* で示されます。それらの点は生産可能性曲線の外側に位置しており，1国のみでは達成できなかったものです。このように，特化と貿易によって両国ともに利益を得ることが可能です。

カは 10 単位の航空機をもちます。ここで航空機と車が 3 対 4 の比率で交換され，日本は 8 単位の車をアメリカに輸出して 6 単位の航空機をアメリカから輸入したとします。すると貿易後に日本は 12 単位の車と 6 単位の航空機をもつことが可能であり，アメリカは 8 単位の車と 4 単位の航空機をもつことが可能となります。これらの組合せは両国ともに生産可能性曲線の外側に位置しています。

すなわち，これらはどちらの国においても 1 国のみの**閉鎖経済**（closed economy）では実現不可能な値であり，それぞれが比較優位をもつ財の生産に完全特化し，貿易を行う**開放経済**（open economy）によって初めて実現可能となったものといえます。

10.2　ヘクシャー=オリーンの定理

▶ 交易条件とオファー・カーブ

輸出品 1 単位と交換し得る輸入品の数量を**交易条件**（terms of trade）といい，先の車と航空機の例では $\frac{3}{4}$ でした。日本にとって貿易を行うことが利益となるのは，交易条件が日本の限界変形率以上の場合です。なぜならば，もし交易条件が限界変形率よりも小さければ同じ量の車に対して輸入するよりも自国で生産する方がより多くの航空機を得られるからです。

同様にして，アメリカにとって貿易が利益となるのは交易条件がアメリカの限界変形率である 1 以下の場合となります。したがって，貿易によって両国が利益を得られるのは，交易条件が両国の限界変形率の中間にある場合です。

オファー・カーブ　これまでの議論では，交易条件は両国にとって与えられたものとしていました。ではその交易条件はどのようにして決定されるのでしょうか。図 10-5（a）の横軸には日本の車の輸出量を，縦軸には航空機の輸入量を測ります。原点 O は輸出量・輸入量ともに 0 であり，貿易がまったく行われない状況を示しています。同様にして，図 10-5（b）

■表10-2 日本の輸出品目と輸入品目（上位5位）

輸　出

(単位：億円，（　）内%)

順位	1995年	2000年	2005年	2007年	2008年
1	自動車 49,797(12.0)	自動車 69,301(13.4)	自動車 99,288(15.1)	自動車 143,170(17.1)	自動車 137,361(17.0)
2	半導体等電子部品 38,299(9.2)	半導体等電子部品 45,758(8.9)	半導体等電子部品 44,016(6.7)	半導体等電子部品 52,426(6.2)	半導体等電子部品 46,250(5.7)
3	自動車の部分品 17,815(4.3)	科学光学機器 26,257(5.1)	鉄　鋼 30,368(4.6)	鉄　鋼 40,423(4.8)	鉄　鋼 45,737(5.6)
4	科学光学機器 17,358(4.2)	自動車の部分品 18,642(3.6)	自動車の部分品 28,006(4.3)	自動車の部分品 33,555(4.0)	自動車の部分品 30,655(3.8)
5	鉄　鋼 16,443(4.0)	原動機 16,355(3.2)	科学光学機器 24,780(3.8)	原動機 25,930(3.1)	原動機 25,091(3.1)

輸　入

順位	1995年	2000年	2005年	2007年	2008年
1	原粗油 28,201(8.9)	原粗油 48,189(11.8)	原粗油 88,233(15.5)	原粗油 122,788(16.8)	原粗油 162,620(20.6)
2	衣類・同付属品 17,525(5.6)	半導体等電子部品 21,399(5.2)	衣類・同付属品 24,695(4.3)	液化天然ガス 31,403(4.3)	液化天然ガス 46,525(5.9)
3	魚介類 16,313(5.2)	衣類・同付属品 21,154(5.2)	半導体等電子部品 23,480(4.1)	半導体等電子部品 28,521(3.9)	石　炭 30,505(3.9)
4	半導体等電子部品 11,509(3.6)	電算機類(含周辺機器) 18,826(4.6)	電算機類(含周辺機器) 20,663(3.6)	衣類・同付属品 27,960(3.8)	衣類・同付属品 26,431(3.3)
5	非鉄金属 10,169(3.2)	魚介類 16,501(4.0)	液化天然ガス 19,853(3.5)	非鉄金属 26,189(3.8)	非鉄金属 25,313(3.2)

（出所）税関「関税レポート2009」 http://www.customs.go.jp/zeikan/pamphlet/index.htm
（注）（　）は，総額に対する構成比。品目区分は2005年1月以降の報道発表掲載品目による。

■図10-4　実際の交易条件の変化（1994～2008年）

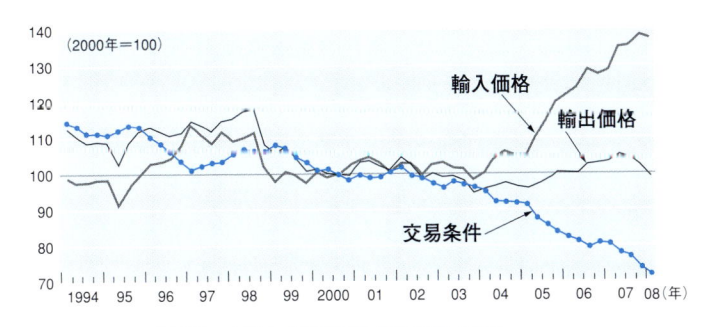

（出所）内閣府「経済財政白書2008年版」
輸入価格が上昇していくと，交易条件は低下します。

の横軸にはアメリカの車の輸入量を，縦軸には航空機の輸出量を測り，原点 O^* は貿易がまったく行われない状況を示しています。

それぞれの図において，原点から引いた半直線は2財の交換比率，すなわち交易条件を表しています。このように，任意の交易条件の水準に対し，各国の最適な輸出量・輸入量を対応させ，そうした点を結んだ軌跡を，**オファー・カーブ**（offer curve）あるいは**相互需要曲線**と呼びます。このオファー・カーブの導出方法は，第3章の消費者行動の理論で考察した価格・消費曲線の導出方法と本質的に同じです。

最適な輸出量・輸入量を求めるために，消費者理論における無差別曲線に対応した概念として**貿易無差別曲線**を考えます。貿易無差別曲線とは**自国の社会的厚生あるいは実質所得を一定とするような輸出財と輸入財の数量の組合せ**を意味します。

輸出が増加したときに，それにともなって輸入も増加しなければ社会的厚生を一定に保つことはできないと考えられるので，貿易無差別曲線は右上がりであり，一定量の輸出に対し輸入量が多いほど社会的厚生は高いと考えられるので，上方の貿易無差別曲線ほど高い社会的厚生を表しています。また，生産技術と社会的厚生関数についての適当な仮定のもとで，貿易無差別曲線は右上がりかつ下方に対し凸であることが知られています。

図 10-5 (a) において交易条件が半直線 OA で与えられると，日本の最適な貿易量は OA 上でもっとも上位の貿易無差別曲線上の点，すなわち貿易無差別曲線が交易条件線 OA に接する点 B によって示されます。交易条件が OC によって与えられる場合の最適点は D です。こうした最適点の軌跡がオファー・カーブとなります。

同様にしてアメリカのオファー・カーブを考えます。図 10-5 (a) と同じく，横軸には車の数量，縦軸には航空機の数量を測りますが，アメリカと日本では輸出と輸入が逆になるため，アメリカの貿易無差別曲線は，日本とは逆に上方に対して凸になっています（図 10-5(b)）。

▶ 一般均衡分析による自由貿易均衡

日本とアメリカのオファー・カーブを1つの図に描いてみましょう。両

■図 10-5　オファー・カーブの導出

(a) 日　本

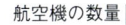

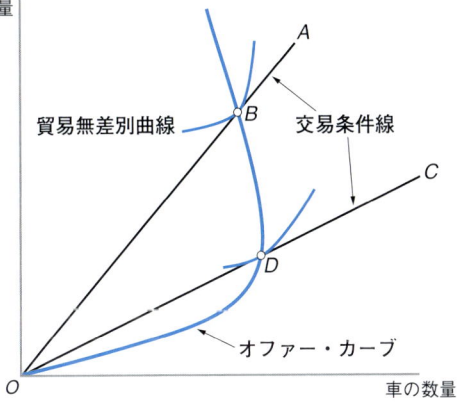

(b) アメリカ

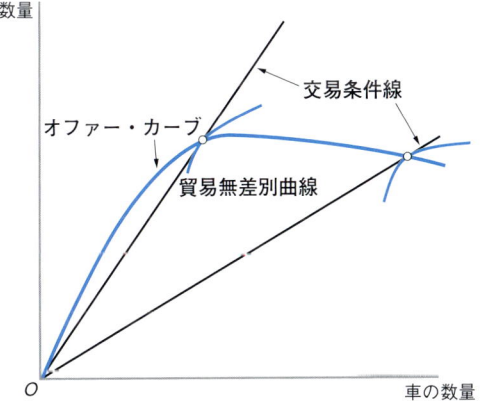

交易条件は原点からの半直線によって表されます。交易条件が与えられたときに，各国の望ましい貿易量は，交易条件線と貿易無差別曲線との接点により求められます。こうした接点の軌跡がオファー・カーブであり，さまざまな交易条件と望ましい貿易量との関係を表しています。

国のオファー・カーブの交点により，自由貿易の均衡点が決定されることがわかります。オファー・カーブの交点と原点を結んだ半直線の傾きは均衡交易条件を表しており，そのもとでは各貿易財の需要量と供給量は一致しています（図 10-6）。

点 E は日本のオファー・カーブ上の点ですので，交易条件 OE のもとで日本が輸出したいと考える車の量は OG であり，日本が輸入したいと考えている航空機の量は OF です。また，点 E はアメリカのオファー・カーブ上の点でもあるので，交易条件 OE のもとでアメリカが輸入したいと考える車の量は OG であり，アメリカが輸出したいと考えている航空機の量は OF です。したがって，交易条件 OE のもとでは，車についても航空機についても国際市場での需要量と供給量とが一致しており，点 E は均衡を表していることがわかります。

では，均衡交易条件以外の交易条件のもとでは何が起こっているか考えてみましょう。たとえば交易条件が OH であったとします。このとき日本が輸出したいと思う車の数量は OK であり，アメリカが輸入したいと思っている車の量は OL となるので，車の市場では超過供給が存在します。他方，航空機については日本が望む輸入量は OI であり，アメリカが望む輸出量は OJ となりますので，航空機の市場では超過需要が存在します。

第5章で考察したワルラス的調整過程を考えると，超過供給がある財の価格は下落し，超過需要がある財の価格は上昇します。したがってこの場合，車の価格は下落し，航空機の価格は上昇します。

これは一定量の航空機に対してより多くの車が交換されることになりますので，交易条件を表す半直線の傾きは OH より緩やかになり，均衡交易条件に近づくことを意味します。すなわち，均衡交易条件以外の値においては，超過供給および超過需要が生じており，価格が調整され均衡へ向かう力が働いていることがわかります。

▶ 部分均衡分析による自由貿易均衡

一つの財の国際市場について，部分均衡分析を用いて考えてみましょう。図 10-7 には自国と外国における国内の需要曲線と供給曲線が描かれてい

■図 10-6　自由貿易均衡

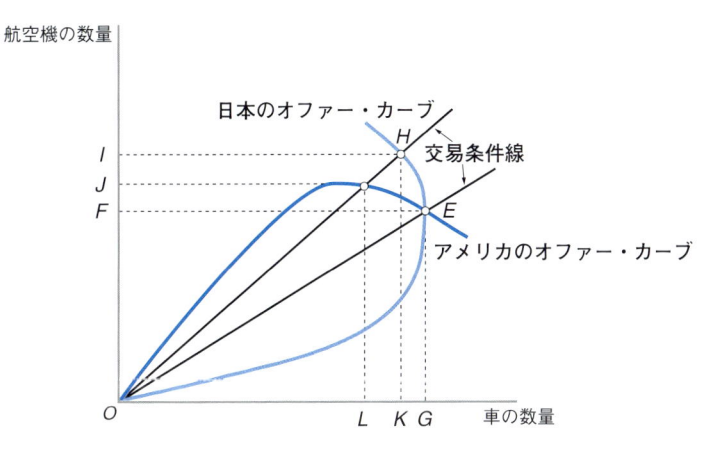

2国のオファー・カーブの交点により、自由貿易の均衡点が決定されます。オファー・カーブの交点と原点を結んだ半直線の傾きは均衡交易条件を表しており、そのもとでは各貿易財の需要量と供給量は一致しています。均衡交易条件以外の値においては、超過供給および超過需要が生じており、均衡へ向かう力が働いています。

■図 10-7　部分均衡分析による自由貿易均衡

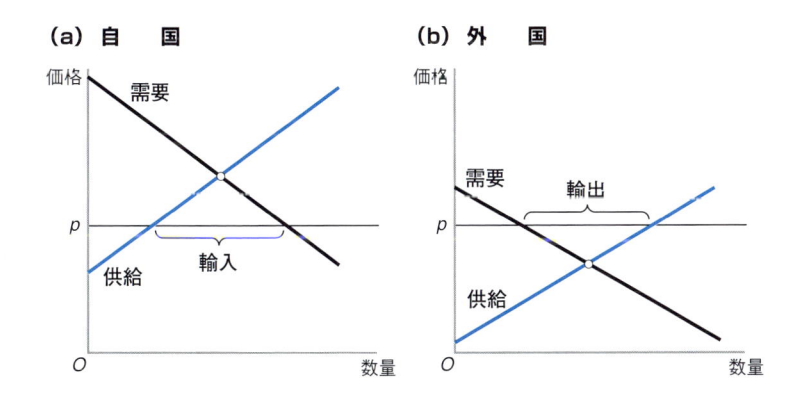

(a) 自　国

(b) 外　国

ます。需要曲線と供給曲線の形状は国によって異なります。

貿易がまったくない状況では，それぞれの国内における均衡は，それぞれの需要曲線と供給曲線の交点によって示されます。一般に国内均衡価格は国によって異なります。そして，国内均衡価格の低い国から高い国へと財が輸出される経済的誘因が存在することになります（図 10-8）。

国際価格が p のときに，自国における需要量と供給量の差は，外国における供給量と需要量の差に等しくなっています。これが国際均衡価格で，外国から自国へ財が輸入されます。国際均衡価格のもとでは，世界全体の供給量が世界全体の需要量に等しくなっています。

▶ 比較優位はどのようにして決まるか

それでは，それぞれの国がもつ比較優位の構造の差はどのような要因によって生じるのでしょうか。まず気候・風土や生産技術の相違が考えられます。用いられている生産要素の種類が複数である場合には，生産技術などが同一であっても，比較優位の差が生ずることが示されています。そうした状況では次の定理が知られています。

> **ヘクシャー＝オリーンの定理**：各国は，相対的に豊富に存在する生産要素を集約的に用いる財に比較優位をもつ

ある産業が他の産業に比べてある生産要素，たとえば土地をより集約的に用いるとは，一定の産出量を生産するのに技術的に必要とされる生産要素のうちで，土地の投入率が他の産業に比べて高いことをいいます。

ヘクシャー＝オリーンの定理は，比較優位の要因を要素賦存量の差異にもとづいて説明しているところから，要素賦存説とも呼ばれています。たとえば資本が相対的に豊富な国では，資本集約的な産業に比較優位をもち，土地が豊富な国では，農業などの土地集約的な産業に比較優位をもっています。

この定理は，各国の需要構造と生産に関する技術が同一であるというかなり厳しい仮定に立脚しているのですが，その主張は以下のように示されます。

■図 10-8　貿易による余剰の変化

(a) 自国（輸入国）

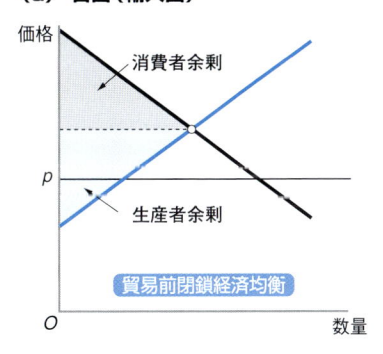

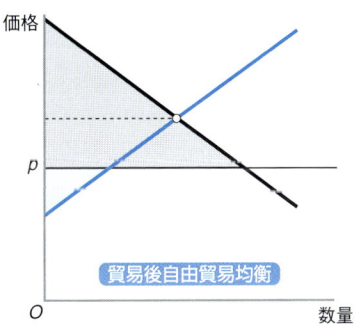

［価格－数量の需給図：貿易前閉鎖経済均衡と貿易後自由貿易均衡。消費者余剰と生産者余剰を示す］

(b) 外国（輸出国）

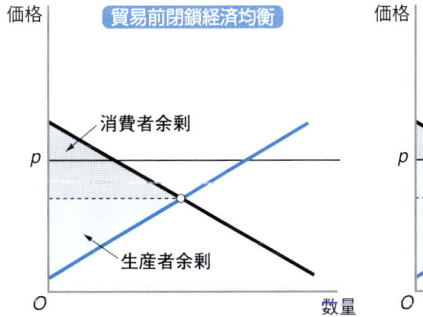

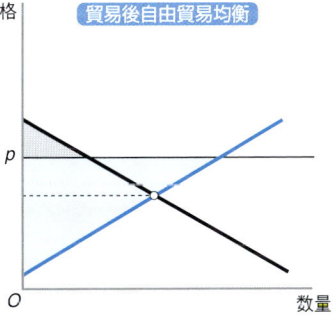

［価格－数量の需給図：貿易前閉鎖経済均衡と貿易後自由貿易均衡。消費者余剰と生産者余剰を示す］

貿易により輸入国の消費者余剰は増加，生産者余剰は減少し，輸出国の消費者余剰は減少，生産者余剰は増加します。

日本とアメリカの2国モデルを用い，今度は生産物を工作機械と小麦として，生産要素は労働と土地を考えてみます（表10-3）。日本はアメリカに比べて労働が相対的に豊富であり，アメリカは日本に比べて土地が相対的に豊富であるとし，工作機械は労働集約的な財，小麦は土地集約的な財であるとします。

いま，日本における均衡価格と同じ生産物価格ならびに要素価格をアメリカに与えたとすると，アメリカにおける各財の生産技術は日本と同一であると仮定しているので，アメリカでの各財の生産における労働と土地の結合比率は，日本におけるそれと同じになります。また日米両国の需要構造も同じと仮定しているので，生産物である工作機械と小麦の生産量の比率も両国で同じとなります。

ところが，アメリカは日本と比べて土地が相対的に豊富であり，労働が相対的に希少なので，日本において労働と土地の需給を均衡させるような比率では，労働をすべて雇用しようとする限り，アメリカでは土地が過剰となってしまいます。すると土地が労働に比べて相対的に安くなり，労働集約的な財である工作機械の生産がアメリカにおいては縮小されて，土地集約的な財である小麦の生産が拡大することになります。

したがって，需要構造が変わらなければ，土地集約的な小麦が労働集約的な工作機械よりも相対的に安くなります。すなわち，日本と比べて土地が相対的に豊富で労働が相対的に希少なアメリカでは，土地集約的な小麦に比較優位をもつといえます。

10.3　貿易政策のミクロ経済学

▶ 関　税

現実の国際貿易においては，さまざまな規制や介入などが**貿易政策**として行われており，その手段として，関税，輸出入の数量制限，補助金，課徴金，為替規制などがあります。ここではそうした貿易政策の代表的なも

■表10-3　比較優位のまとめ

> 各国は，相対的に豊富に存在する生産要素を主役的に用いる財に比較優位をもつ。

[例]

生産要素	日　本	アメリカ
資　本	相対的に豊富	相対的に希少
土　地	相対的に希少	相対的に豊富

生産物	日　本	アメリカ
工作機械……資本集約的な財	比較優位	比較劣位
小　麦……土地集約的な財	比較劣位	比較優位

■表10-4　関税賦課の方式

従価税	（特徴）	輸入品の価格に比例して関税負担がかかる。わが国でもっとも一般的な関税の形態。
	（長所）	物価変動につれて関税額も変化し，インフレに適応。
	（短所）	適正価格の把握が難しい。価格が低いと国内産業保護機能が薄れる。
従量税	（特徴）	個数・容積・重量など，数量を基準として課税。輸入品価格の高低が関税率に影響しない。
	（長所）	税額の算定がしやすい。
	（短所）	物価変動に適応しにくい。
混合税	（特徴）	従価税と従量税を組み合わせて，それぞれの短所をカバーしたもの。従価・従量選択税と従価・従量併用税の2種類がある。

（出所）　税関ウェブページ「関税のしくみ」を参照して作成
　　　　http://www.customs.go.jp/toukei/index.htm
この他に特殊な形態の関税賦課として，差額関税，スライド関税，季節関税，関税割当制度などがあります。

のとして関税の効果を考察します（表 10-4）。

関税とは一般に外国から輸入される財に賦課される租税であり、とくに国内産業を外国商品との競争から守る直接的な手段として課する関税を保護関税と呼んでいます。関税賦課には従価税と従量税とがあり、前者は輸入品の価格に対して一定の比率で関税を課すもの、後者は輸入品の一定量に対して一定の税額を課すものです。

▶ 関税の余剰分析

先に述べたオファー・カーブは、さまざまな水準の交易条件、すなわち2財の交換比率に対し、それぞれの各国が望む各財の輸出入量を示したものでしたが、価格・消費曲線から各財の需要曲線を導いた方法と同様にして、このオファー・カーブから各財の輸入需要曲線あるいは輸出供給曲線を導くことができます。

図 10-9 の縦軸に、工作機械で測った小麦の価格である、小麦と工作機械の価格比 $p = \dfrac{p_W}{p_M}$ をとります。p_W および p_M はそれぞれ小麦と工作機械の価格であり、p は小麦の相対価格です。横軸には小麦の貿易量 x をとります。

図 10-10(a) の日本のオファー・カーブをみると、小麦の相対価格が低下すると小麦の輸入に対する需要が増加しているので、図 10-9 のような輸入需要曲線 AA' を描くことができます。一方、図 10-10(b) のアメリカのオファー・カーブから、右上がりの輸出供給曲線 BB' が導かれます。もしこの市場に対して何ら介入が行われなければ、均衡は輸入需要曲線と輸出供給曲線の交点 E^* で表され、均衡貿易量 x^* と均衡相対価格 p^* が決定されます。これは図 10-6 における日米両国のオファー・カーブの交点に対応しています。

いま、日本が国内の小麦生産者を保護するために、アメリカからの小麦の輸入に対して a ％ の従価税を関税として課すとしましょう。アメリカ産の小麦の日本国内での価格は a ％ 高くなるので、その分だけ輸出供給曲線は BB' から CC' へと上方にシフトします（図 10-11）。

その結果、均衡は E^* から E' へと移動し、均衡貿易量は x^* から x' へ

■図 10-9　輸入需要曲線と輸出供給曲線

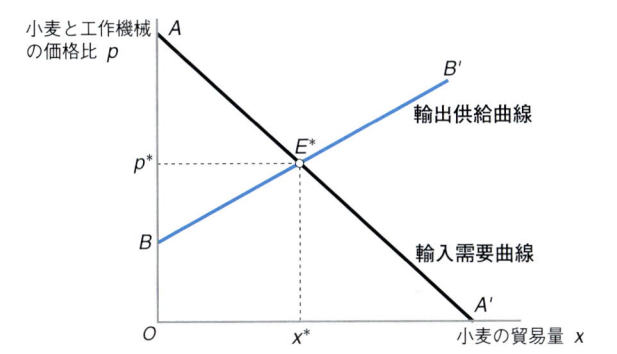

■図 10-10　オファー・カーブ

(a) 日　本

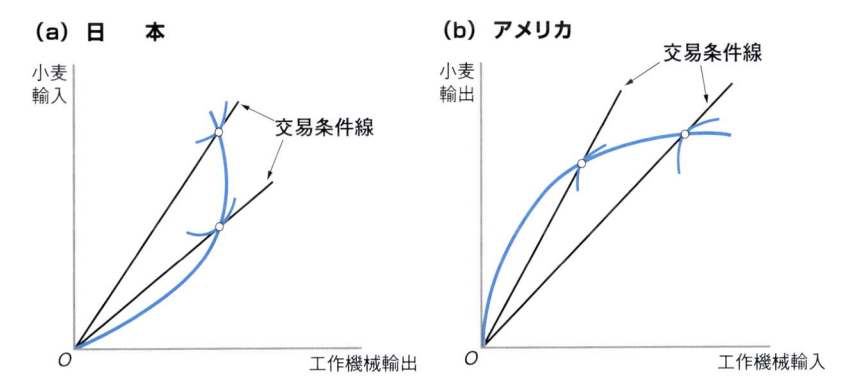

(b) アメリカ

■図 10-11　関税の課税

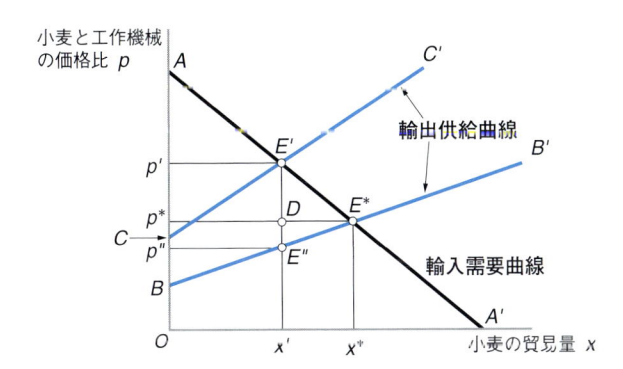

減少し、日本国内の均衡相対価格は p^* から p' へと上昇します。しかし p' は関税が含まれており、小麦の国際価格は p' から関税の部分を除いた p'' へ下落しています。すなわち、ある財に関税を課すことにより、その財の国内価格は上昇、貿易量は減少し、国際価格は低下します。

こうした効果を、消費者余剰と生産者余剰の概念を用いて考察してみましょう。関税が課される前の状況における日本の貿易利益は、消費者余剰に対応する AE^*p^* によって表されます。また、アメリカの貿易利益は生産者余剰に対応する BE^*p^* によって表されます（図10-9参照）。

次に関税が課された後の状況をみると（図10-12(a)）、日本国内の税込価格は p'、輸入量は x'、1単位あたりの関税は $p'p''$ であるので、日本の貿易利益は、新たな均衡点における消費者余剰に対応する $AE'p'$ の部分と日本政府の関税収入である $E'E''p''p'$ とからなることがわかります。

日本の貿易利益が関税により全体として増加したか否かは、三角形 $E^*E'D$ と長方形 $p^*p''E''D$ の面積の大小関係に依存し、後者の方が大きければ貿易利益は増加することになります。

一方、課税後のアメリカの貿易利益は、生産者余剰に対応する $BE''p''$ であり（図10-12(b)）、日本が関税を課したことにより台形 $E^*E''p''p^*$ の部分だけ減少しています。

また、世界全体（この場合には日米両国）の貿易利益は三角形 $E^*E'E''$ だけ減少しており関税が世界全体にとっては損失をもたらすことがわかります。

このように、関税の短期的効果としては、輸入品の国内価格上昇をもたらすので国内産業の生産と雇用の増加をもたらします。しかし同時に、比較優位をもたない産業を保護するため、消費者はより高価あるいは質の悪い商品を消費しなければならなくなるといえます。

また、日本が小麦に関税を一方的に課した場合には、相手国であるアメリカも日本の輸出財である工作機械に報復的な関税を課すことが考えられ、そうなれば日本が関税によってアメリカの小麦生産者に打撃を与えたのと同じように、日本の機械産業も打撃を受けます。したがって長期的には、関税による世界貿易の縮小を通じて各国に損失をもたらす可能性が高いのです。

■ 図 10-12　関税の賦課

(a) 日本の貿易利益

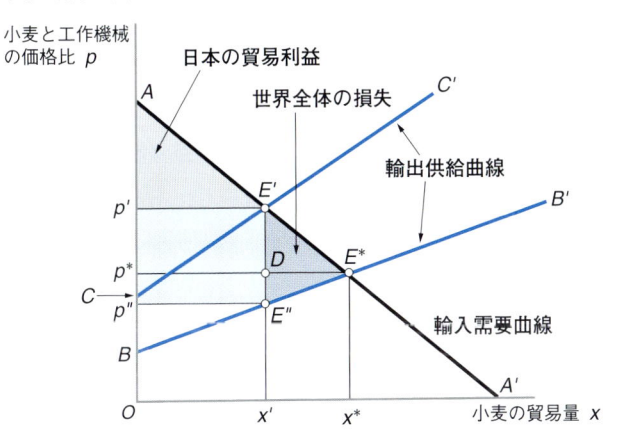

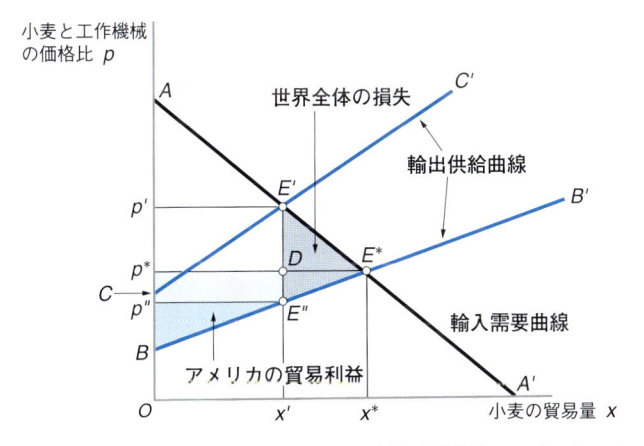

(b) アメリカの貿易利益

日本がアメリカ産の小麦に関税を課したとすると、輸出供給曲線は BB' から CC' へとシフトします。日本の貿易利益は三角形 AE^*p^* から三角形 $AE'p'$ に関税収入 $E'E''p''p'$ を加えたものへと変化し (a)、アメリカの貿易利益は三角形 BE^*p^* から三角形 $BE''p''$ へと減少します。世界全体としては三角形 $EE'E''$ だけ減少しており、関税が損失をもたらすことがわかります (b)。

▶ 保護貿易は正当化されるか

　比較優位の原理は，各国が比較優位をもつ財の生産に特化し，そこで貿易を行うことによってすべての国がそれぞれ利益を得ることを主張するものです。こうした考えに対し，生産効率以外の観点から自由貿易（free trade）に対する保護貿易（protective trade）が主張されることがあります。保護貿易の根拠とは，どのようなものでしょうか。

　第1の理由は，政治的配慮や非経済的な国益保護の観点によるものです。国際紛争やテロなどの可能性や影響を配慮し，ある分野の産業については，非効率であったとしても国内で自給できる方が望ましいとする主張です。わが国における農産物についての食糧安全保障論はその例といえます。

　第2の理由は，輸入の増加が国内の雇用を減少させ，国内産業の失業者を増加させるという主張です。輸入の増加は国内での総需要の一部を輸入財に向けるという意味で，雇用に対し好ましくない効果をもちます。したがって，短期的には関税などによる輸入の制限は，自国の失業率を低下させる効果があるといえます。また，自国の労働者の生活水準を保護するという理由も挙げられます。つまり外国の低賃金労働による低価格製品の輸入を認めるならば，自国労働者の賃金水準が低下するというわけです。

　しかし先にみたように，たとえある国がすべての財について低い費用で生産することができるとしても，比較優位にもとづく分業によりどちらの国も利益を得ることが可能であり，一国経済全体から考えると，こうした主張には疑問が残ります。

　第3の理由は，幼稚産業保護論に立脚するものです。当初は生産性が低く外国企業との競争に耐えられませんが，時間をかけて十分に成長すれば国際競争に耐えられるような産業（幼稚産業）が存在するということです。この場合，その産業が保護されている間，消費者は高価な財を購入しなければなりませんが，成長した後は価格の低下により便益を得ることができることになります。もし，その便益が保護期間の高価格による消費者の不利益よりも大きければ，こうした保護は正当化され得るといえるでしょう。

　第4の理由は，第2の理由に関連しますが，国内の構造調整の問題があります。生産要素の産業間移動がないか，あるいは移動がきわめて困難で

⬆ STEP-UP　FTAとEPA

　1990年代以降，2国間あるいは地域内における財・サービスの自由な移動を保障することで，域内貿易の増大，地域経済の活性化，相互の市場における不利益解消を図る動きが活発化しています。**自由貿易協定**（Free Trade Agreement）および**自由貿易地域**（Free Trade Area）がそれで，ともに「**FTA**」と略されますが，国際的には自由貿易地域にFTAの略語を当てることが多く，日本では，自由貿易協定にFTAの略語を当てることが多いようです。

　前者の「自由貿易協定」とは，物品の関税，その他の制限的な通商規則，サービス貿易等の障壁など，通商上の障壁を削減・撤廃する地域の結成を目的とした，2国間以上の国際協定のことを意味します。

　日本に関しては，FTAを柱にヒト・モノ・カネの移動の自由化，円滑化を図り，幅広い経済関係の強化を行う**EPA**（Economic Partnership Agreement）が推進されており（下図参照），シンガポールとの間に2002年，メキシコとの間に2005年，マレーシア・フィリピンとの間に2006年にEPAが発効しています。

　後者の「自由貿易地域」は，自由貿易協定を結んだ地域を指します。代表的なものに，EEA（欧州経済領域），NAFTA（北米自由貿易協定），AFTA（ASEAN；自由貿易地域），メルコスール（Mercosur；南米南部共同市場）などがあります。

自由貿易協定（FTA）
特定の国や地域の間で，物品の関税やサービス貿易の障壁等を削減・撤廃する協定

- 関税の削減・撤廃
- サービスへの外資規制撤廃

など

経済連携協定（EPA）
自由貿易協定を柱に，ヒト，モノ，カネの移動の自由化，円滑化を図り，幅広い経済関係の強化を図る協定

- 人的交流の拡大
- 各分野での協力
- 投資規制撤廃，投資ルールの整備
- 知的財産制度，競争政策の調和

など

（出所）経済産業省ウェブページ
http://www.meti.go.jp/policy/trade_policy/epa/data/070904what_is_EPA.pdf

あり，しかも要素価格が硬直的である場合，保護された状態から急激に自由貿易へ移行すると，これまで輸入代替産業で用いられてきた労働・資本設備などが失業あるいは遊休化してしまいます。このことによる実質所得の損失が，貿易自由化による利益よりも大きければ，孤立状態ないし保護貿易の存続が望ましいことになります。具体的に言うと，これまで車をつくってきた労働者が，急に介護関連の仕事に携わるようにいわれても，すぐには応じられない困難さが考えられます。

ただし，これは現状が自由貿易でないことを前提としており，自由貿易に対する保護貿易の固有の優位性を論証するものではありません。

10.4　国際資本移動のモデル

▶ 資本移動のない場合の資本所得と労働所得

前節までは生産物の国際取引を考えてきましたが，現実にはそうした取引だけでなく，生産要素である資本の国際移動も行われています。ここでは国際資本移動が各国に与える影響を理論的に分析します。これまでと同様に日本とアメリカの2国モデルで考えますが，仮定についてはいくつかの点で変更し，表10-5のような前提をおきます。

図10-13の点 O から横に日本における資本投入量を，点 O^* からアメリカにおける資本投入量を測ります。O と O^* の距離は両国の資本量の総計を示しています。縦軸には資本の限界生産力を測り，左側から日本における資本の限界生産力曲線，右側からアメリカにおける資本の限界生産力曲線を描きます。

資本移動のない状態で日本の資本量が Oy であるとすると，日本の国内総生産量は O から y までの限界生産力曲線の下側の面積，$Okmy$ によって表されます。

完全競争市場では資本要素の収益率（報酬）は資本の限界生産力に等しいので my であり，資本所得はそれに資本投入量を掛けたもの，すなわち

■表10-5 国際資本移動のモデルの仮定

1. 両国において，生産要素として資本と労働が用いられ，資本の限界生産力は逓減する。
2. 両国は同一財を生産し，したがって生産物の貿易は行われない。
3. 両国の市場とも完全競争である。
4. 日本は相対的に資本が豊富で，アメリカは相対的に労働が豊富である。資本移動がない状態では，日本における資本の限界生産力はアメリカにおけるそれよりも低い。

10.4 国際資本移動のモデル

■図10-13 国際資本移動と国民所得

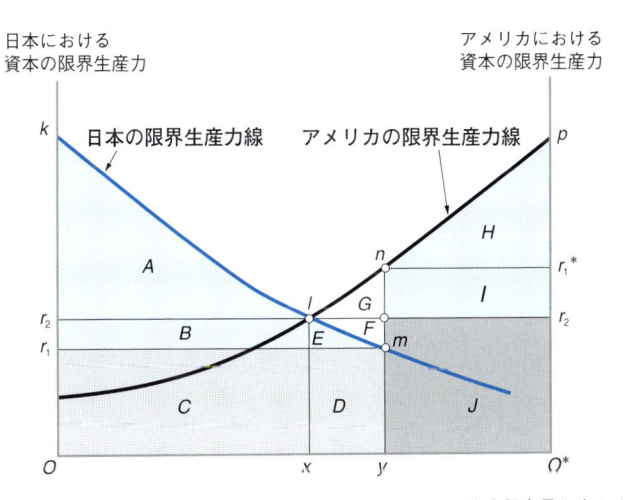

横軸に資本を測り，Oy は日本の資本保有量，O^*y はアメリカの資本保有量を表します。縦軸に資本の限界生産力を測り，左側から日本，右側からアメリカにおける資本の限界生産力曲線を描きます。資本移動のない状態では，日本の国民所得（総生産量）は，$Okmy$ によって表され，[$C+D$] は資本所得，[$A+B+E$] は労働所得です。一方アメリカの国民所得（総生産量）は，O^*pny によって表され，[J] は資本所得，[$H+I$] は労働所得です。

四角形 $myOr_1$ の面積 $[C+D]$ によって表されます。労働所得は国内総生産量から資本所得を引いたものであり，mr_1k の面積 $[A+B+E]$ によって表されます。

一方アメリカの資本量は O^*y であるので，資本所得は $nyO^*r_1^*$ の面積 $[I+J]$，労働所得は nr_1^*p の面積 $[H]$ となります。

資本移動による所得の増加　ここで資本移動の自由が認められたとします。資本の収益率に差がある限り，資本は収益率の低い国から高い国へ移動し，その結果，収益率は両国で等しくなります。資本の総量は一定なので，日本における資本の投入量が Ox，アメリカにおける投入量が O^*x であるときに，資本の限界生産力は均等化します。そして xy に相当する資本が日本からアメリカに移動したことになります。

資本移動の結果，日本の国内総生産量は $Oklx$ となり，$[D+E]$ の部分だけ減少します。しかしアメリカに投資した資本 xy の収益は，それに限界生産力 xl を掛けたものなので，$[D+E+F]$ によって表され，アメリカから日本に支払われます。したがって日本の所得は，資本移動によって F の部分だけ増加していることがわかります。

アメリカにおける資本投入量は O^*x ですので，国内総生産量は O^*plx ですが，そのうちの $[D+E+F]$ に相当する部分は，日本からの投資に対する報酬として日本へ送られます。したがってアメリカの所得は，資本移動によって G の部分だけ増加し，両国全体として $[F+G]$ に相当する所得の増加があったことがわかります。

資本と労働への分配　国際資本移動の結果としての所得の変化を，資本と労働への分配という観点からみてみましょう。日本国内で投入した資本の収益は Ox に限界生産力を掛けたものであるので，$[B+C]$ となります。さらにアメリカへの投資の収益を加えると，日本の資本所得は $[B+C+D+E+F]$ となり，資本移動前の $[C+D]$ と比べて $[B+E+F]$ だけ増加しています。他方，日本の労働所得は $[A+B+E]$ から $[A]$ へと $[B+E]$ だけ減少しています（図 10-14）。

アメリカの資本所得は，資本移動前の $[I+J]$ から移動後の $[J]$ へと，$[I]$ だけ減少しています。これは日本からの資本の流入によって，資本

10.4 国際資本移動のモデル

■図 10-14　日米における資本と労働の分配

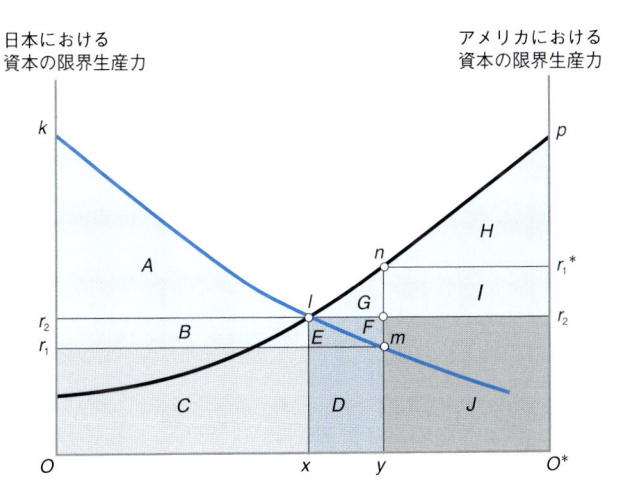

資本の限界生産力に差があるため，xy の部分が日本からアメリカへ移動します。その結果，両国における限界生産力は均等化し，[$D+E+F$] が投資に対する報酬としてアメリカから日本へ送られることになります。資本移動の前と比べて日本は [F] だけ所得が増加，アメリカは [G] だけ増加し，全体として [$F+G$] に相当する所得の増加があります。それぞれの国内をみると，資本輸出国である日本は，資本所得が [$B+E+F$] だけ増加し，労働所得は [$B+E$] だけ減少しています。資本輸入国であるアメリカは資本所得が [I] だけ減少し，労働所得が [$G+I$] だけ増加しています。

の限界生産力が ny から lx へ低下したためです。他方，アメリカの労働所得は $[H]$ から $[G+H+I]$ へと $[G+I]$ の増加がみられます。

以上のように，国際資本移動により両国ともに国内総生産量は増加しますが，資本輸出国では資本所得は増加，労働所得は減少し，資本輸入国では資本所得は減少，労働所得は増加することになります。

10.5 為替レートの決定

▶ 対外経済取引の決済と外国為替市場

外国為替とは，国際資金移動あるいは国際貸借決済を行う方法やしくみ，あるいはそのための具体的な手段である，対外支払に用いられる金融資産を指します。後者の意味での外国為替が取引される場が外国為替市場であり，そこでは各国通貨間の交換比率である為替レートが決定されます。たとえば1ドル＝95円などという表現は円建てレート（内貨建て）といいます（図 10-15）。

為替レートには2つの意味があります。第1は，自国と外国の財の交換比率を決めるという側面です。為替レートの輸出入額への影響は，時間をかけて現れるので，財の交換比率としての為替レートはどちらかというと長期的により大きな意味をもちます。第2は，外貨建資産の自国通貨で測った価値を決めるという側面です。内外資産の交換比率としての為替レートは，短期的により大きな意味をもちます（図 10-16）。

為替レートの変動をまったく認めないか，ごくわずかの変動幅しか認めない制度を，固定為替相場制あるいは単に固定相場制といいます。これに対して，外国為替の需要と供給を反映して，市場で為替レートが決定される制度を，変動為替相場制あるいは単に変動相場制といいます。

▶ アセット・アプローチ：短期的変動

アセット・アプローチ（assets preference approach）とは，主として為

■図 10-15　円/ドル為替レートの変遷

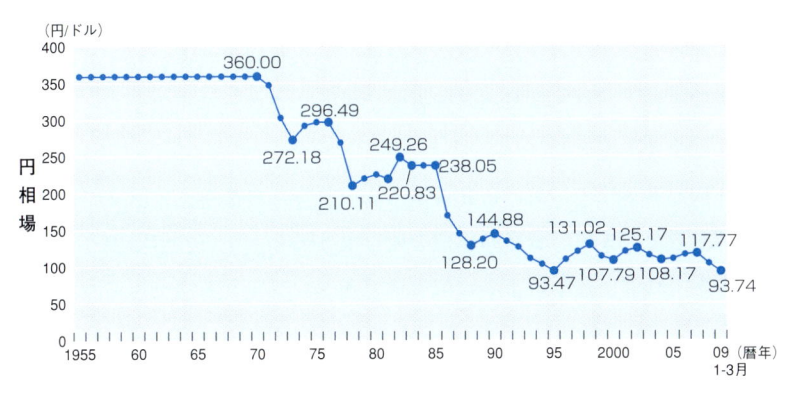

(出所)　内閣府「平成 21 年度年次経済財政報告書」
(注)　円相場は，インターバンク直物中心レート（ただし，1970 年までは固定レート 360 円/ドル）。2003 年以降は，月次計数の単純平均，2002 年以前は営業日平均。

10.5 為替レートの決定

■図 10-16　為替レートの 2 つの意味

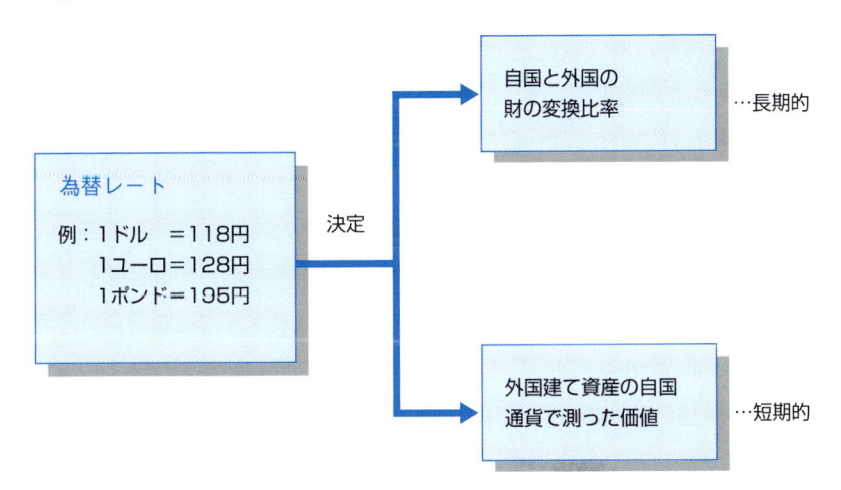

為替レート
例：1ドル　＝118円
　　1ユーロ＝128円
　　1ポンド＝195円

決定

自国と外国の財の変換比率　…長期的

外国建て資産の自国通貨で測った価値　…短期的

替レートの短期的変動を説明するためのものであり、為替レートと金融資産の価格の相互依存関係によって、それらが同時に決定されるとする理論です。ここでは、資産を外国通貨建てで保有することは為替レートの変動にるリスクをもつために、それを考慮した外貨建て資産に対する需要関数が導出され、これが所与の対外資産に等しくなる水準に為替レートが決定されると考えます。

日本とアメリカにおける各貨幣市場・証券市場を考え、計4つの資産市場があるとします。資産の総額を所与とすると、4つの市場のうちの3つが均衡すれば、残りの市場は第5章で述べたワルラス法則により自動的に均衡します。

図10-17では、縦軸に円建て為替レート、横軸に円証券に対する世界全体（この場合は日米両国）の需要ならびに供給が測られています。円証券の発行残高は短期的に所与と考えられるので、供給曲線SS'は垂直に描かれ、円証券に対する需要は、円建て為替レートの増加関数と考えられるので、需要曲線DD'は右上がりに描かれます。短期均衡為替レートはSS'曲線とDD'曲線の交点で決定されます。

アメリカでの金利の低下はドル証券から円証券への資金の移動を促し、DD'曲線を右方にシフトさせるので、円建て為替レートの低下すなわち円高をもたらします。逆に、日本での金利の低下はDD'曲線を左方にシフトさせ、円安をもたらします。

▶ フロー・アプローチ：中期的変動

為替レートを一定期間におけるフローの需要と供給を均衡させるように決定されると考え、主として中期的な変動を分析する理論が**フロー・アプローチ**（flow approach）です。フローの需要は輸入による外貨支払、資本の流出そして対外移転支出などによって構成され、フローの供給は輸出による外貨の受取、資本の流入そして貿易外受取などによって構成されます。

ここでは、日本の円とアメリカのドルが交換される市場を考えます。図10-18で縦軸に円建ての為替レートを測り、横軸にはドルの数量を測ります。この市場におけるドルの供給とは、円と交換されるために出されてき

■図 10-17　アセット・アプローチによる為替レートの決定

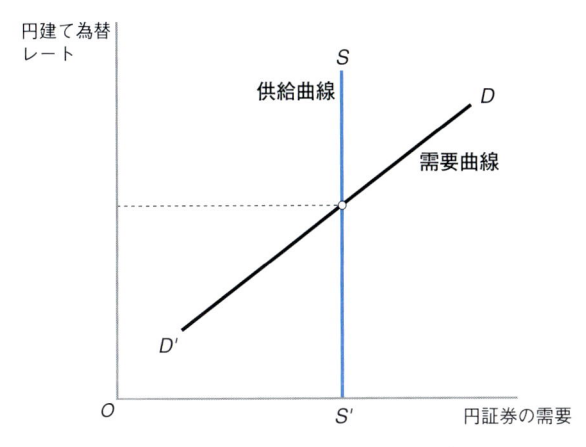

円証券の供給は短期的に所与と考えられるので，供給曲線 SS' は垂直です。需要は円建て為替レートの増加関数と考えられるので，需要曲線は右上がりに描かれます。短期的均衡為替レートは SS' 曲線と DD' 曲線との交点で決定されます。アメリカの金利の低下は DD' 曲線を右方にシフト，日本の金利の低下は DD' 曲線を左方にシフトさせます。

■図 10-18　フロー・アプローチによる為替レートの決定

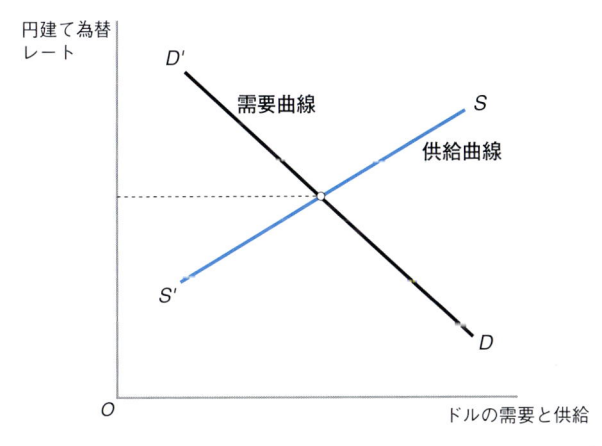

円建て為替レートが上昇すると日本の製品はより安価になるので，アメリカに対する日本の輸出は円建て為替レートの増加関数となり，その輸出代金は，ドルの供給 S となります。他方，アメリカからの輸入は減少するので，輸入代金としてのドルの需要量 D は低下します。ドルの需要曲線 DD' と供給曲線 SS' との交点で為替レートが決定されます。

たドルの金額であり，円の需要ともいうことができます。ドルの需要とは円をドルと交換したいという需要をドルの金額で表したものです。

円建ての為替レートが上昇するとアメリカの人々にとって日本の製品はより安価になるので，日本からの輸入は増大すると考えられます。すなわちアメリカに対する日本の輸出は円建て為替レートの増加関数となります。その輸出代金として受け取ったドルは，この市場におけるドルの供給となります。したがって，図 10-18 でのドルの供給曲線 SS' は右上がりに描かれます。

他方，円建て為替レートが上昇すると日本の人々にとってアメリカの製品はより高価になるので，アメリカからの輸入は減少すると考えられます。このことは，輸入代金としてのドルの需要の減少を意味するので，ドルの需要曲線 DD' は右下がりに描かれます。そして為替レートは，これらの需要曲線と供給曲線の交点によって決定されます。

▶ 購買力平価説：長期的変動

長期的な為替レートの決定を説明する伝統的な理論として，**購買力平価説**があります。**購買力平価**（purchasing power parity；PPP）とは，各国通貨の対内購買力の比率のことであり，対内購買力は一般にそれぞれの国の物価指数の逆数としてとらえています。

購買力平価説は，為替レートが購買力平価によって決まるとするもので，たとえば日本で 100 円の財がアメリカで 1 ドルであるならば，為替レートは 1 ドル＝100 円となります。

ゼミナール

▶ 関税政策の部分均衡分析

ある財について，自国と外国のみからなる世界市場を考えます。財の輸送費は考えないものとします。

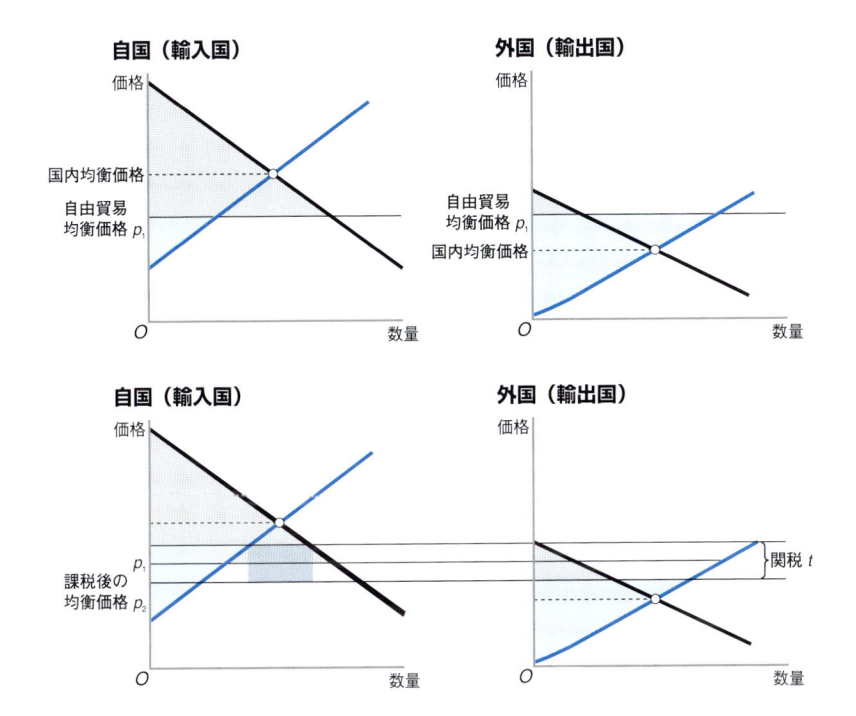

上図のように，国内均衡価格の違いから自由貿易均衡の状態では，自国がその財の輸入国，外国が輸出国となります。自国が財1単位あたり t の輸入関税をかけたとしましょう。関税賦課後の均衡においても，自国は輸入国，外国は輸出国であるような状態を考えます。この関税の効果について考察しましょう。

自国の需要関数と供給関数を $D_H(p)$, $S_H(p)$，外国の需要関数と供給関数を $D_F(p)$, $S_F(p)$ とします。自由貿易均衡価格 p_1 は

$$D_H(p_1) - S_H(p_1) = S_F(p_1) - D_F(p_1)$$

を満たすように決定されます。

自国で輸入関税 t をかけると，自国内での価格は t が加わり，外国での価格よりも t だけ高くなります。したがって課税後の均衡価格 p_2 は

$$D_H(p_2+t) - S_H(p_2+t) = S_F(p_2) - D_F(p_2)$$

を満たすように決定されます。この価格の変化により，両国で消費者余剰と生産者余剰が変化します。

自国では国内価格が上がるため，消費者余剰は減少し，生産者余剰は増加します。自国政府には輸入量×t，すなわち

$$\{D_H(p_2+t)-S_H(p_2+t)\}\times t$$

の税収が入りますが，社会全体の余剰が増えるかどうかは，消費者余剰と生産者余剰の変化分および税収の大きさに依存し，一般には確定しません。

外国では逆に国内価格が下がるので，消費者余剰は増加し，生産者余剰は減少します。

このように，関税政策は一般に，それぞれの国において消費者と生産者に異なる利害をもたらします。したがって，単純に「国益」を論じることはできないといえます。

▶ ダンピング

一般に**ダンピング**とは商品の不当廉売を意味しますが，とくに輸出ダンピング，すなわち国内価格よりも低い価格で外国に売ることを指します。第7章で考察したグループ別の価格差別は，ダンピングにも適用することができます。

自国と外国の市場に，同質かつそれぞれの市場において差別化された財を供給している企業を考えます。自国市場をH，外国市場をFとすると，利潤最大化の条件は

$$MR_H = p(X_H)\left[1-\frac{1}{\varepsilon_H}\right] = MC = p(X_F)\left[1-\frac{1}{\varepsilon_F}\right] = MR_F$$

となります。すなわち，それぞれの市場における限界収入が限界費用に等しくなるように供給量を決めます。ここでε_Hおよびε_Fはそれぞれ自国および外国における需要の価格弾力性を表します。通常，外国市場では自国市場と比べて競争相手が多いので価格弾力性は大きく，したがって独占度は小さいと考えられます。そのため，外国市場では自国市場よりも低い価格で売られることが多いのです。

練習問題

確認問題

1. 比較優位と絶対優位について説明しなさい。
2. オファー・カーブあるいは相互需要曲線はどのように導かれるか説明しなさい。
3. 保護貿易の根拠にはどのようなものがありますか。
4. 資本移動の自由化は，資本輸出国，資本輸入国それぞれの資本所得および労働所得にどのような影響をあたえますか。
5. 為替レート決定を説明する理論にはどのようなものがありますか。

発展問題

1. ある財の，国内における需要量 y_D および供給量 y_S が，価格 p の関数としてそれぞれ以下のように表されています。

    $y_D = 20 - p, \ y_S = p$

    この財の国際価格は6で，この国にとっては所与とします。自由貿易のとき，およびこの財の輸入に1単位あたり2の関税が課せられたときのこの国の輸入量，消費者余剰，生産者余剰を求めなさい。
2. 生産要素の国際移動について2国モデル（A国およびB国）で考えます。生産要素は労働と資本の2種類で，総量は一定であり，各国における生産関数は次のように示されます。

    $Y_A = K_A^{\frac{1}{2}} L_A^{\frac{1}{2}}, \ Y_B = K_B^{\frac{1}{2}} L_B^{\frac{1}{2}}$

    ここで Y_A, K_A, L_A はそれぞれA国のGDP，資本投入量，労働投入量を示し，Y_B, K_B, L_B はそれぞれB国のGDP，資本投入量，労働投入量を示します。A国の資本保有量は100，労働保有量は100，B国の資本保有量は100，労働保有量は25です。労働は国際移動が不可能とします。各生産要素の報酬率はその生産要素の限界生産力に等しいとします。

    資本移動不可能な状態および資本移動が自由化された後の状態における両国のGDP，資本所得，労働所得を求めなさい。ただし資本移動の費用は無視してかまいません。
3. 自国と外国の市場に，同質かつそれぞれの市場において差別化された財を

供給している企業を考えます。自国市場および外国市場における需要関数はそれぞれ

$$y_H = 15 - \frac{1}{2}p_H, \quad y_F = 41 - \frac{1}{2}p_F$$

です。ここで y_H, p_H は自国市場における供給量と価格，y_F, p_F は外国市場における供給量と価格を表しています。自国市場と外国市場の間で財の転売は不可能であるとします。生産は1カ所で行われ，費用関数は

$$C(y_H, y_F) = 2(y_H + y_F) + 10$$

です。この企業が利潤最大化行動をとるものとして，自国市場での価格と外国市場での価格を求めなさい。

文献案内

1. 経済学全体を解説した入門書

塩澤修平『経済学・入門 [第3版]』有斐閣，2013年
塩澤修平『基礎コース経済学 [第2版]』新世社，2011年
福岡正夫『ゼミナール経済学入門 [第4版]』日本経済新聞出版社，2008年

2. ミクロ経済学について本書を読み終えてから読むべきテキスト

石井安憲・西條辰義・塩澤修平『入門・ミクロ経済学』有斐閣，1995年
奥野正寛・鈴村興太郎『ミクロ経済学Ⅰ』岩波書店，1985年
奥野正寛・鈴村興太郎『ミクロ経済学Ⅱ』岩波書店，1988年
塩澤修平・石橋孝次・玉田康成編著『現代ミクロ経済学——中級コース』有斐閣，2006年
武隈愼一『ミクロ経済学[増補版]』新世社，1999年
西村和雄『ミクロ経済学』東洋経済新報社，1990年
矢野　誠『ミクロ経済学の基礎』岩波書店，2001年
Varian, H. R. *"Microeconomic Analysis"* 3rd ed., Norton, 1992.

3. ミクロ経済学の中の特定の内容について書かれたテキスト

伊藤秀史『契約の経済理論』有斐閣，2003年
伊藤元重・大山道広『国際貿易』岩波書店，1985年
川又邦雄『市場機構と経済厚生』創文社，1991年
武隈愼一『数理経済学』新世社，2001年
福岡正夫『一般均衡理論』創文社，1979年
Gibbons, R. *"Game Theory for Applied Economists"*, Princeton University Press,

1992.（ギボンズ, R. 福岡正夫・須田伸一訳『経済学のためのゲーム理論入門』創文社，1995 年）

4. ミクロ経済学の古典ならびにより進んだ内容について書かれたテキスト

Hicks, J. R. *"Value and Capital"* 2nd ed., Oxford University Press, 1946.

Jehle, G. A., & Reny, P. J. *"Advanced Microeconomic Theory"* 2nd ed., Addison-Wesley, 2001.

Mas-Collel, A., Winston, M. D., & Green, J. R. *"Microeconomic Theory"*, Oxford University Press, 1995.

Samuelson, P. A. *"Foundations of Economic Analysis"*, Harvard University Press, 1947.

練習問題の解答

第 1 章

1. 希少な財は人々が欲する量の方が利用可能な量よりも多いため，自由に好きなだけ手に入れることはできず，新たに作り出したり，それを分けたりしなければならない必要性から生じます。
2. 大別すると市場経済と計画経済があります。市場では人々の自由な意思で取引がなされます。市場での競争は，質のよい財を安く供給しようという誘因を人々に与えます。しかし，格差が広がったり，社会的に望ましくない財が取引されたりすることもあります。計画経済では，政府などの命令によって経済活動がなされ，極端な格差を生じさせないようにすることができます。しかし，自由が制限され，質のよい財を安く供給しようという誘因はあまりありません。
3. その時間に働いたとしたら得られたであろう最大限の収入と考えられます。

第 2 章

[確認問題]
1. 自分の欲する財を相手が提供してもよいと思っており，相手が欲する財を自分が提供してもよいと思っている，「欲求の二重一致」が成立しなければなりません。
2. 価格の各水準に対して，それぞれ需要量および供給量を対応させる関数を指します。
3. 需要量と供給量が一致し，取引が過不足なく行われる状態を指します。
4. 人々の所得が減った場合，あるいはその財があまり好まれなくなった場合などが考えられ，その結果，価格と取引量は減少すると考えられます。

[発展問題]
1. 自然対数の微分ならびに合成関数の微分の公式を用いると

$$\frac{d\ln y(t)}{dt} = \frac{d\ln y(t)}{dy}\frac{dy(t)}{dt} = \frac{\frac{dy(t)}{dt}}{y(t)}$$

となります。分子は時間の経過とともに y がどれだけ変化するかを表しており，分母はそのときの y の水準であるので，y の成長率を表していると考えられます。

2. 積の微分の公式を用いると

$$\frac{dpy(p)}{dp} = y(p) + p\frac{dy(p)}{dp} = y\left(1 + \frac{dy}{dp}\frac{p}{y}\right)$$

となります。$py(p)$ は価格と需要量の積なので売り上げ収入を表し，その価格に関する微分の符号は，価格が変化したときに売り上げ収入がどのように変化するかを示しています。需要の価格弾力性の絶対値が1未満の場合，（　）の中は正であり，価格が上がれば売り上げ収入も上がり，1より大きい場合，価格が上がれば売り上げ収入は下がり，1の場合，売り上げ収入に変化はないことを示しています。

3. 関数を $py-C(y)$ を y で微分して0とおきます。

$$p - \frac{dC(y)}{dy} = 0$$

関数 $py-C(y)$ は利潤を表し，それが極大化するためには価格と限界費用が等しくなければならないことを示しています。

第 3 章

[確認問題]

1.(1)

(2) リンゴの限界効用 b，バナナの限界効用 a
(3) 限界代替率 $\frac{b}{a}$

2.(1)

(2) リンゴ10個，バナナ5本
3. リンゴ20個，バナナ10本
4. リンゴ10個，バナナ10本

[発展問題]
1. $x=\dfrac{am}{p_x}$, $y=\dfrac{(1-a)m}{p_y}$
2. どちらの財も，価格弾力性，所得弾力性ともに 1
3. 直角双曲線，すなわち「数量×価格＝一定」の場合。
4. (1) $\dfrac{\partial\left(\dfrac{p_1 d_1}{m}\right)}{\partial m}=\dfrac{\partial\left(\dfrac{a}{p_2}\right)}{\partial m}=0$ となるので変わりません。

   (2) $\dfrac{\partial\left(\dfrac{p_1 d_1}{m}\right)}{\partial p_1}=\dfrac{\partial\left(\dfrac{a}{p_2}\right)}{\partial p_1}=0$ となるので変わりません。

   (3) $\dfrac{\partial\left(\dfrac{p_1 d_1}{m}\right)}{\partial p_2}=\dfrac{\partial\left(\dfrac{a}{p_2}\right)}{\partial p_2}=-ap_2^{-2}<0$ となるので減少します。

5. 財の需要量を x，価格を p，所得を m とし，商の微分の公式を用いると
$$\dfrac{\partial\dfrac{px}{m}}{\partial m}=\dfrac{p\dfrac{\partial x}{\partial m}m-px}{m^2}=\dfrac{px\left(\dfrac{\partial x}{\partial m}\dfrac{m}{x}-1\right)}{m^2}$$

6.

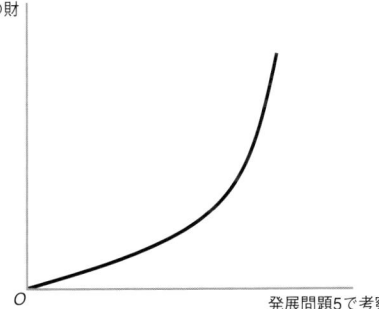

（縦軸：他の財，横軸：発展問題5で考察した財）

第 4 章

[確認問題]

1. (1)

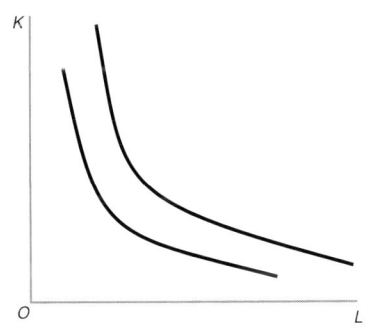

（縦軸：K，横軸：L）

(2) 労働の限界生産力 K, 資本の限界生産力 L
(3) 限界代替率 $\dfrac{K}{L}$

2. (1)

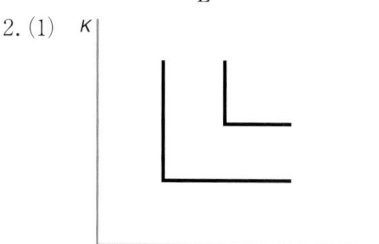

(2)

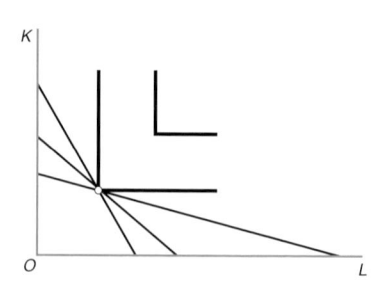

3. 固定費用 10, 限界費用関数 $MC(y)=2y$, 平均費用関数 $AC(y)=y+\dfrac{10}{y}$
4. 5

[発展問題]

1. $y=\sqrt{10}$, $AC(y)=\sqrt{10}+\dfrac{10}{\sqrt{10}}=2\sqrt{10}$, $MC(y)=2y=2\sqrt{10}$

2.

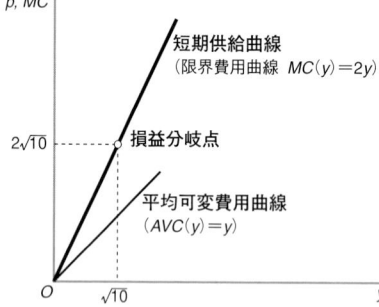

3. 価格 $2\sqrt{2}$, 生産量 $\sqrt{2}$
4. 総費用関数 $TC(y)=wy^2$, 平均費用関数 $AC(y)=wy$, 限界費用関数 $MC(y)=2wy$
5. 要素需要関数 $L(y,w,r)=\left(\dfrac{y^3r}{w}\right)^{\frac{1}{2}}$, $K(y,w,r)=\left(\dfrac{y^3w}{r}\right)^{\frac{1}{2}}$, 総費用関数 $TC(y)=2(wry^3)^{\frac{1}{2}}$

6. (1)

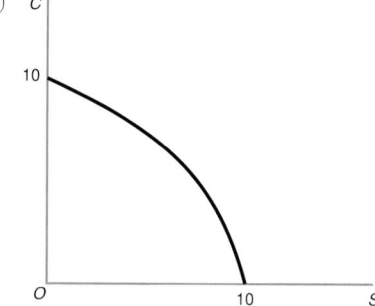

(2) 限界変形率 $\dfrac{dC}{dS} = \dfrac{S}{C} = -\dfrac{S}{(100-S^2)^{\frac{1}{2}}}$

(3) $S = \sqrt{50}$, $C = \sqrt{50}$

第 5 章

[確認問題]
1. 市場全体の需要量と供給量が一致している状態。
2. ア：右　イ：低下　ウ：増加　エ：小さい
3. 超過需要が発生していれば価格が上昇し，超過供給が発生していれば価格が低下します。
4. 超過需要
5. (1) ×　0次同次性より需要量と供給量は変わりません。
   (2) ×　均衡価格とは限りません。ワルラス法則より，超過需要の価値額の合計は常に0です。
   (3) ○

[発展問題]
1. (1) 均衡価格は50，均衡数量は150
   (2) 課税後に消費者が支払う価格は80，生産者が受け取る価格は40，均衡数量は120
   (3) 課税により消費者の支払う価格は30上昇し，生産者の受け取る価格は10低下するため，消費者と生産者の税負担の割合は3：1となります。
2. 消費財の価格を p，賃金を w とおくと，均衡価格比は $\dfrac{p^*}{w^*} = 4\sqrt{2}$，消費財の生産量は $2\sqrt{2}$，労働投入量は8となります。

第 6 章

[確認問題]
1. 消費者の財に対する限界的な評価（限界代替率）が消費者の間で異なっている場合。
2. 誰かの効用を高めると，他の者の効用が低下してしまうような状態（少なくとも1人の効用を悪化させることなしに，どの個人の効用も改善することが不可能な状態）。
3. (1) ア：契約曲線　イ：パレート最適　ウ：限界代替率
   (2) エ：完全競争　オ：パレート最適
4. 消費者は価格を所与として効用最大化し，生産者は価格を所与として利潤最大化をします。さらに，すべての市場において需要と供給が一致します。
5. 数量規制により，消費者余剰と総余剰はともに減少します。生産者余剰の変化の

方向は確定しません。

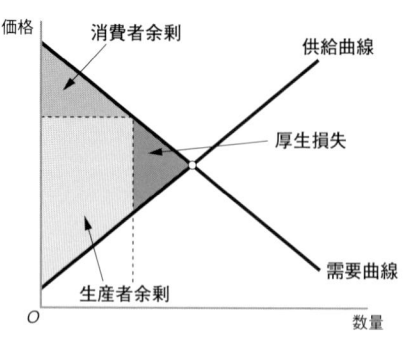

[発展問題]

1. (1) 消費者1の予算制約式は，$p_a a_1 + p_b b_1 = 40p_a + 10p_b$ と表されます。効用最大化条件 $\dfrac{b_1}{a_1} = \dfrac{p_a}{p_b}$ を代入することにより，消費者1の需要関数

$$(a_1,\ b_1) = \left(\dfrac{20p_a + 5p_b}{p_a},\ \dfrac{20p_a + 5p_b}{p_b}\right)$$

が得られます。同様にして，消費者2の予算制約式 $p_a a_2 + p_b b_2 = 20p_a + 20p_b$ と効用最大化条件より，消費者2の需要関数は

$$(a_2,\ b_2) = \left(\dfrac{10p_a + 10p_b}{p_a},\ \dfrac{10p_a + 10p_b}{p_b}\right)$$

と求められます。

(2) a 財と b 財の超過需要の価値額の合計は

$$p_a\left(\dfrac{20p_a + 5p_b}{p_a} + \dfrac{10p_a + 10p_b}{p_a} - 60\right) + p_b\left(\dfrac{20p_a + 5p_b}{p_b} + \dfrac{10p_a + 10p_b}{p_b} - 30\right) = 0$$

となるので，ワルラス法則が成立します。

(3) 均衡価格比 $\dfrac{p_a^*}{p_b^*} = \dfrac{1}{2}$，均衡配分 $(a_1^*,\ b_1^*) = (a_2^*,\ b_2^*) = (30,\ 15)$

(4) 消費者の限界代替率が等しくなることから明らかです。

2. 課税前の総余剰は $200 \times 150 \div 2 = 15000$ です。課税後の消費者余剰，生産者余剰，税収を計算すると，それぞれ

$$(200 - 80) \times 120 \div 2 = 7200$$
$$40 \times 120 \div 2 = 2400$$
$$40 \times 120 = 4800$$

ですから，課税の前後で総余剰を比較すると

$$15000 - (7200 + 2400 + 4800) = 600$$

となり，課税により600の厚生損失が発生します。

3. a 財と b 財の限界代替率（b 財で測った a 財の価値）は個人1より個人2の方が常に大きいため，パレート最適な配分の集合は次の図の太線で表されます。

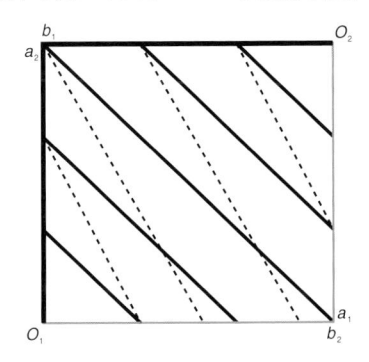

第 7 章

[確認問題]
1. ア：支配力　イ：減少　ウ：上昇　エ：低く　オ：減少　カ：増加　キ：減少
2. 平均費用価格規制：企業の利潤は 0，生産量は過小。限界費用価格規制：企業の利潤はマイナス，生産量は効率的。
3. (1) ×　追随者の反応を予想した上で，自分に有利な反応を導くように先に生産量を決定するため，大きくなります。
   (2) ○
   (3) ×　企業数は多いが，製品差別化により，各企業は一定の価格支配力をもちます。
4. ナッシュ均衡は（強気，弱気）と（弱気，強気）。

	企業B	
	強気	弱気
企業A 強気	−1, −1	5, 1
企業A 弱気	1, 5	3, 3

[発展問題]
1. (1) $C(X) = \dfrac{X^2}{2}$ より限界費用は X です。逆需要関数 $p(X) = 60 - 2X$ より価格＝限界費用とおくと $60 - 2X = X$ となるので，これを解いて $X^* = 20$，$p^* = 20$ です。
   (2) 企業の総収入は $(60 - 2X)X$ であるから，限界収入は $60 - 4X$ となります。これが限界費用 X に等しいとおけば $X^M = 12$，$p^M = 36$ が得られます。これより，ラーナーの独占度は $\dfrac{p^M - MC}{p^M} = \dfrac{2}{3}$ です。

(3) 企業がプライステイカーとして生産するケース：
$$CS=(60-20)\times 20\div 2=400$$
$$PS=20\times 20\div 2=200$$
独占のケース：
$$CS=(60-36)\times 12\div 2=144$$
$$PS=36\times 12-12\times 12\div 2=360$$
$$DWL=(400+200)-(144+360)=96$$

2. 各グループの逆需要関数

$$p_A=-\frac{x_A}{2}+10,\ p_B=-x_B+16$$

を用いると，それぞれの限界収入は

$$MR^A=-x_A+10,\ MR^B=-2x_B+16$$

となります。それぞれを限界費用に等しいとおくことにより，$x_A=4$，$x_B=5$ が得られ，これらを各グループの需要関数に代入すれば $p_A=8$，$p_B=11$ となります。

3. (1) $(x_A^C,\ x_B^C)=(4,\ 4)$
   (2) $(x_A^S,\ x_B^S)=(6,\ 3)$
   (3) $(x_A^K,\ x_B^K)=(3,\ 3)$

4. (1) 両企業の反応関数はそれぞれ $x_A=3-\dfrac{x_B}{2}$，$x_B=3-\dfrac{x_A}{2}$ なので，クールノー均衡は $(x_A^C,\ x_B^C)=(2,\ 2)$ となります。
   (2) 費用削減後の企業1の反応関数は $x_A=\dfrac{9}{2}-\dfrac{x_B}{2}$ であり，クールノー均衡は $(x_A^C,\ x_B^C)=(4,\ 1)$ となります。
   (3)

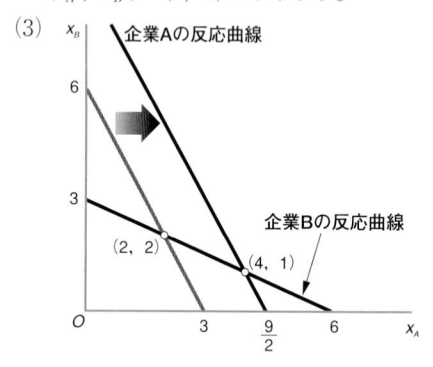

5. 部分ゲーム完全均衡：企業Aは強気を選択し，企業BはAが強気なら弱気，Aが弱気なら強気を選択します。

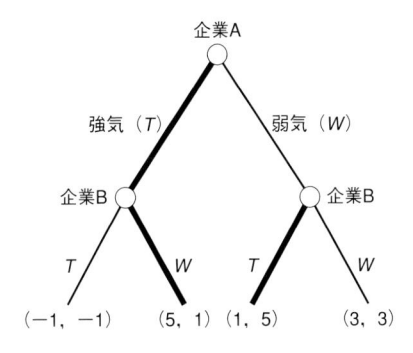

```
              企業A
              ○
       強気（T）／ ＼弱気（W）
           ／     ＼
      企業B○       ○企業B
        ／＼       ／＼
       T   W     T   W
     (-1,-1)(5,1)(1,5)(3,3)
```

第 8 章

[確認問題]

1. (1) ある主体の経済活動が，市場を通さずに他の主体の効用や利潤に影響を及ぼすこと。

    (2) 市場が存在しないため，私的な費用（便益）と社会的な費用（便益）が乖離しますが，経済主体は私的費用（便益）にもとづいて行動します。その結果，生産量や消費量が過大あるいは過小となります。

2. (1) 外部経済……基礎研究や教育など。

       外部不経済……自動車の排気ガスなど。

    (2) 研究や教育に対して補助金を支払う，ガソリンに環境税を課すなど。

3. (1) 非競合性……複数の個人が同時に利用できる。

       非排除性……特定の個人の利用を排除できない。

    (2) 消費者の限界代替率の合計が公共財の限界費用に一致すること。

    (3) いったん供給されれば誰でも利用できるので，自分は費用を負担せずに他の者の負担にただ乗りしようとするようになるため，十分な公共財が供給されなくなります。

[発展問題]

1. (1) 社会的限界費用は $2X$ なので，社会的に最適な生産量は $120-X=2X$ より，$X^*=40$ です。工場の供給関数は $X=p$ であり，均衡価格は 60，均衡生産量は 60 です。

    (2) $(120-60) \times 20 \div 2 = 600$

    (3) 40

価格，限界費用　社会的限界費用 $p=2X$

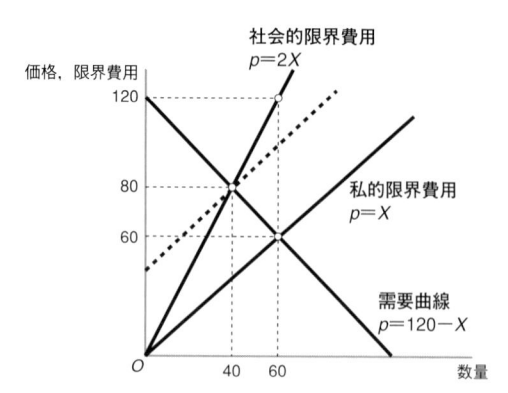

私的限界費用 $p=X$

需要曲線 $p=120-X$

2. $MRS_{Gx}^i = \dfrac{MU_G}{MU_x} = \dfrac{x^i}{G}$ と $c'(G)=1$ より，サミュエルソン条件は $\dfrac{x^A}{G}+\dfrac{x^B}{G}=1$ だから $x^A+x^B=G$ であり，これを $x^A+x^B+G=12$ に代入すれば $G^*=6$ となります。

第 9 章

[確認問題]

1. 所得の期待値が同じであれば，リスクがあるよりも確実に所得が得られる方を好む個人を危険回避的，リスクがある方を好む個人を危険愛好的，両者が無差別となる個人を危険中立的といいます。

2. (1) 図は省略。9.1 節の説明を参照してください。
   (2) リスクプレミアムとは，ある個人がリスクを避けて確実に所得を得るために犠牲にしてもかまわないと考える額の上限のこと。

3. (1) 依頼人が代理人の行動を観察できず，代理人が依頼人の利益に反する行動をとること。
   (2) 財やサービスの品質に関する情報が非対称なために，低品質の財が高品質の財を駆逐してしまうこと。

4. (1) 価格が固定されており，コスト削減分はすべて企業の利益となるため，効率的なインセンティブを与えることができます。しかし，原材料費の高騰などのリスクはすべて企業が負担します。
   (2) コストが完全に価格に反映されるとすると，企業にはコストを削減するインセンティブはまったくありません。ただし，リスクはすべて政府が負担するので，政府より企業の方が危険回避的だとすると，望ましいリスク分担が実現します。

[発展問題]

1. 事故のリスクのもとでの期待効用は，$0.8\sqrt{100}+0.2\sqrt{25}=9$ です。求める保険料を q とおくと，$\sqrt{100-q}=9$ より $q=19$ となります。

2. (1) 誘因両立制約：$\frac{2}{3}\sqrt{w_G}+\frac{1}{3}\sqrt{w_B}-2\geq\frac{1}{3}\sqrt{w_G}+\frac{2}{3}\sqrt{w_B}-1$

   参加制約：$\frac{2}{3}\sqrt{w_G}+\frac{1}{3}\sqrt{w_B}-2\geq 0$

   (2) $w_G=9$，$w_B=0$
3. 品質保証書付きの中古車の価格を p とおくと，$120>p>110$ です。

第 10 章

[確認問題]
1. 絶対優位とは，その財の生産費が他の国と比べて低いことを意味します。比較優位とは，それぞれの国において他の財で測られた相対的な生産費が低いことを意味します。
2. 交易条件線のそれぞれに対して貿易無差別曲線が接する点，すなわち最適な貿易量を表す点を結ぶことによって導かれます。
3. 政治的配慮や非経済的な国益保護，国内産業の雇用の確保，幼稚産業の保護，構造調整の困難さ，などが挙げられます。
4. 資本輸出国では資本所得が増加し，労働所得は減少します。資本輸入国では資本所得が減少し，労働所得は増加します。
5. 短期ではアセット・アプローチ，中期ではフロー・アプローチ，長期では購買力平価説などがあります。

[発展問題]
1. 自由貿易：輸入量 8，消費者余剰 98，生産者余剰 18
   関税賦課後：輸入量 4，消費者余剰 72，生産者余剰 32
2. 資本移動前……A 国：GDP100，資本所得 50，労働所得 50
   　　　　　　　B 国：GDP50，資本所得 25，労働所得 25，B 国から A 国へ資本 60 が移動
   資本移動後……A 国：GDP$40\sqrt{10}$，資本所得 $12.5\sqrt{10}$，労働所得 $20\sqrt{10}$
   　　　　　　　B 国：GDP$10\sqrt{10}$，資本所得 $12.5\sqrt{10}$，労働所得 $5\sqrt{10}$
3. 自国市場 16，外国市場 42

索　引

あ 行

アセット・アプローチ　232
アロー（Kenneth J. Arrow）　18

一般均衡　16
　　——価格　108
　　——分析　98
依頼人（プリンシパル）　188
インセンティブ（経済的誘因）　12

エージェント（代理人）　188
エッジワース・ボックス　120
エンゲル曲線（所得消費曲線）　54
円建てレート　232

オーマン（Robert J. Aumann）　155
オファー・カーブ（相互需要曲線）　214

か 行

カーネマン（Daniel Kahneman）　9
外国為替　232
　　——市場　232
外部経済　168
外部性　168
外部不経済　168

開放経済　212
価格効果　140
価格差別　144
価格消費曲線　56
下級財（劣等財）　54
家計　6, 14
　　——部門　6, 14
寡占　24, 148
可変費用　82
関数　27
関税　208, 222
完全価格差別　161
完全競争市場　24
完全独占（単純独占）　24
完全特化　210

機会費用　10
企業　6, 14
　　——部門　6, 14
危険（リスク）　184
　　——愛好的　186
　　——回避的　184
　　——回避度　199
　　——中立的　186
技術的限界代替率　76
希少性　2

期待効用　184
　　——仮説　184
ギッフェン財　64
規範的分析　8
逆淘汰（逆選択）　194
供給関数　26
供給曲線　28
供給原理　26
供給量　26
競合性　174
共産主義国（社会主義国）　4
競争　4
　　——均衡　122
　　——原理　26
共謀解　150
共有資源　177
共有地　177
　　——の悲劇　177
均衡　28
　　——価格　28
　　——量　28
金融当局　14

クールノー=ナッシュ均衡　150
クールノー競争　148

計画経済　4
経済財　2
経済システム　4
経済主体　6
経済循環　6
経済人　9

経済的誘因（インセンティブ）　12
経済の基本問題　2
経済連携協定（EPA）　227
契約曲線　122
ケインズ（John M. Keynes）　18
ゲームツリー　158
ゲーム理論　18, 19, 154, 155
結合生産　76
ケネー（François Quesnay）　14
限界　32
限界革命　16
限界効用　44
限界効用逓減　44
　　——の法則　44
限界代替率　48
限界費用　84
　　——価格規制　148
限界変形率　78, 210
ケンブリッジ学派　18

コア　124
交易条件　212
交換　22
公共財　174
公共部門（政府部門）　6
交差弾力性　62
厚生経済学の第1基本定理　126
厚生経済学の第2基本定理　128, 130
厚生損失（死荷重）　134
構造調整　226
行動経済学　9
購買力平価　236

――仮説　236
効用　42
　　――関数　44
　　――最大化　42
　　――の順番　46
　　――の序数性　46
合理的行動　10, 26
コースの定理　172
固定（為替）相場制　232
古典派経済学　14
混合資本主義体制（混合経済）　6

さ行

サービス　2
財　2
財政当局　14
最適消費　50
最適反応戦略　156
サミュエルソン（Paul A. Samuelson）　18
サミュエルソン条件　176
参加制約　202
サンクトペテルブルクの逆説　185

ジェボンズ（William S. Jevons）　16
シェリング（Thomas C. Schelling）　155
死荷重（厚生損失）　134
シグナリング　198
自己選択（スクリーニング）　146, 198
事実解明的分析　8
市場　22
市場均衡　98
市場経済　4

市場支配力　140
市場の失敗　167
自然独占　146
私的（限界）費用　168
私的財　174
実験経済学　9
支配戦略　156
支配戦略均衡　156
シフト　30
資本財　2
　　――市場　6
資本主義国　4
資本と労働への分配　230
資本の限界生産力　74
社会主義国（共産主義国）　4
社会的（限界）費用　168
従価税　222
自由財　2
囚人のジレンマ　156
従属変数　27
収入　72
自由貿易　226
自由貿易協定（FTA）　227
自由貿易地域（FTA）　227
従量税　222
シュタッケルベルク競争　150
シュタッケルベルク均衡　152
需要関数　26
需要曲線　26
需要独占　24
需要の価格弾力性　58
需要の所得弾力性　54

需要量　26
純粋交換経済　120
純便益　32
上級財（正常財）　54
消費財　2
　　──市場　6
消費者余剰　130
消費用役市場　6
所得効果　60
所得消費曲線（エンゲル曲線）　54
新古典派　16

数量効果　140
数量制限　208
スクリーニング（自己選択）　146, 198
スミス（Adam Smith）　14
スミス（Vernon L. Smith）　9

生産可能性曲線　76
生産関数　72
生産経済　126
生産者余剰　132
生産用役市場　6
生産要素　2
　　──の移動　208
生産量　82
正常財（上級財）　54
正常利潤　89
製品差別化　152
政府　6, 14
税負担　104
政府部門　14

政府部門（公共部門）　6
絶対優位　208
ゼルテン（Reinhard Selten）　155
選好の凸性　50
先導者　150
全微分　36
戦略　154
戦略形ゲーム　154

相互需要曲線（オファー・カーブ）　214
総費用　82
　　──関数　82
総余剰　132
租税　6
粗代替財　62
粗補完財　62
損益分岐点　92

た 行

代替効果　60
代替財　62
代理人（エージェント）　188
多変数関数　27
短期　86
単純独占（完全独占）　24
ダンピング　238

値域　27
超過供給　28
超過需要　28
超過利潤　89
長期　86

賃金率　54

追随者　150
通貨　208

定義域　27
デブリュー（Gerard Debreu）　18
展開形ゲーム　158

等収入線　90
等費用線　78
等利潤線　148
等量曲線（等算出量曲線）　74
独占　140
　——均衡　140
　——的競争　24, 152
独立変数　27
特化　210
トレードオフ（二律背反）　192

な 行

ナッシュ（John F. Nash, Jr.）　18, 155
ナッシュ均衡　157, 158

二部料金　162
二律背反（トレードオフ）　192

は 行

ハーン（Frank H. Hahn）　18
排出量取引　172
排除性　174
配分　120

ハルサニー（John C. Harsanyi）　155
パレート（Vilfredo Pareto）　16
パレート効率的　120
パレート最適　120
反応関数　148
反応曲線　150

比較静学　100
比較動学　100
比較優位　208
比較劣位　210
ピグー（Arthur C. Pigou）　16
非対称情報　188
ヒックス（John R. Hicks）　18
微分　35
費用　72
　——曲線　84

フォン・ノイマン（John von Neumann）　18, 155
不完全特化　210
複占　24
賦存量　210
部分均衡分析　98
部分ゲーム完全均衡　160
プライステイカー　140
プライスメイカー　140
フリーライダー　178
プリンシパル（依頼人）　188
プレイヤー　154
フローアプローチ　234

平均可変費用　82

平均固定費用　82

平均費用　82

　　──価格規制　148

閉鎖経済　212

閉鎖点　92

ヘクシャー=オリーンの定理　218

ベルトラン=ナッシュ均衡　152

ベルトラン競争　152

変動（為替）相場制　232

偏導関数　35

偏微分　35

変分　35

貿易政策　220

貿易無差別曲線　214

補完財　62

保険　186

保護貿易　226

ホテリング（Harold Hotelling）　151

本源的生産要素　2

ま 行

マークアップ　142

マーシャル（Alfred Marshall）　16

マーシャル的調整過程　106

マクロ経済学　14

ミクロ経済学　12

ミル（John S. Mill）　16

民間部門　6

無差別曲線　46

メンガー（Carl Menger）　16

目的関数　38

モラルハザード　190

モルゲンシュテルン（Osker Morgenstern）　18, 155

や 行

誘因両立制約　203

輸出供給曲線　222

輸入需要曲線　222

要素賦存説　218

幼稚産業保護論　226

予算集合　42

予算制約　42

予算線　50

欲求の二重一致　22

ら 行

ラーナーの独占度　142

リカード（David Ricardo）　16

利潤　72

　　──の最大化　32, 72

リスク（危険）　184

リスクプレミアム　188

利得　154

リンダール・メカニズム　180

リンダール均衡　180

劣等財（下級財）　54

労働の供給　52
労働の限界生産力　72
ローザンヌ学派　16
ロビンソン・クルーソー経済　112

わ　行

ワルラス（Léon Walras）　16, 111

ワルラス的調整過程　106
ワルラス法則　110

数字・英字

0次同次性　110
1階の条件　38
1変数関数　27
2階の条件　39
FTA（自由貿易協定）　227
FTA（自由貿易地域）　227

著者紹介

塩澤　修平（しおざわ　しゅうへい）　【第 1・2・3・4・10 章 担当】

1955 年　東京都に生まれる
1978 年　慶應義塾大学経済学部卒業
1980 年　慶應義塾大学大学院経済学研究科修士課程修了
1986 年　ミネソタ大学大学院博士課程修了，Ph.D.
1987 年　慶應義塾大学経済学部助教授
1994 年　慶應義塾大学経済学部教授
2001 年　内閣府国際経済担当参事官（2003 年まで）
2005 年　慶應義塾大学経済学部長（2009 年まで）
現　在　慶應義塾大学名誉教授，東京国際大学学長

主要著書

『デフレを楽しむ熟年生活』（講談社，2004 年）
『現代ミクロ経済学──中級コース』（編著，有斐閣，2006 年）
『説得の技術としての経済学──政策決定と経済学者』（勁草書房，2008 年）
『基礎コース経済学 [第 2 版]』（新世社，2011 年）
『経済学・入門 [第 3 版]』（有斐閣，2013 年）
『社会貢献の経済学──NPO とフィランソロピー』（芦書房，2018 年）
『社会問題は「ビジネス」が解決する』（共著，芦書房，2020 年）
"Enlightened self interest and philanthropic activities by private firms," *Scottish Journal of Arts, Social Sciences and Scientific Studies*, 2013
"A microeconomic formulation of social enterprises," *Scottish Journal of Arts, Social Sciences and Scientific Studies*, 2014

北條　陽子（ほうじょう　ようこ）　【第 5・6・7・8・9 章 担当】

1972 年　東京都に生まれる
1994 年　慶應義塾大学経済学部卒業
1996 年　慶應義塾大学大学院経済学研究科修士課程修了
2002 年　慶應義塾大学大学院経済学研究科博士課程単位取得退学
現　在　平成国際大学法学部准教授

主要著書

『現代ミクロ経済学──中級コース』（分担執筆，有斐閣，2006 年）

経済学叢書 Introductory
基礎から学ぶ ミクロ経済学

2010 年 6 月 10 日 ⓒ	初 版 発 行
2021 年 11 月 25 日	初版第 5 刷発行

著 者 塩澤修平　　発行者 森平敏孝
　　　　北條陽子　　印刷者 加藤文男
　　　　　　　　　　製本者 小西惠介

【発行】　　　　　　　株式会社 新世社
〒151-0051　東京都渋谷区千駄ヶ谷 1 丁目 3 番 25 号
編集☎(03)5474-8818(代)　　　　サイエンスビル

【発売】　　　　　　　株式会社 サイエンス社
〒151-0051　東京都渋谷区千駄ヶ谷 1 丁目 3 番 25 号
営業☎(03)5474-8500(代)　　　振替 00170-7-2387
FAX☎(03)5474-8900

印刷　加藤文明社　　　　　製本　ブックアート
《検印省略》

本書の内容を無断で複写複製することは，著作者および出版者の権利を侵害することがありますので，その場合にはあらかじめ小社あて許諾をお求めください。

サイエンス社・新世社のホームページのご案内
http://www.saiensu.co.jp
ご意見・ご要望は
shin@saiensu.co.jp まで．

ISBN 978-4-88384-148-6
PRINTED IN JAPAN

グラフィック［経済学］3

グラフィック
ミクロ経済学
第2版

金谷貞男・吉田真理子 著
A5判／328頁／本体2500円（税抜き）

「日本で一番やさしいミクロ経済学の教科書」として好評を博してきたベストセラーテキスト待望の第2版．「国際貿易」の章を新たに加え，部分的な構成の変更や説明の補足を行った．統計データのアップデートを行い，ミクロ経済学の最新の話題にも言及した．また，一層の読みやすさに配慮し，装いも新たにした．2色刷．

【主要目次】
はじめに／市場の理論／家計の理論／生産の理論／費用の理論／独占の理論／厚生経済学／国際貿易

発行　新世社　　　発売　サイエンス社